GÉOGRAPHIE

PHYSIQUE ET POLITIQUE

DE L'ALGÉRIE

DESCRIPTION PHYSIQUE, DIVISIONS NATURELLES,
DIVISIONS CULTURALES, PRODUITS, ZOOLOGIE, POPULATIONS,
COMMERCE ET INDUSTRIE

PAR

ACHILLE FILLIAS.

Deuxième Édition

EN VENTE :

ALGER. — Vᵉ TISSIER, libraire, | PARIS. — HACHETTE ET Cⁱᵉ, libr.
rue Bab-el-Oued. | boulevard St-Germain.

Traduction et reproduction réservées.

—

1875

GÉOGRAPHIE

PHYSIQUE ET POLITIQUE

DE L'ALGÉRIE

OUVRAGES DU MÊME AUTEUR :

ÉTUDES SUR L'ALGÉRIE	1 vol. in-8°
DES MINES ET DES MINIÈRES D'AFRIQUE	broch. in-8°
L'AMIRAL LEVACHER	2 vol. in-8°
HISTOIRE DE SUÈDE ET DE NORWÈGE	1 vol. in-4°
HISTOIRE DE LA CONQUÊTE ET DE LA COLONISATION DE L'ALGÉRIE (1830-1860)	1 v. gd in-8°
L'ESPAGNE ET LE MAROC	1 vol. in-8°
L'ALGÉRIE ANCIENNE ET NOUVELLE	1 vol. in-12
ÉTAT ACTUEL DE L'ALGÉRIE (1862)	1 vol. in-8°
GÉOGRAPHIE DE L'ALGÉRIE	1 vol. in-8°
GUIDE DU VOYAGEUR EN ALGÉRIE	1 vol. in-8°

Alger. — Imprimerie V. Aillaud et Compagnie.

GÉOGRAPHIE
PHYSIQUE ET POLITIQUE
DE L'ALGÉRIE

DESCRIPTION PHYSIQUE, DIVISIONS NATURELLES,
DIVISIONS CULTURALES, PRODUITS, ZOOLOGIE, POPULATIONS,
COMMERCE ET INDUSTRIE

PAR

ACHILLE FILLIAS.

Deuxième Édition

EN VENTE :

ALGER. — Ve TISSIER, libraire, | PARIS. — HACHETTE ET Cie, libr.
rue Bab-el-Oued. | boulevard St-Germain.

Traduction et reproduction réservées.

1875

PREMIÈRE PARTIE

CHAPITRE Ier

Description physique; — Côtes : leurs caractères généraux; — Phares et feux; — Géologie; — Orographie: montagnes et collines; — Hydrographie : rivières, lacs, chotts et sebkhras; — Sources thermales; — Les Plaines; - Mines et carrières; — Forêts; — Routes et chemins de fer; — Température et climat; — Divisions naturelles

DESCRIPTION PHYSIQUE

1. Limites. — L'Algérie est bornée au Nord par la mer Méditerranée, à l'Ouest, par l'empire du Maroc, à l'Est, par la régence de Tunis, au Sud, par le Désert. Elle est ainsi comprise entre le 37e et le 32e degré de latitude Nord, et entre le 4e degré de longitude occidentale et le 6e degré de longitude orientale.

La limite Nord, qui s'étend de l'Ouest au Nord-Est, est comprise entre l'oued Adjeroud et le cap Roux ;

La limite Ouest, qui la sépare du Maroc, a été déterminée par le traité conclu le 18 mars 1845, entre le Roi des Français et l'empereur du Maroc. — Cette limite commence à l'embouchure de l'oued Adjeroud, qui se jette dans la mer à l'O. du cap Milonia. Elle se continue du N. au S.-E. suivant une ligne sinueuse qu'on arrête au 32e parallèle, c'est-à-dire là où commence le Désert

Les articles 4 et 6 du traité portent : Art. 4. « Dans le Sahara (Désert), il n'y a pas de limite territoriale à établir entre les deux pays, puisque la terre ne se laboure pas et qu'elle sert seulement de pacage aux Arabes des deux empires qui viennent y camper pour y trouver les pâturages et les eaux qui leur sont nécessaires.... » — Art. 6. « Quant au pays qui est au Sud des K'sours des deux gouvernements, comme il n'y a pas d'eau, qu'il est inhabitable et que c'est le Désert, proprement dit, la délimitation en serait superflue. »

A l'Est, l'Algérie est séparée de la Tunisie par une ligne qui commence au cap Roux, descend presque en ligne droite, en suivant la crête des montagnes, jusqu'au 35ᵉ degré de latitude, incline ensuite fortement à l'Ouest et finit également au 32ᵉ parallèle.

Au Sud, l'Algérie n'a d'autre limite que celle qu'il convient à la France de se donner. Cette limite est aujourd'hui volontairement fixée, nous le répétons, au 32ᵉ degré de latitude, embrassant, de l'Ouest à l'Est, les oasis des Oulad-Sidi-Chick, des K'sours, de Metlili, d'Ouargla, de l'Oued-R'ir et du Souf. (*Voir à l'Appendice, note A.*)

L'Algérie est partagée :

Parallèlement à la côte, en deux zones naturelles, — le Tell et le Sahara ;

Perpendiculairement à la côte, en trois circonscriptions politiques appelées provinces.

II. Limites. — La superficie de l'Algérie a été jusqu'à ce jour différemment évaluée par les géographes et par les statisticiens. Suivant MM. Mac-Carthy et Warnier, elle a 66 millions d'hectares ; suivant l'*Annuaire de l'Algérie* (1870), elle en a 49. Ces chiffres, qui ne sont d'ailleurs qu'hypothétiques, nous semblent très contestables. Nous pensons, en effet, que notre frontière dans le Sud ne saurait être poussée au-delà des points où l'autorité de la France est *effectivement* reconnue et respectée, c'est-à-dire au-delà du 32ᵉ parallèle, qui passe à Ouargla. Or, cette limite étant admise, l'étendue du territoire algérien est mathématiquement mesurée comme suit :

Base Nord : — 11 degrés développés, comptés au parallèle 37 (le degré développé étant de 89.126 mètres)... en nombre rond..   980 kil.

Base Sud : — Distance entre les points de rencontre des limites Ouest et Est rectifiées et le parallèle 32.....   740

                 Ensemble.....   1.720 kil.
                 Moyenne.....   860

Du Nord au Sud : — Développement de 5 degrés de latitude, soit 125 lieues de 4.444 mètres, soit, en nombre rond........................   555 kil.

Superficie totale : 860 kil. × 555 kil.; soit 477.300 kil., ou 47.730.000 hectares.....................   47.730.000 hect.

Mais il faut déduire de ce chiffre 5 millions d'hectares pour la partie de mer comprise entre la côte et le parallèle 37 ; 5.000.000

             Reste donc.....   42.730.000 hect.

Soit, en nombre rond, 43 millions d'hectares.

III. Côtes. — La côte s'étend, presque en ligne droite, de l'Ouest au Nord-Ouest ; les falaises qui la bordent dans plusieurs parties offrent l'aspect d'un mur à pic.

DE LA FRONTIÈRE DU MAROC A ALGER.

Le point extrême de l'Algérie sur la côte de l'Ouest est déterminé par un cours d'eau, *l'Oued Adjeroud*, qui se jette dans la mer à l'Ouest du *Cap Milonia* et au Nord-Ouest d'El-Kalaa, ville du Maroc. De l'embouchure de cette rivière au cap Milonia, qui forme un point très avancé, la côte se dirige vers le Nord, puis elle s'infléchit vers le Sud et, bordée de falaises, se prolonge presque en ligne droite vers l'Est, jusqu'à *Nemours*. — Là, elle se courbe et forme une petite anse très ouverte à l'exposition directe du Nord, et qu'on désigne sous le nom de *Port de Nemours* ; — abri nul, mais bonne plage de débarquement ; — station de cabotage et de pêche fréquentée par les balancelles espagnoles qui y apportent des vins et se chargent, au retour, de céréales et d'alfa.

A partir de ce dernier point, la côte remonte, en se creusant un peu, jusqu'au *cap Noé*, formé par des terres hautes et coupées à pic. A l'Est, il y a une petite anse où les balancelles peuvent se réfugier.

Du *cap Noé* à l'embouchure de la Tafna, la côte remonte vers le N.-E. en suivant une direction assez uniforme, avec quelques dentelures, mais sans enfoncements remarquables.

En face de l'embouchure de la Tafna est l'île de *Rachgoun*.

L'île de Rachgoun (l'ancienne *Acra* des Romains) est séparée du continent par un intervalle de deux kilomètres et qui paraît être un produit volcanique. Elle s'étend du N. au S., mesure un kilomètre de long sur 200 mètres de large et, sur tout son pourtour, est escarpée à pic. Son élévation au-dessus du niveau de la mer est de 60 mètres. — Bien qu'elle soit couverte d'une couche assez épaisse de terre végétale, elle n'offre aucunes ressources : en 1836, on y installa temporairement un poste militaire, pour protéger les opérations entreprises dans la vallée de la Tafna. Il s'y trouve encore un poste de douaniers et de bonnes citernes.

Dans la partie S.-O. de l'île s'ouvre un petit bassin où les barques peuvent s'abriter.

A l'Est de la Tafna, et à 15 kilom. environ de l'île de Rachgoun, se trouve le *cap Hassa*, qu'on distingue à de grandes distances. Entre l'île et ce cap, la côte est escarpée ; elle se creuse un peu vers le milieu. Plus loin, elle se dirige vers le Nord, en inclinant légèrement à l'Est, jusqu'au *cap Figalo*, très escarpé et presque taillé à pic.

En continuant vers le N.-E., on rencontre le cap *Sigali* : il est peu élevé, mais on le reconnaît de loin aux roches blanches inclinées qui le terminent.

Au N.-O. de ce cap, à la distance de 6 milles (11 kil. 112)

de la côte, et à environ 60 kilom. d'Oran, sont les *Habibas*.

Les deux îles Habibas — séparées par un étroit canal — sont environnées d'un grand nombre de petites roches. Leur direction générale est du N. E. au S. O. L'île de l'Ouest, dont la longueur est de 1 kilomètre sur une largeur variant de 160 à 700 mètres, est ouverte, du côté du continent, par une petite crique où les pêcheurs trouvent un abri et aux abords de laquelle s'est même établie une petite colonie espagnole. L'eau manque sur l'une et l'autre île, et leur sol fortement imprégné de sel par les brumes n'offre ni un arbre ni une broussaille.

Après le cap Sigali on rencontre le *cap Lindlès* formé par des terres hautes dont les arêtes se dirigent vers l'intérieur et vont rejoindre la chaîne de montagnes qui finit à *Mers-el-Kebir*.

A 13 kilom. à l'Est est le *cap Falcon*, divisé en deux pointes peu éloignées l'une de l'autre, et laissant entre elles un petit creux. — Le cap Lindlès et le cap Falcon sont séparés entre eux par une baie profonde, bordée de plages et de falaises. Vis-à-vis le milieu de cette baie, à 7 kilom. environ, apparaît un îlot qu'on désigne sous le nom de *l'île Plane*.

L'île Plane, dit le capitaine Bérard, est un rocher qui paraît plat, en effet, vu de loin et quelle que soit d'ailleurs la direction, mais lorsqu'on l'aborde on le trouve très inégal. Il offre quatre ou cinq sommets aplatis, distincts entre eux, de hauteur à peu près égale ; sa plus grande dimension est dirigée de l'E. à l'O. Il est entouré de beaucoup d'autres rochers séparés, surtout du côté de l'O. Au milieu de tous ces débris rocailleux, on trouve deux petits mouillages, l'un à l'E., l'autre à l'O.-S.-O., dans lesquels les bateaux peuvent se réfugier.

A partir du cap Falcon, la côte s'incline vers le Sud, puis remonte à l'E. vers une grosse pointe, appelée «*pointe Nord*», formant ainsi une baie très-grande et très-ouverte, bordée de sable et de falaises, et connue sous le nom de *baie de las Aguadas* ; le duc de Mortemart y débarqua en 1732.

A 2 kilomètres E., environ, est *Mers-el-Kebir*. La baie de Mers-el-Kebir est entourée de tous côtés par des terres élevées ; celles du S. forment une chaîne d'une hauteur uniforme dirigée de l'O. à l'E., et se terminant par une inclinaison très rapide jusqu'à la mer. Celles du N.-O., beaucoup moins hautes, sont couvertes de rochers et se terminent à la mer par des coupes verticales.

La rade de Mers-el-Kebir est le meilleur abri de la côte Ouest de l'Algérie. — M. Lieussou en donne la description suivante : « Rade sûre pour 15 vaisseaux, à l'entrée du canal qui sépare l'Afrique de l'Espagne. — Mouillage actuel des navires à destination d'Oran. — Quais de débarquement abrités. — Défense continentale suffisante ; défense maritime incomplète. — Commandement militaire des côtes de la province d'Oran. — Base d'opérations pour la flotte en regard de Gibraltar. — Aujourd'hui port de refuge ; dans l'avenir, grand port d'abri et d'agression, arsenal de ravitaillement et de réparations : second port militaire de l'Algérie. »

De Mers-el-Kebir, la côte descend vers le S.-E. jusqu'à *Oran* ; la distance qui sépare les deux ports est de 5 kilom. 1/2.

Oran est bâtie sur les berges inclinées d'un ravin, entre deux plages de sable. Le port est étroit : les navires y sont défendus des vents d'O. et de N.-O., par la pointe du *Fort Lamoune*, formée par des terres qui s'élèvent rapidement vers l'intérieur et sur lesquelles les Espagnols ont construit les deux forts de *San-Grégorio* et de *Santa-Cruz*.

Le port d'Oran a été, depuis 1860, l'objet de travaux considérables : l'entrée en est encore un peu difficile, mais il offre, néanmoins, aux navires d'un fort tonnage, un mouillage convenable dans le nouveau bassin qui est situé dans la direction S.-E. du fort Lamoune.

A partir d'Oran, la côte suit la direction du N.-E. jusqu'à la *pointe Conastel*, d'où elle s'étend, en ligne presque droite, de l'O à l'E., sur un parcours de 3 kilom., remonte ensuite vers le N., en se creusant un peu, jusqu'à la *pointe de l'Ai-*

guille, incline vers le N. jusqu'à la *pointe Abuja*, en face de laquelle se dresse un rocher pyramidal (l'*Aiguille*), de 54 mètres de hauteur, puis, suivant une ligne concave, aboutit au *cap Ferrat*.

Le cap Ferrat est composé de rochers ; il présente une surface raboteuse et des coupes abruptes.

A près de 4 kilom. plus à l'E., est le cap Carbon. — De ce point, la côte descend vers le S. jusqu'à Arzew, dont la baie a 52 kilomètres d'ouverture. Les bâtiments, même ceux d'un fort tonnage, mouillent en dedans de la jetée actuellement en construction, qui s'étend depuis le fort de la Pointe jusqu'à 280 mètres en mer, dans la direction E. S. E.

A partir d'Arzew, la côte s'enfonce vers le S.-E. jusqu'à *Port-aux-Poules*, d'où elle remonte vers le N., en suivant une ligne courbe, jusqu'à *Mostaganem*. — Le rivage formé par des falaises rocheuses, n'offre aucune crique, aucune anfractuosité prononcée ; il est battu par tous les vents du large et se trouve placé à l'exposition des vents du N. O. — On mouille vis-à-vis l'ouverture du ravin sur lequel la ville est assise, à la distance d'environ 2 kilomètres. Les débarquements sont généralement impossibles en hiver. La situation a été améliorée par la création d'une jetée-débarcadère de 200 mètres de longueur.

De Mostaganem au *cap Ivi*, la côte suit une direction générale N.-E., sans beaucoup de déviations ; — ce cap, formé par des terres de peu de hauteur, a deux pointes rapprochées dont les extrémités sont entourées de rochers.

Du cap Ivi, la côte remonte, toujours au N.-E., plus ou moins dentelée et bordée de falaises, jusqu'au *cap Khamis*, dont la partie la plus saillante est une falaise rouge taillée à pic.

Plus à l'E., et à l'extrémité d'une baie peu profonde, est le *cap Magroua*, où finissent les terres hautes qui avoisinent la mer jusqu'à Ras-el-Amouch.

Après le cap Magroua, la côte se creuse et se courbe vers le N.-E., formant une baie que borde une belle plage et qui finit à la pointe en face de laquelle est l'île *Colombi*.

L'île Colombi, — rocher d'une petite étendue et de 20 mètres de hauteur, — est éloignée de la côte de moins d'un kilomètre. Elle tire son nom de la grande quantité de pigeons qui l'habitent. Les bâtiments d'un tonnage assez fort peuvent passer entre l'île et la mer.

De l'île Colombi à hauteur de la ville de *Ténès*, bâtie à quelque distance de la mer, la côte se dirige graduellement vers l'E., sans déviations sensibles : à Ténès, elle se relève brusquement dans la direction du N.-E. jusqu'au *cap Ténès*.

Le cap Ténès, formé par une masse de roches escarpées qui occupe de l'E. à l'O. une longueur de 5 kilom. 1/2, est plus avancé que les autres points de la côte. — La ville occupe à l'O. du cap, le fond d'une anse très ouverte, battue en plein par tous les vents dangereux. Un petit débarcadère en bois et quelques magasins sont établis sur la plage, qui règne au pied du plateau. Cette plage étroite, dont les abords offrent plusieurs bancs de roches presque à fleur d'eau, est toujours difficile à accoster et devient impraticable lorsqu'une petite brise de mer s'élève. Les grands bâtiments mouillent en pleine côte, à 900 m., dans le N. de la ville, par 12 à 14 mètres d'eau, fond de sable. Ce mouillage est assez bien abrité du côté de l'E. par les terres, mais il n'est pas tenable par les vents du N. et du N.-O. Les caboteurs trouvent un abri assez sûr derrière un massif d'îlots, situé à 1,500 mètres dans le N.-E. de la ville, et à 500 mètres du rivage.

Du cap de Ténès à *Cherchell,* la côte suit une ligne droite presque régulière vers l'Est.

Le port de Cherchell est situé dans une petite anse demi-circulaire dont l'ouverture est tournée vers le N.-O. Une presqu'île forme un des côtés de cette anse et la protége contre les vents d'O. Une autre pointe, située au N.-E., l'abrite contre les vents d'E. — De chaque côté de la presqu'île, la côte est formée par des falaises de moyenne hauteur, taillées à pic. — Le port offre un bassin de 2 hectares de superficie et de 3 mètres et demi de hauteur d'eau, entouré de vastes quais et pouvant contenir quarante navires de 50 à 200 tonneaux. — Il est parfaitement sûr, mais son entrée est impraticable par un gros temps.

De Cherchell à *Ras-el-Amouch*, pointe extrême du mont Chenoua, la côte décrit une ligne convexe puis s'infléchit jusqu'à *Tipaza*.

De Tipaza à *Sidi-Ferruch*, la côte va vers l'E. en ligne droite, d'abord, puis elle remonte au N.-E. jusqu'à la presqu'île de Sidi-Ferruch, alternativement bordée de plages et de falaises, tourne au N. et forme une grande anse dont le point extrême à l'E. est une pointe basse désignée sous le nom de *Ras Acrata*.

La presqu'île de Sidi-Ferruch est large d'environ 620 mètres et forme deux baies très ouvertes, celle du N.-E. et celle du S.-O., également remarquables par les grandes plages et les dunes qui les bordent. Elle est défendue du côté de la mer par une bande de rochers escarpés. — La baie du N.-E. n'est guère fréquentée que par les caboteurs ; celle du S.-O. offre un bon mouillage pour toute espèce de bâtiments avec des vents d'E. et de N.-E. C'est là que la flotte française mouilla en 1830.

De Ras-Acrata au *cap Caxine* la côte se prolonge sans caractère distinctif.

Le cap Caxine se termine à la mer par deux couches de roches qui sont, presque partout, taillées à pic.

Du cap Caxine à la *Pointe-Pescade* la côte est presque droite.

De la Pointe-Pescade, où la mer forme une petite crique assez profonde, à *St-Eugène*, et de *St-Eugène* à *Alger*, elle s'arrondit peu à peu, très dentelée et bordée de roches.

D'ALGER A LA FRONTIÈRE DE TUNIS.

Alger est situé, à quelques kilomètres près, à égale distance du Maroc et de la Tunisie. La baie a une ouverture de 8 kilom. environ de l'O. à l'E., et sa profondeur est d'environ 7 kilom. 1/2. Le port a 90 hectares. Il est protégé contre la haute mer par une rangée de blocs énormes assis sur une large muraille de forme convexe, et édifiée depuis la conquête ; c'est la jetée du nord ; elle part de l'ancien fort turc et mesure 700 mètres. Elle se continue dans la direction S.-E.-S. par un *brise lames* de cent mètres de longueur. — Une seconde jetée, celle du *Sud*, partant du chemin de fer au-dessous du fort Bab-Azoun, ferme le port au S. et au S.-E.: elle mesure 1,235 mètres. On a construit à l'extrémité Sud du port deux magnifiques formes de radoub, dont l'une peut recevoir les navires du plus fort tonnage.

Au S.-S.-E. du phare, bâti sur l'îlot de la marine, et à 2 kilom. de distance, est le fort *Bab-Azoun*, construit sur le roc, et au S. duquel la côte forme une petite anse ; la plage qui vient ensuite tourne à l'E.-S.-E , se courbe insensiblement, puis remonte vers le N. jusqu'au *Fort-de-l'Eau*, bâti sur un pâté de roches basses. A partir de la rivière *du Hamiz*, où la plage finit, commence une falaise qui s'élève graduellement jusqu'au *cap Matifou* et ferme la partie orientale de la baie.

Le cap Matifou, formé par des terres basses, occupe un espace de 4 kilom.; dans la partie orientale se dresse un monticule dont le sommet forme un plateau. Toute la bande Nord du cap est taillée à pic et garnie à son pied d'une multitude de rochers.

Entre le cap Matifou et le *cap Djinet*, des terres basses et uniformes dessinent le cordon de la côte en se courbant vers le milieu. A l'O. de cette dernière pointe on trouve un mouillage et un abri contre les vents d'Est.

Du cap Djinet à l'embouchure du *Sebaou*, la côte est droite, presque entièrement occupée par des plages ; elle se relève à partir de là jusqu'au *cap Bengut*, où elle forme deux pointes : la première, défendue par des rochers plats ; la seconde, qui ferme l'anse au N.-E.; c'est la *pointe de Dellys* : — elle est prolongée de 200 mètres par une ligne de gros rochers, et d'environ 600 mètres par un banc de roches sur lequel il n'y a que trois mètres d'eau. — La tenue est excellente, et le ressac défend les bâtiments ; — vis-à-vis la rue centrale de Dellys, on a construit un débarcadère de 150 mètres de longueur, dans la direction du N. Est.

A partir de Dellys, la côte ne présente que peu de sinuosités ; les pointes principales sont :

Le *cap Tedlès*, formé par un mamelon et défendu du côté de la mer par des roches nues et fortement inclinées ;

Le *cap Corbelin*, formé de diverses couches de roches de couleur roussâtre qui s'inclinent vers le N., et à l'ouest duquel est une petite baie appelée *Mers-el-Farm*, où on mouille par les vents d'Est.

Du cap Corbelin au *cap Sigli*, la côte est bordée d'une longue plage de sable, çà et là interrompue par des rochers et qui se termine par des falaises basses et pierreuses. — A l'E. et près du cap Sigli, il y a une petite crique ; à 9 kilom. plus loin, une très belle plage.

En continuant vers l'Est, la côte incline légèrement au S. jusqu'au *cap Carbon*, au N.-O. duquel on voit l'*île Pisan*.

L'*île Pisan* est un rocher de 500 mètres de longueur. Son sommet, incliné vers l'O., a environ 50 mètres d'élévation. Elle peut offrir un abri pour les balancelles.

Le cap Carbon est formé par la pointe N.-E. d'une grande masse de rochers presque nus, et dont le sommet (le mont *Gouraya*) s'élève à 671 mètres au-dessus de la mer.

A partir du cap Carbon, la côte tourne au S. jusqu'à la pointe escarpée du *cap Bouak*, puis, en faisant diverses sinuosités, elle forme une baie, celle de *Bougie*. — Cette baie, qui est comprise entre le cap Carbon et le cap Cavallo, offre la forme régulière d'une moitié d'ellipse ; elle fait face au Nord et a 42 kilom. d'ouverture. La rade, située dans la région occidentale de la baie, n'est tourmentée que par la houle du N.-E., qui n'est jamais ni assez vive, ni assez forte pour compromettre un navire mouillé sur de bonnes amarres. Mais le seul point *absolument* sûr est le mouillage de *Sidi Yaïa* (petite anse près de terre). Il en sera ainsi jusqu'à ce que la nouvelle jetée qui part du fort soit assez avancée pour mettre en sûreté les bâtiments de commerce.

Le mouillage des vaisseaux est dans la région N.-E. de la rade, par des profondeurs d'eau depuis 12 jusqu'à 20 mètres, sur un fond de vase d'une excellente tenue. Il est assez sûr pour que des bâtiments de guerre puissent y stationner sans danger pendant l'hiver ; assez vaste pour contenir une escadre.

A partir de ce point, la côte s'incline régulièrement vers le S. et remonte jusqu'au *cap Cavallo*, en décrivant une grande courbe dont la première partie est occupée par des plages d'une remarquable longueur, et dont la seconde, également entrecoupée de quelques plages, est rocailleuse et dentelée.

Le cap Cavallo est une terre assez élevée qui s'avance vers le N.-N.-O. en diminuant progressivement de hauteur et formant une pointe aiguë.

A l'E. de ce cap, il y a plusieurs petites îles, îlots ou rochers désignés sous le nom d'*Iles Cavallo*.

L'*île Cavallo* proprement dite est assez remarquable : elle a environ 360 mètres de longueur sur 80 mètres de large. La pointe qui est le plus rapprochée de la côte en est à 800 mètres. Il existe dans l'île deux anciens puits romains qui sont presque comblés. — Les autres îlots ne sont que des rochers arides, bas et situés fort près de terre. La baie ouverte dans laquelle l'île se trouve est formée par des plages entrecoupées de quelques falaises basses, composées de roches noires qui s'étendent jusqu'en face du *cap Afia*.

Le cap Afia est une roche isolée, d'un rouge de feu ; le fond des environs est madréporique : on y trouve du corail rouge.

Entre le cap Afia et *Djidjelli*, on voit deux petites criques où les caboteurs viennent quelquefois chercher un refuge. Celle de l'Est est la plus profonde et la meilleure ; il y a, toutefois, une roche qui fait écueil vis-à-vis le milieu de son ouverture. La côte est formée par un cordon de roches basses et uniformément placées comme les pierres d'un quai. Elle se poursuit ainsi jusqu'à Djidjelli.

L'ancienne ville de Djidjelli était bâtie sur une presqu'île rocailleuse ; elle a été presque entièrement ruinée par un tremblement de terre en 1856. La ville fut réédifiée à l'Est, sur une grande et belle plage qui, en se courbant, forme l'enceinte du port.— Le port de Djidjelli est protégé contre la mer, au Nord, par une ligne de récifs de 900 mètres de longueur, en partie reliés entre eux par une jetée en cours d'exécution ; il est abrité des vents d'Ouest par la ville, mais il est exposé aux vents du N.-E.; aussi, est-il considéré comme dangereux.

De Djidjelli à l'embouchure de l'*Oued-el-Kebir*, la côte suit à peu près l'E.-N-E. presque en ligne droite ; un peu plus loin, elle se courbe vers le N. et forme une baie connue sous le nom de *Mers-el-Zeïtoun* (le port des olives) où les bâtiments trouvent un bon fond et un bon abri pour les vents d'Est. — A la pointe N. de Mers-el-Zeïtoun, il existe plusieurs petites roches dont l'une s'avance à 600 mètres environ vers l'O. Ici se trouve le premier des sept caps dont le *cap Bougaroni* est composé.

Le cap Bougaroni est le point de la côte algérienne qui s'avance le plus au Nord. Il est formé par une masse de terres qui occupe de l'E. à l'O. une étendue de 30 kilom. environ, et dont le sommet le plus élevé a 1,090 mètres. Sa surface est couverte d'un nombre infini de mamelons. A l'O. et au N.-O., il est bordé de rochers énormes ; au N.-E. et à l'E. il est bordé de falaises et découpé par des baies profondes où l'on trouve de bons abris contre les vents du N.-O. et d'O. ; — le fond n'y est pas très bon, si ce n'est dans la baie de *Collo*, rade foraine, d'où l'on peut appareiller par tous les vents, et qui est praticable en toutes saisons, même avec les mauvais temps. Les grands navires y jettent l'ancre par 25 brasses d'eau sur un fond de sable vassard. — L'anse qui sert de port à la ville de Collo est abritée de tous les vents dangereux; elle présente une petite plage, commode pour le halage des bateaux et toujours abordable. Les petits navires peuvent s'y amarrer sur la rive nord ; ils y sont en sûreté et y trouvent d'assez grandes facilités pour le débarquement des marchandises. Le port de Collo offre aux navires un abri sûr et de précieuses ressources.

Il existe au S,. à moins de 4 kilom., un lac ou bras de mer qui s'avance dans l'intérieur des terres, mais qui est séparé de la baie par un intervalle de terrain sablonneux de 10 à 15 mètres. A une époque encore peu éloignée, ce lac communiquait à la mer et formait un petit port.

La partie occidentale de la baie de Collo se termine par un terrain rocailleux et de moyenne hauteur qui porte le nom de *Ras-Frao*. A l'E. de ce cap, la côte est presque partout garnie de roches. — A peu de distance du rivage s'élève l'*île de Collo*, rocher de 60 mètres de hauteur.

La côte, séparée par un faible intervalle de rochers énormes qui forment l'îlot *Tarsah*, puis l'*île de Srigina*, continue à l'E., sinueuse et escarpée, jusqu'à une petite pointe formant cap, puis tourne au S. en conservant le même aspect jusqu'à *Stora*.

L'anse de Stora est placée au fond d'un golfe, d'où il est difficile de sortir par les vents du large. Elle est formée par un rentrant de la côte de 400 mètres, et présente vers le S.-O. une très belle plage, propre au débarquement des marchandises et au hâlage des bateaux ; mais elle n'offre un bon abri contre la mer que par les vents d'O. et de S.-O. En hiver, les bâtiments jettent l'ancre, en dehors de l'anse, par 16 à 18 brasses d'eau ; mais ce mouillage extérieur, battu en plein par la grosse mer, est lui-même fort dangereux. Par les coups de vent du N.-O. les navires roulent et fatiguent beaucoup, mais il tiennent ; par les tempêtes du Nord et du N.-E. les ancres tiennent, mais les navires cassent leurs chaînes ou sombrent sur leurs amarres.

A 4 kilom. S.-E. de Stora est le port de *Philippeville*. La plage de débarquement est impraticable aux navires. — On a fait devant la ville de grands travaux, en vue d'abriter les bâtiments de commerce ; mais l'entrée du port est dangereuse, et, par les gros temps, les navires se réfugient à Stora.

La côte entrecoupée de petites plages suit la direction de

l'Est jusqu'au cap *Skikida*, lequel est formé par une terre isolée de 190 mètres de hauteur, qui s'abaisse graduellement vers l'intérieur, mais qui, du côté de la mer, est abrupte et garnie de quelques rochers.

Du cap Skikida au *cap Filfila*, on suit une plage droite, uniforme et longue d'environ 11 kilom.; la côte remonte ensuite vers le N. en décrivant une courbe, puis elle fait un crochet vers l'O. jusqu'au *cap de Fer*. Le grand enfoncement compris entre ce dernier cap et Stora est généralement désigné sous le nom de *golfe de Stora*.

Le cap de Fer est formé par une masse étroite de terres élevées et garnies à leur base et à leur sommet de rochers gris entièrement nus. Son contour est assez dentelé. L'extrémité Ouest de ces terres est encore plus mince et plus dentelée que le reste. On la désigne sous la nom de *Ras Tchekidish*; on y remarque une petite baie assez profonde, qui fait face au N., et où les corailleurs viennent s'approvisionner d'eau.

A 1 kilom. à l'O. de Ras-Tchekidish se dresse un îlot de 37 mètres de hauteur; entre ce roc et le cap de Fer il existe un grand nombre d'autres îlots très rapprochés de la côte : toutes ces roches sont visibles.

A l'E. du cap de Fer et à 12 kilom. environ, on trouve une petite baie en partie garnie d'une plage, où les caboteurs peuvent relâcher. On la reconnaît à un marabout situé sur le mamelon qui ferme sa partie orientale, et qu'on appelle *Sidi Akache*.

A partir du marabout, la côte court d'abord au N. E. et forme une pointe basse, environnée de quelques roches à fleur d'eau. Elle se courbe ensuite peu à peu et va rejoindre le cap *Toukousch*. Dans le milieu de cet espace, et à près de 2 kilom. de terre, se trouve l'*Ile Toukousch*, rocher peu élevé, de couleur rousse. — On peut passer entre l'île et la côte.

Du cap Toukousch au *cap de Garde*, sur un parcours de 37 kilom., la direction générale de la côte est le S.-Est.

Le cap de Garde est formé par le prolongement d'une

crête de montagnes qui part du mont Edough. Les terres de ce cap, et principalement celles qui font face au Nord, sont d'une aridité repoussante.

A l'E. de ce cap, la côte tourne brusquement vers le S. et la mer s'y précipite pour former un golfe profond où l'on trouve d'abord le mouillage du *Fort Génois*, port de refuge, puis celui des *Caroubiers*. Plus loin, on rencontre le *Ras-el-Hamen* (cap des pigeons) : à la partie la plus avancée de ce dernier cap, on aperçoit un îlot d'un seul bloc et de 17 mètres de hauteur. Ce roc affecte la forme d'un lion ; aussi le désigne-t-on sous le nom de *Cap-du-Lion*.

A partir du Lion, la côte court droit au S. O., formée par des roches presque perpendiculaires ; à 1 kilom. environ, elle rentre vers l'O. et forme un petit creux où il y a une plage qui a reçu le nom de *Plage du Cassarin*.

A l'O. d'une dernière pointe, — la *Pointe-Cigogne*, — il y a une petite baie sur le bord de laquelle est bâtie la ville de *Bône*.

Le *golfe de Bône*, qui s'étend entre le cap de Garde et le cap Rosa, est d'une entrée facile ; — à Bône, où on a fait de grands travaux, la darse intérieure et l'avant-port sont également sûrs, et le port est aujourd'hui un des plus praticables de l'Algérie.

La plage qui borde la ville tourne au S. jusqu'à l'embouchure de la Seybouse ; à partir de cette rivière, elle se courbe peu à peu vers le S.-E., puis vers l'E., et enfin remonte à l'E.-N.-E., pour aller à 24 kilom. de distance rejoindre le *cap Rosa*, qui est formé par des terres peu élevées. Il a 90 mètres de hauteur.

Du cap Rosa, la côte descend vers le S.-E., sur un parcours de 8 kilom., remonte ensuite vers l'E.-N.-E. jusqu'au *Bastion de France* (ancien établissement de la Compagnie d'Afrique), puis tourne à l'E. en se courbant un peu et vient former le *cap Gros*..

A 4 kilom. environ de ce dernier cap se trouve une petite baie, abritée du N. et du N.-E. par une presqu'île sur laquelle est bâtie la ville de *La Calle* ; — la petite anse qui forme le port est fréquentée par les corailleurs et par quelques navires de commerce qui viennent y chercher les minerais de Kef-oum-Teboul. Le mouillage est passable au dehors, mais le port est dangereux pour les bâtiments qui ne peuvent pas se héler à terre.

A partir de la Calle, la côte remonte insensiblement vers le N.-E. jusqu'au *cap Roux*. — Ce cap, situé à 33 kilom. de La Calle, est escarpé de tous les côtés : c'est le point extrême de notre frontière.

En résumé : La côte s'étend de l'O. au N.-E. sur un parcours de 1,000 kilom. environ ; les criques y sont nombreuses ; mais en dehors des rades de Mers-el-Kebir, d'Arzew et de Bougie, elle n'offre guère aux navigateurs que des rades *foraines*, c'est-à-dire des rades mal fermées, où les navires ne sont point en sûreté contre les grands vents du large. — Les seules sinuosités remarquables sont :

1° *Le golfe d'Oran*, qui comprend les baies d'Oran et d'Arzew ;

2° *La baie d'Alger* ;

3° *Le golfe de Bougie*, qui comprend les baies de Bougie et de Djidjelli ;

4° *Le golfe de Philippeville*, qui comprend les baies de Collo et de Stora ;

5° *Le golfe de Bône*.

Ces cinq grands enfoncements du rivage correspondent aux principales vallées du littoral algérien ; ils sont généralement bordés au Sud par de belles plages de sable, et présentent tous la forme régulière d'un croissant dont la concavité regarde le Nord. — Pendant l'été, on peut mouiller partout dans ces enfoncements, dès qu'on est à deux ou trois mille mètres de terre, car on y trouve sur tous les points un bon fond de vase ; mais on ne peut s'y mettre à l'abri des mauvais temps et de la houle du Nord qu'en se plaçant au-dedans des caps qui forment les pointes Est et Ouest du croissant. Les mouillages derrière les pointes Est sont peu fréquentés, parce qu'ils sont battus par les vents du N.-O , qui dominent dans la mauvaise saison ; les abris formés par les pointes Ouest sont les seuls où l'on puisse stationner en hiver, — les seuls, par conséquent, qui méritent la dénomination de rade.

Ces abris naturels sont :

Dans le golfe d'Oran	{ La rade de Mers-el-Kebir. { La rade d'Arzew.
Dans la baie d'Alger	La rade foraine d'Alger.
Dans le golfe de Bougie	{ La rade de Bougie. { La rade foraine de Djidjelli.
Dans le golfe de Philippeville	{ La rade foraine de Collo. { La rade foraine de Stora.
Dans le golfe de Bône	La rade for° du Fort-Génois.

Toutes ces rades présentent les mêmes dispositions, le même régime nautique, mais elles sont plus ou moins fermées au N.-E, et, par conséquent, plus ou moins sûres.

Distances. — La distance qui sépare le port de Marseille des ports d'Oran, d'Alger et de Stora est mesurée ainsi qu'il suit, en *milles marins* et en *kilomètres*, le mille marin comptant 1.852 mètres.

	milles.		kilom.	mèt.
De Marseille à Oran	555,	soit :	1027	860
— à Alger	417,	—	772	284
— à Stora	393,	—	727	836

D'Alger aux différents ports du littoral algérien, on compte :

Ligne de l'Ouest

	milles.		kilom.	mèt.
D'Alger à Cherchell	51,	soit :	94	452
De Cherchell à Ténès	45,	—	83	340
De Ténès à Mostaganem	75,	—	138	900
De Mostaganem à Arzew	18,	—	33	336
D'Arzew à Oran	27,	—	50	4
D'Oran à Nemours	81,	—	150	12
Au total	297,	—	550	044

Ligne de l'Est

	milles		kilom.	mét.
D'Alger à Dellys.........	42,	soit :	77	784
De Dellys à Bougie.......	60,	—	111	120
De Bougie à Djidjelli.....	33,	—	61	116
De Djidjelli à Collo.......	48,	—	88	896
De Collo à Stora.........	18,	—	33	336
De Stora à Bône.........	57,	—	105	564
De Bône à La Calle.......	36,	—	66	672
Au total.....	294,	—	544	488

Du port de Nemours à celui de La Calle, les navires qui desservent la côte ont donc à parcourir une distance de 591 milles marins ou 1,095 kilomètres, en chiffre rond.

IV. Phares. — Avant l'occupation française, tout bâtiment qui s'échouait était à jamais perdu : l'équipage et la cargaison devenaient la proie des Indigènes ; — aujourd'hui les navigateurs n'ont plus à craindre la rapacité des Arabes, mais ils ont toujours à redouter les écueils qui hérissent la côte. Le Gouvernement a donc fait établir sur le littoral algérien 31 phares ou feux qui éclairent et guident les navires. — De l'O. à l'E., ces phares et feux sont établis ainsi qu'il suit :

BAIE DE NEMOURS. — Le Phare, — tour cylindrique avec soubassement, — est établi sur le sommet de la pointe Ouest de la baie ; — sa hauteur au-dessus du sol est de 13 m. 4 ; la hauteur du feu, au-dessus de la mer, est de 93 m. ; la portée du feu, qui est fixe, est de 8 milles 6 (15 kil. 927 m.)

RACHGOUN. — Tour en pierres au centre d'un bâtiment rectangulaire, sur la pointe Nord de l'île ; — hauteur du feu au-dessus du sol, 18 m. 30 ; au-dessus de la mer, 84 m. 8 ; — feu à éclats alternativement rouges et blancs, de 10 secondes en 10 secondes ; portée du feu, 22 milles (40 kil. 744 m.)

Cap Falcon. — Tour octogone en pierres blanches, sur le mamelon le plus élevé du cap ; hauteur au-dessus du sol, 26 m. 60 ; hauteur du feu au-dessus de la mer, 103 m. 60 : — feu tournant de 30 secondes en 30 secondes ; portée du feu, 25 milles (46 kil. 300 m.)

Mers-el-Kebir. — Tour octogone blanche avec soubassement rectangulaire, sur la pointe la plus avancée du port ; — hauteur du sol, 23 m. ; hauteur du feu au-dessus de la mer, 37 m. ; — feu fixe dont la portée est de 8 milles (14 kil. 816 m.)

Oran. — Feu fixe vert, près l'extrémité du grand môle ; — hauteur au-dessus de la mer, 7 m. 50 ; portée, 3 milles (5 kil. 1/2.)

Feu fixe rouge, sur l'extrémité de la jetée du bassin du vieux port ; hauteur au-dessus du sol, 5 m. ; hauteur du feu au-dessus de la mer, 7 m. ; portée du feu, 4 milles (7 kil. 408 m.)

Feu fixe, à l'ouest du vieux port ; hauteur au-dessus du sol, 3 m. ; hauteur du feu au-dessus de la mer, 33 mètres ; portée du feu, 5 milles (9 kil. 260 m.)

Arzew. — Feu fixe, sur la jetée du port ; sa portée est de 8 milles (14 kil. 816).

Tour en pierres, sur l'îlot d'Arzew, au N.-E. du port : hauteur au-dessus du sol, 10 m. 50 ; hauteur du feu au-dessus de la mer, 20 m. ; feu fixe, dont la portée est de 10 milles (18 kil. 520.)

Mostaganem. — Tour en pierres, sur le plateau à l'O. de la caserne de la Marine ; hauteur au-dessus du sol, 6 m. ; au-dessus du niveau de la mer, 35 m. ; feu fixe, dont la portée est de 10 milles (18 kil. 520) ; — station de sauvetage.

Cap Ivi — Tour octogone, soubassement rectangulaire, sur le milieu du versant du cap, à 600 m. de la mer ; — hauteur au-dessus du sol, 23 m. 1 ; hauteur du feu au-dessus de la mer, 118 m. 6 ; — feu blanc sautillant, à éclipses, de 4 secondes en 4 secondes ; — portée, 26 milles (48 kil. 152 m.)

Ténès (ville). — Feu fixe, sur la terrasse au N. de la marine ; hauteur au-dessus de la mer, 40 m. ; — portée du feu, 4 milles (7 kil. 408.) — Station de sauvetage.

Cap Ténès. — Tour carrée en maçonnerie, sur le cap ; hauteur au-dessus du sol, 25 m. ; hauteur du feu au-dessus de la mer, 89 m. — feu tournant de minute en minute ; — portée, 25 milles (46 kil. 300 m.)

CHERCHELL. — Feu fixe, à l'extrémité de la jetée *Joinville* ; il indique l'entrée de l'avant-port.

Tour ronde en pierres, au centre du fort qui est sur l'îlot *Joinville*; hauteur au-dessus de la mer, 37 m ; — feu fixe, dont la portée est de 15 milles (27 kil. 780 m.)

TIPAZA. — Tour carrée, sur la pointe *Ras el Kalia*, à l'entrée du port ; hauteur au-dessus du sol, 13 m ; hauteur du feu au-dessus de la mer, 31 m. ; — feu fixe vert, dont la portée est de 4 milles (7 kil. 408 m.)

CAP CAXINE. — Tour carrée adossée à une maison ; hauteur au-dessus du sol, 44 mèt. ; au-dessus de la mer, 64 mèt. ; feu tournant de 30 secondes en 30 secondes ; portée, 25 milles (46 kil. 300 mèt.)

ALGER. — Tour en pierres sur l'îlot de la Marine; hauteur du feu au-dessus de la mer, 35 mèt.; — feu fixe, dont la portée est de 8 milles (14 kil. 846 mèt.) — Le phare est élevé sur l'emplacement qu'occupait, il y a trois siècles, une forteresse espagnole, *Le Pégnon*, Elle avait été construite par le comte de Navarre (1510). — Armée de canons braqués sur la ville, elle était une perpétuelle menace pour les Arabes, dont les Espagnols surveillaient, nuit et jour, les mouvements. — Aucun navire ne pouvait entrer dans le port ou en sortir, sans une autorisation expresse du Gouverneur ; — Dix ans plus tard, les Arabes s'en emparèrent.

Tourelle en bois sur le musoir de la jetée du Nord ; — hauteur du feu au-dessus de la mer, 13 m. 50 ; — feu fixe rouge, portant à 9 milles (16 kil. 668 m.)

Tourelle en bois sur le musoir de la jetée du Sud ; — hauteur du feu au-dessus de la mer, 13 m. 50 ; — feu fixe rouge, portant à 9 milles (16 kil. 668 m.)

MATIFOU. — Tour carrée blanche adossée à des maisons, sur le cap Matifou, à l'extrémité de la baie d'Alger : — hauteur au-dessus du sol, 12 m. 80 ; — hauteur du feu au-dessus de la mer, 74 m. ; — feu fixe, portant de 8 à 10 milles (de 14 kil 846 m. à 18 kil. 520 m.)

Bengut. — *En construction* sur la pointe des *Jardins*, à 2 milles de la mer (3,704 mètres).

Dellys. — Feu fixe rouge, pris du débarcadère au N.-O. de la ville, portant à 15 milles (27 kil. 780 m.)

Carbon. — Tour élevée à 10 mètres au-dessus du sol, sur le cap *Carbon*, côté ouest de la baie de Bougie ; — hauteur du feu au-dessus de la mer, 220 mètres ; — feu tournant de minute en minute et portant à 27 milles (50 kil. 04 m.)

Cap Bouac — Le phare est établi sur le cap, à l'entrée de Sidi-Yayia, à 1 mille au N.-E. de Bougie ; — hauteur du feu au-dessus de la mer, 147 m. ; — feu fixe, dont la portée est de 15 milles (27 kil. 780 m)

Bougie. — Feu fixe, rouge, sur le fort Abd-el-Kader, à droite de l'entrée du port ;— hauteur au-dessus de la mer, 39 m.; portée, 3 milles (5 kil. 556 m.)

Cap Afia. — Tour en maçonnerie, sur le cap : hauteur du feu au dessus de la mer, 42 m. 20. — Feu scintillant de 4 secondes en 4 secondes et d'une portée de 19 milles (35 kil. 488.)

Djidjelli. — Feu fixe, sur la deuxième roche des brisants, au nord du mouillage ; hauteur du feu au-dessus de la mer, 15 milles ; — portée du feu, 8 milles (14 kil. 816 m.)

Cap Bougaroni. — Tour octogone sur la pointe Nord du cap ; hauteur au-dessus du sol, 14 m. 50 ; hauteur du feu au-dessus de la mer, 172 m. ; — feu fixe, portant à 31 milles (57 kil. 412 m.)

Cap el-Djerda. — Tour octogone, à 15 milles de la pointe la plus Nord du cap ; — hauteur au-dessus du sol, 14 m. 40 ; — hauteur du feu au-dessus de la mer, 25 m. 80 ; — feu fixe, à éclats verts de 2 minutes en 2 minutes, portant à 12 milles (22 kil. 224 m.)

Port de Collo. — Feu fixe rouge, à 10 m. de hauteur au-dessus de la mer, et à 5 m. de l'extrémité de la première pointe Sud de la baie ; — portée, 4 milles (7 kil. 408.)

Stora (golfe). — Feu fixe à 15 m. au-dessus de la mer, sur l'îlot des *Singes*, à l'Est de Stora ; portée, 8 milles (14 kil. 816).

Feu fixe à 55 m. au-dessus de la mer, sur l'île *Srigina*, au côté Ouest du golfe de Stora ; — portée, 10 milles (18 kil. 520 m.)

Cap de Fer. — Tour cylindrique sur un bâtiment, à la pointe Ouest du cap ; — feu alternativement blanc et rouge, de 30 secondes en 30 secondes, à 66 m. 50 au-dessus de la mer et portant à 20 milles (37 kil. 040 mètres.)

Cap de Garde. — Feu tournant de 30 secondes en 20 secondes, à 130 m. au-dessus de la mer, sur le cap de Garde, à l'entrée du golfe de Bône ; — portée 15 milles (27 kil. 720 m.)

Bône. — Sur le *Fort Génois* ; — feu fixe ; station de sauvetage ;
Sur le point du *Lion*, à 1.400 m. du N.-E. du port ; feu fixe, portant à 10 milles (18 kil. 520 m.) ;
Sur la *pointe Cigogne*; feu fixe, portant à 8 milles (14 kil. 816 m.)

Cap Rosa. — Tour en maçonnerie au centre d'un bâtiment ; — feu fixe, à 127 m. 60 au-dessus de la mer, sur la pointe du Cap ; — portée, 12 milles (22 kil. 224 m.)

La Calle. — Tour cylindrique en maçonnerie ; — feu fixe, rouge, à 16 m. 80 au-dessus de la mer, sur la presqu'île, à gauche de l'Est ; portée, 10 milles (18 kil. 520 m.)

V. Géologie. — D'après les recherches de M. Ville, ingénieur des mines, on trouve dans les trois provinces des terrains d'origine sédentaire et des terrains d'origine ignée. Ceux-ci sont très peu développés et ne forment, en quelque sorte, que des îlots très circonscrits au milieu des autres terrains qu'ils ont soulevés :

Les terrains d'origine sédentaire, dit ce savant spécialiste, peuvent se diviser en trois catégories principales :

1º Les terrains de transition ;
2º Les terrains secondaires ;
3º Les terrains tertiaires.

Les terrains de transition ont très peu d'étendue.
Les terrains secondaires forment, en quelque sorte, la charpente osseuse des trois provinces ; ils sont caractérisés par la hauteur et l'aspérité des contours des chaînes de montagnes qui les constituent, l'abondance et la pureté des eaux qui les sillonnent, la fraîcheur et la salubrité du climat, la vigueur de la végétation. Ils se composent essentiellement d'argiles schisteuses grises, au milieu

desquelles sont disséminées des couches de grès quartzeux très dur et de calcaire gris compacte, à texture cristalline. Les crêtes sont formées généralement de grès ou de calcaire, et les argiles s'étendent sur les flancs des chaînes de montagnes.

Les terrains tertiaires sont très répandus ; ils remplissent, en général, les grandes vallées longitudinales qui existent entre les chaînes de montagnes des terrains secondaires. Leurs couches sont horizontales au milieu des vallées, et se redressent, d'une manière plus ou moins brusque, contre les flancs des montagnes secondaires qui les supportent. Des ridements transversaux à la direction générale de ces couches ont divisé les vallées en plusieurs cuvettes elliptiques dont le grand diamètre est parallèle à la direction des chaînes du terrain secondaire. — Les roches tertiaires se composent de calcaires, de sables, de grès et d'argiles. Elles ne forment pas des assises régulières sur des étendues considérables : elles constituent plutôt de grandes lentilles grossièrement stratifiées ensemble, et dans lesquelles on peut observer le passage d'une roche à l'autre. Les calcaires ont généralement très peu d'adhérence ; cependant ils peuvent quelquefois prendre une texture cristalline et être susceptibles d'être polis comme des marbres ; mais ce n'est qu'un accident fort rare.

VI, Orographie : Montagnes. — L'Algérie est traversée dans le sens de sa largeur par une portion de l'Atlas, chaîne unique qui part de l'Océan et s'étend jusqu'au golfe de Gabès, en Tunisie.

Ce tronçon de la chaîne atlantique est divisé lui-même en plusieurs branches. Les unes, se projetant vers le Nord avec un écartement plus ou moins considérable, forment, sous le nom de *Sahel*, une ligne de montagnes à peu près parallèles à la mer dont elles sont plus ou moins rapprochées : elles comprennent entre elles et l'Atlas un certain nombre de petits bassins. Les autres, se projetant à l'intérieur et parallèlement au rivage, forment, au S.-O., le *Djebel-Amour*, et au S.-E., le *Djebel-Aurès*. Ces dernières chaînes bordent le Sahara : elles comprennent également entre elles et la chaîne principale un certain nombre de plaines.

Pour se faire une idée bien nette de la configuration du

sol, il suffit, du reste, de supposer que ce vaste système est coupé, suivant un méridien, par un plan vertical : la figure ainsi obtenue représente un immense escalier dont les marches, irrégulièrement espacées, indiquent assez exactement la superposition des étages successifs à gravir lorsque, partant de la mer, on s'élève dans l'intérieur des terres.

A une distance moyenne de 35 lieues des côtes se dresse un dernier échelon difficilement abordable et qui, géographiquement, forme la limite naturelle de la zone comprise entre la mer et lui, zone qu'on désigne sous le nom de *Tell*. — A l'Est, toutefois, cette division est moins accentuée : la barrière est plus reculée vers le Sud, et la zone du Tell se confond presque avec la zone qui lui succède.

Lorsqu'on a gravi le dernier échelon, on se trouve sur les *Hauts plateaux*. Cette région, dont la profondeur moyenne est de 34 lieues, s'incline du N. au S. en se creusant un peu et reçoit dans des bassins naturels (chotts et sebkhras) les eaux pluviales recueillies dans le lit des oueds. Elle présente à l'œil d'immenses plaines légèrement ondulées et dont quelques-unes sont cultivables, comme les terres du Tell. Au Sud, elle se relève insensiblement pour se raccorder au Djebel-Amour et au Djebel-Aurès.

C'est à partir de ce relèvement, c'est-à-dire au Sud de la ligne des chotts, que commence le Sahara, où il n'existe que quelques oasis qui forment comme des îles et des archipels au milieu d'une vaste mer de sable.

Les deux versants de l'Atlas sont désignés sous des noms particuliers :

Le versant *méditerranéen*, qui regarde le Nord ;

Le versant *saharien*, qui regarde le Sud.

D'où, trois régions distinctes :

Celle du Nord, ou *méditerranéenne*, dont toutes les eaux se rendent à la mer ; — celle des *Hauts plateaux*, dont toutes les eaux se réunissent dans les lacs intérieurs (*chotts et sebkhras*) ; — celle du Sud, ou *saharienne*, dont toutes les eaux vont se perdre dans les sables.

Montagnes.— Les principales montagnes (*Djebel*) sont, en allant de l'Ouest à l'Est :

DANS LA PROVINCE D'ORAN.

Le Djebel Attar	1.333 mètres	⎫	
— Nador	1.520 »	⎪ Entre Tlemcen et Sebdou,	
— Assas	1.625 »	⎬ du N. au S.	
— Allouf	1.635 »	⎭	
— Tessala	1.059 »	— au N.-O. de Bel-Abbès.	

Le Djebel-Amour : — Il comprend toute la partie Ouest du massif saharien et se divise lui-même en trois massifs principaux : le *Djebel Ksan* et le *Djebel Roundjaïa*, au Sud des chotts, et le *Djebel-Amour* au S.-Est.

DANS LA PROVINCE D'ALGER.

Le Djebel Ouaransenis	1.991 mètres	—	Au S.-E. d'Orléansville ;
— Ennadate	1.732 »	—	A l'O. de Teniet ;
— Echchaou	1.810 »	—	A l'E de Teniet ;
— Douï	2.053 »	—	A l'O. de Milianah ;
— Chenoua	875 »	—	A l'E. de Cherchell ;
— Zaccar	1.631 »	—	Au N. de Milianah ;
— Talazit	1.640 »	—	Au S. de Blidah ;
— Mouzaïa	1.608 »	—	Au S.-O. de Blidah ;
Le Nador	912 »	—	Au S. de Medéah ;
Le Djebel Hacen	1.244 »	—	Au S.-E. de Médéah ;
Dira	1.810 »	—	Au S.-O. d'Aumale ;
Le Kef el Ansour	1.201 »	—	Au S.-O. du Dira ;
Le Kef el Akdar	1.409 »	—	Au S.-O. d'El-Ansour ;

Le Djurjura, qui dessine, de l'O. à l'E., une ligne concave vers le Nord, dont le développement est de 90 kilom., et qui a pour points culminants :

Le Temmigro	1.088 mètres	—	Au S.-O. de Dellys ;
Le Kella	2.348 »	—	Au S.-E. de Fort National ;
Le Tirourda	1.847 »	—	A l'E. du Kella ;
Le Chellata	1.780 »	—	Au N.-E. du Tirourda ;
Le Tamegouth	1.290 »	—	Au S. du cap Corbelin.

Enfin, la partie centrale du massif Saharien comprenant le *Djebel Senelba* et Djebel Sahari, au S. des Zahrez.

DANS LA PROVINCE DE CONSTANTINE.

Le Djebel Morissan ...	1.650	mètres —	Au N. de Bou-Arréridj ;
— Takintousch .	1 674	» —	Au S.-E. de Bougie ;
— Magris......	1.722	» —	Au N. de Sétif ;
— Youssef.	1.431	» —	Au S. de Sétif ;
Le Pic Temesguida ...	1.633	» —	Entre Bougie et Djidjelli.
Le Grand Babor	1.990	» —	Id. id.
Le Djebel Ouahac	1.293	» —	Au N. de Constantine ;
— Oum Selas...	1.316	» —	Au S.-E. de Constantine ;
— Deba	1.030	» —	Au N.-O. de Guelma ;
— Ras-el-Aïa ..	1.290	» —	Au S. E. de Guelma ;
L'Edough	972	» —	A l'O. de Bône ;
Le Djebel Mahabouba ..	1.077	» —	Au N. de Soukahras.

Puis, dans le massif saharien : le *Djebel-bou-Kaïl*, au S. du Hodna, et le *Djebel Aurès*, dont le nœud central s'élève de plus de 2 300 mètres au-dessus du niveau de la mer, et qui, du côté du Sud, tombe comme une muraille presque rectiligne sur le Sahara.

VII. — Hydrographie. — Rivières. — Les rivières (*oued*) ont presque toutes un cours très borné : pendant l'hiver, elles roulent impétueusement les eaux qu'y apportent d'abondantes pluies; pendant l'été, elles sont ordinairement à sec. Chacune d'elles a des noms multiples ; pour ne point fatiguer la mémoire, nous donnerons au courant principal le nom même sous lequel il est le plus généralement connu.

Les principales rivières, — abstraction faite de celles du Sahara, que nous désignerons plus loin, — sont, en allant de l'Ouest à l'Est :

DANS LA PROVINCE D'ORAN.

L'*oued Adjeroud*, — qui se jette dans la mer, à 27 kilomètres S.-O. du cap Milonia et dont l'embouchure sépare, sur la frontière du Nord, le Maroc de l'Algérie.

La *Tafna*, — célèbre par le traité conclu sur ses bords, le 30 mai 1837, entre le général Bugeaud et l'Emir Abd-el-Kader. Elle prend sa source dans le pâté montagneux qui domine Sebdou, se dirige vers l'Ouest par une ligne courbe, puis coule vers le N.-O. sur un parcours de 28 kilomètres environ, suit la direction du Nord jusqu'à hauteur de Lalla-Maghrnia, coule ensuite dans la direction du N.-E. et va se jeter dans la mer en face de l'île de Rachgoun.

Elle reçoit sur sa gauche l'*oued Mouilah*, qui prend sa source dans le Maroc et passe à l'O. et au N. de Lalla-Maghrnia; — sur sa droite, elle reçoit l'*oued Isser*, qui descend du djebel Mimoun, au S.-E. de Tlemcen, coule vers le N. l'espace de 100 kilom. environ, tourne à l'O. et se jette dans la Tafna, à 140 kilom environ du point de bifurcation.

Le *Rio Salado*, — qui se jette dans la mer entre le cap Hassa et le cap Figali et qui, dans son cours supérieur, prend le nom d'*oued Soughaï*.

La *Macta*, — qui est formée de deux cours principaux, le *Sig* et l'*Habra*.

Le *Sig* prend sa source dans les Hauts plateaux, au S.-O. de Daya. Il est formé dans sa partie supérieure : de l'oued *Sekaousir*, puis de l'oued *Mekerra*, qui baigne la plaine de ce nom autour de Sidi-bel Abbès, s'incline ensuite à l'E., se dirige vers le N., traverse la plaine à laquelle il a donné son nom et se jette dans les marais de la Macta.

L'*Habra* descend également des Hauts-Plateaux au N. de Daya ; il porte alors le nom d'oued *Tenazera* et coule du S. au N.-E. jusqu'au point où il rencontre l'*oued Houanet*. A partir de là, il prend le nom d'oued *El-Hammam*, se dirige vers le N. en traversant le territoire des Cheragas et prend enfin le nom d'*Habra*, sous lequel il se jette dans les marais de la Macta.

Le *Sig* et l'*Habra* se rencontrent à leur sortie des marais et forment ainsi la *Macta*, qui se jette dans la mer entre Arzew et Mostaganem.

Enfin, le *Chéliff*, qui a sa source, ses principaux affluents et son embouchure dans la province d'Oran, mais qui, pour la plus grande partie de son parcours, appartient à la province d'Alger (*voir plus bas*).

Les principales rivières qu'il reçoit dans son cours inférieur et qui arrosent du S. au N. la partie E. du territoire oranais, sont :

1° La *Mina* : — Elle prend sa source dans les Hauts plateaux, au S. de Tiaret, coule d'abord du S. au N , incline au N.-O., descend ensuite vers le N., passe à Relizane et au ksour de Sidi-bel-Hacel et se joint au Chéliff à 13 kilom. de ce dernier point. Elle reçoit sur sa gauche l'*Hillil* qui, descendant d'un des plateaux qui dominent *El-Bordj*, coule du S au N. jusqu'au village auquel il a donné son nom, puis se dirige au N.-E. et se perd dans la Mina, au S. et à 5 kilom. environ de Bel-Hacel.

2° L'*oued Djidiouïa,* — qui descend du Djebel-Seffalou, au N. de Tiaret, se dirige au N.-O. sous le nom de *oued Menasfa*, jusqu'à Zamora, descend ensuite vers le N. et se perd dans le Cheliff, à 6 kilom. à l'O. de l'oued Riou.

3° L'*oued Riou,* — qui prend sa source au N.-E. de Tiaret, coule d'abord de l'E. à l'O., se dirige ensuite vers le N., passe près d'Ammi-Moussa, au N. et à 25 kilom. duquel il se jette dans le Chéliff.

DANS LA PROVINCE D'ALGER.

Le *Chéliff* : — c'est le fleuve *Azar* des Romains, — et la principale rivière de l'Algérie. Il prend naissance aux environs de Tiaret (dép. d'Oran), d'un groupe de sources appelé *Sebaïn-Aïoun* (les soixante-dix sources), et, sous le nom de *Nhar-Ouassel*, suit jusqu'aux marais de Kseria, dans la direction de l'O. au N.-E. un parcours de 140 kilom. environ. A partir des marais, il remonte vers le Nord jusqu'au-dessus de Boghar, incline ensuite vers le N.-O. jusqu'au-dessous et à l'E. de Milianah, tourne à l'O, puis, courant en sens contraire de sa première direction, traverse d'un bout à l'autre, en passant à Orléansville, la plaine à laquelle il donne son nom et va se jeter dans la mer, au N.-E. et à 12 kilom. de Mostaganem (dép. d'Oran).

Ses principaux affluents dans le département d'Alger sont, de l'O. à l'E., et sur la rive gauche :

1° L'*oued Isly*, — qui descend, sous le nom d'*oued Ardjem*, des montagnes de l'Ouaransenis, se dirige vers le N. et se perd dans le Chéliff, à 35 kilom à l'E. de l'oued Riou, et à 20 kilom. à l'O. d'Orléansville.

2° L'*oued Fodda*, - qui descend, sous le nom d'oued Larba, du Djebel Ennadate et se jette dans le Chéliff, à l'E. et à 20 kilom. d'Orléansville ;

3° L'*oued Rouina*, — qui descend, sous le nom d'*oued Mouila* des montagnes qui dominent Téniet, coule du S. au N. et se perd dans le Chéliff, à l'E. et à 3 kilom. du village auquel il a donné son nom ;

4° L'*oued Dourdour*, — qui prend sa source au S. de Thaza, traverse du S. au N. tout le territoire des Djendel et se jette dans le Chéliff, au S. et à 5 kilom. environ d'Affreville.

Sur sa rive droite et dans la partie de son cours, comprise entre l'Arba du Djendel et Mostaganem, le Chéliff a pour principal affluent :

L'*oued Ouaran*, — qui descend des plateaux des Beni-Meurzoug, au S.-O. de Ténès, coule du N. au S, passe près des Trois Palmiers, au S. de Ténès, puis d'Ain-Beïda et se joint au Chéliff, à l'O. et à 12 kilom. d'Orléansville.

Les autres rivières du département d'Alger sont, en continuant de l'Ouest à l'Est :

L'*oued Dhamous*, — qui descend d'un des contre-forts de l'Atlas, au S. des Beni-Akil, coule du S. au N.-E. et se jette dans la mer entre Ténès et Cherchell, à l'E. et à 33 kil. de Ténès ;

L'*oued Sebt*, — qui descend du Djebel-Lari, situé sur le territoire des Zatyma, à 22 kilom. du littoral, coule du S. au N.-E. et se jette dans la mer, à l'O. et à 16 kil. de Cherchell.

Le Nador, — petite rivière formée par les eaux qui descendent du mont Chenoua, baigne le territoire de Marengo et se jette dans la mer auprès de Tipaza ;

La Chiffa, — Elle prend naissance dans l'Atlas, entre Blidah et Médéah, court du S. au N., à travers des gorges profondes ; débouche dans la plaine de la Mitidja, où elle coule sur un lit de sable et de gravier et va jusqu'au pied du Sahel. Là, elle reçoit l'*oued Djer* et le *Bou Roumi* et prend alors le nom de *Mazafran*.

L'*oued Djer* prend naissance au pied du Zaccar, traverse les montagnes de Soumata, débouche dans la plaine, près d'El-Affroun, sur l'ancien territoire des Hadjoutes ; se dirige vers le Sahel, qu'il contourne de l'E. à l'O. et va se joindre à la Chiffa pour former le *Mazafran*. — Il reçoit l'*oued Fatis* (ruisseau de Boufarik), qui arrose et fertilise le territoire de ce nom, l'*oued Tarfa* et l'*oued Tlata*.

Le *Bou-Roumi* est un petit cours d'eau qui a donné son nom au centre agricole dont il arrose le territoire.

Le principal affluent de la Chiffa est l'*oued Sidi el Kébir*, qui coule au S. de Blidah, dans un étroit vallon ; ses eaux, aménagées avec soin, sont réparties entre la ville et les jardins de Blidah, et les villages de Montpensier et de Joinville.

Le Mazafran, — Il est formé de la Chiffa et de l'oued Djer, passe au pied de Koléah, coupe le massif, traverse une riche vallée et se jette dans la mer, au N.-E. de Koléah et à 8 kilomètres de Sidi-Ferruch.

L'Harrach, — prend sa source dans les montagnes situées à l'E. de Blidah ; elle est formée par la réunion de l'*oued Akra* et de l'*oued Mokta*, coule du S. au N., divise en deux la partie centrale de la Mitidja, ayant en certains points jusqu'à 80 mètres de largeur, passe à Rovigo, au Gué-de-Constantine, à la Maison-Carrée et se jette dans la baie d'Alger, à 9 kilomètres de cette ville.

Ses principaux affluents sont : à droite, l'*oued Smar* et l'*oued Djema*, qui descendent de l'Atlas ; — à gauche, l'*oued Kerma*, qui descend du Sahel.

Le Hamiz, — descend de l'Atlas, débouche dans la Mitidja au-dessous du Fondouck et se jette dans la baie d'Alger, à l'O. du cap Matifou.

La Réghaïa, — petit cours d'eau qui irrigue le territoire de ce nom.

Le *Boudouaou*, — près de l'embouchure duquel on a établi un centre de colonisation.

Le *Corso*, — qui donne son nom à un village.

L'*Isser*; — il prend sa source entre Médéah et Aumale, dans les flancs du plateau des Beni Sliman, coule dans la direction du N.-E., passe auprès de Palestro et de Bordj Menaïel, traverse la riche plaine des Issers puis se jette dans la mer, à l'O., du cap Djinet.

Le *Sebaou*; — il prend sa source au pied du col d'Akfadou, chez les Beni Hidjer, reçoit, au moyen de nombreux affluents, toutes les eaux du versant Nord du Djurjura, coule de l'E. à l'O., se dirige vers le N. après avoir laissé sur sa droite le bordj Sebaou, passe non loin de Rebeval et se jette dans la mer, à 6 kilom. à l'O. de Dellys.

DANS LA PROVINCE DE CONSTANTINE.

L'*Oued Sahel*; — il prend sa source dans le Djebel Dira, au Sud d'Aumale, descend vers le N. E. sous le nom d'*oued Riourarou*, prend ensuite celui d'*oued Zaïan*, puis enfin celui d'*oued Sahel*, coule à l'E. du Djurjura et se jette dans la mer, à 2 kilom. de Bougie.

Il reçoit sur sa gauche : 1° l'*oued Eddous* qui, sous le nom d'*oued Lakal*, descend des plateaux des Aribs, près de Bir-Rabalou, coule de l'O. au N.-E., passe au Sud de Bordj Bouïra, où il prend le nom d'*Eddous*, puis se perd dans le *Sahel*, à l'O. et à 30 kilom. environ de Beni Mansour ; — 2° L'*oued Okrîs*, qui descend du Djebel Mesmouna, au S.-E. d'Aumale, coule du S. au N. en passant au village auquel il a donné son nom, et se perd dans l'*oued Riourarou*, au N.-E. et à 20 kilom. d'Aumale.

Il reçoit sur sa droite : 1° L'*oued Chebba*, qui prend naissance à Mansoura, à l'O. de Bou-Arréridj, coule de l'E. à l'O. puis se dirige vers le N ; traverse les Bibans (Portes de fer), où il reçoit l'*oued M'sila* qui vient de l'E., et se jette dans le Sahel au N. des Beni Mansour ; — 2° l'*oued bou Sellam*, qui prend sa source au S. de Sétif, coule d'abord du N. au S. puis, décrivant une courbe, descend au N. O. sur un parcours de 46 kilom., tourne à l'O., reçoit sur sa gauche l'*oued Mhadjar* et se jette dans l'oued Sahel, au Sud d'Akbou.

L'*oued Agrioun*, — qui descend du Djebel Magris, au N. de Sétif et se jette dans le golfe de Bougie, à 35 kilom. Est, environ, de cette ville.

L'*oued Djindjen*, — qui descend des montagnes du Babor, coule d'abord de l'O. à l'E. puis descend vers le N. et se jette dans la mer, à 12 kilom. E. de Djidjelli.

L'*oued El-Kebir*, — qui est formé de l'*oued Rummel*, grossi du *Bou Merzoug*. — L'oued El-Kebir descend des montagnes qui sont à l'E. de Sétif et, sous le nom de *Rummel*, coule de l'O. à l'E. jusqu'à Constantine, qu'il entoure sur les deux tiers de son périmètre, après avoir reçu le *Bou-Merzoug* au S. de cette ville ; il descend ensuite vers le N. avec un parcours de 27 kilom. environ : à partir de ce point, il prend le nom d'*oued El-Kebir*, coule presque en ligne droite de l'E. à l'O. sur un parcours de 20 kilom., descend vers le N.-O. jusqu'au point où il rencontre l'*oued Endja* qui vient de l'O., puis il descend directement vers le N. et se jette dans la mer à 32 kilom. E. de Djidjelli.

Le *Bou-Merzoug* descend du djebel Bougareb, coule de l'E. au N.-O. et se jette dans le *Rummel* au-dessous de l'ancienne pépinière de Constantine.

Le *Saf-Saf*, — qui, dans son cours supérieur, a le nom d'*oued El-Arrouch*, descend du djebel Thaya, au N.-O. de Guelma, coule presque en ligne droite du S. au N., arrose les territoires d'El-Arrouch, de Gastonville, de Saint-Charles et de Valée et se jette dans la mer à 1 kilomètre de Philippeville.

L'*oued Sanendja*, — qui, dans son cours supérieur, a le nom d'*oued Maugar*, descend également du djebel Thaya, coule du S. au N. et se jette dans le golfe de Stora, au-dessous du cap de Fer.

La *Seybouse*, — qui, dans son cours supérieur, a le nom d'*oued Cherf*, descend des plateaux des Ouled-Khanfeur, coule du S. au N. jusqu'à Medjez-Hamar, où elle reçoit, sur sa gauche, l'*oued Zenati* grossi de l'*oued Mridj*, contourne du S.-O. à l'E. le territoire de Guelma, où elle prend le nom de *Seybouse*, puis descend vers le N. et se jette dans la rade de Bône.

La *Mafrag*, — qui prend sa source dans le djebel Mecid, au N.-E. de Soukharas, coule du S. au N. et se jette dans le golfe de Bône. — Elle reçoit, sur sa droite et près de son embouchure, l'*oued Kebir* qui descend des crêtes montagneuses de la frontière tunisienne, coule de l'E. à l'O. et se grossit de l'*oued Zitoun*, vers le milieu de son parcours et sur sa gauche.

Toutes ces rivières arrosent le territoire du Tell.

Nous indiquerons plus loin, en décrivant le Sahara, celles qui descendent du djebel-Amour et de l'Aurès et qui, à l'exception de l'une d'entre elles, l'*oued Djedi*, vont se perdre dans les sables et dans les chotts.

L'*oued Djedi* appartient au Sahara ; il prend sa source dans le djebel-Amour et suit la direction générale, celle du N. au S., jusqu'à Tadjemout ; mais à partir de ce point, il coule de l'O. à l'E. et traverse presqu'en ligne droite le département d'Alger, en passant à Aïn-Madhi, à Laghouat et dans les plaines ; il se dirige ensuite vers le N.-E. jusqu'à la hauteur de Zaatcha, dans les Zibans, reçoit un peu plus loin l'*oued Biskra*, puis, après un parcours de près de 500 kilom., va se perdre au S.-E. de Biskra, dans la plaine d'El-Faïd. — Cette rivière est, du reste, le plus ordinairement à sec.

VIII. Lacs, Chotts et Sebkhras. — Les eaux des pluies se précipitent au pied des pentes sur lesquelles elles tombent et creusent dans le sol un lit plus ou moins large. Ce sont précisément ces lignes de fond, *rivières* ou *ruisseaux*, que les arabes désignent sous le nom générique d'*Oued*. Quelquefois les eaux forment des nappes permanentes appelées *lacs*, ou bien elles se réunissent dans des bas-fonds salins et marécageux d'une nature particulière, appelés généralement dans l'Ouest chotts, et sebkhras dans l'Est.

Lacs. — Il y a peu de lacs en Algérie. — La province d'Alger n'en possède point ; le seul qui s'y trouvait (le lac *Halloula*, à 5 kilomètres de la mer, et à 10 kil. N.-O. d'El-Affroun), est aujourd'hui desséché — Dans l'Ouest et dans l'Est, il en existe un certain nombre ; nous citerons comme les plus considérables :

DANS LA PROVINCE D'ORAN.

Le *lac d'Arzew*, à 14 kil. au S d'Arzew.

DANS LA PROVINCE DE CONSTANTINE.

Le *lac Fetzara*, à 20 kil S. O. de Bône ;
Le *lac El-Melah* (lac salé), à l'Ouest de La Calle et à 1 kilomètre de la côte ; - le *lac Oubeïra* (lac du milieu), au S.-E. du précédent et à 7 kilom. de la côte ; le lac *El-Hout* (lac des poissons), au N -E. du précédent et à 4 kilom. de la côte ;
Le *lac Djemel*, — le *lac Guellif* — et le *lac de Tharf*, à 72 kilom. S. E. de Constantine et séparés entre eux par une très faible distance. Les eaux de ces trois lacs sont salées.

Chotts. — Nous citerons, de l'Ouest à l'Est :

DANS LA PROVINCE D'ORAN.

Le *chott El-R'arbi* très encaissé, éloigné d'environ 185 kilom. de la mer, et qui est séparé en deux parties par une sorte d'isthme que traverse la frontière du Maroc ; — le *chott El-Chergui*, au N. E. et à 40 kilom. du précédent. Il est presqu'au niveau du terrain environnant, et la route de Mascara à Géryville le traverse.

DANS LA PROVINCE DE CONSTANTINE.

Le *chott Melr'ir* : il est situé dans le Sahara oriental, entre les montagnes de l'Aurès, au N , et l'Oasis de Tougourt, au S. Il s'allonge de l'O. à l'E. sur une longueur de 60 kilom. ; sa largeur, du N. au S., est de 25 kilom. environ.

Sebkhras. — Les principales sebkhras sont les suivantes :

DANS LA PROVINCE D'ORAN.

La *sebkhra d'Oran* (grand lac salé,) au S. d'Oran. Elle a 10 kil. de large sur 40 kil. de long.

DANS LA PROVINCE D'ALGER.

Le *Zahrez R'arbi*, et le *Zahrez Guerbi*, allant de l'O. au N.-E. et compris, du N. au S., entre deux chaînes de montagnes.

DANS LA PROVINCE DE CONSTANTINE.

La *sebkhra du Hodna*, entre la plaine de M'sila et la plaine du Hodna.

LE LAC D'ARZEW est situé à 14 kil. du port d'Arzew, et à 45 mèt. environ au-dessus du niveau de la mer. Il a la forme d'un long boyau à peu près rectangulaire, dirigé du N.-E. et au S.-O., et terminé en pointe à son extrémité S.-O ; — l'extrémité N.-E. est au contraire assez évasée. Il a 12 kil. de long sur 2 kil. 500 mèt. de large.

En hiver, il ne renferme que de l'eau salée, qui s'étend sur une partie seulement de la surface ; en été, l'évaporation amène le dépôt d'une couche de sel dont l'épaisseur augmente jusqu'à la saison des pluies. — La profondeur d'eau va en augmentant des bords du lac vers le milieu ; l'épaisseur de la couche de sel croît également en s'éloignant des bords.

Cette immense saline est exploitée par une compagnie particulière.

Le CHOTT EL-R'ARBI est une grande et profonde dépression qui a 72 kil. environ de longueur sur 8 kil. de largeur moyenne. Il est situé dans la partie occidentale du Sahara algérien, et se trouve coupé en deux parties à peu près égales par la limite fictive qui sépare le Maroc de l'Algérie. Il renferme en hiver, en divers points de sa surface, de petites flaques d'eau saumâtre qui se dessèchent en été et abandonnent une croûte très-mince de sel marin. On y descend par des rampes assez difficiles. Le fond en est formé par des sables qui, poussés par les vents, ont produit de petites dunes couvertes d'une végétation très-propre à l'alimentation des chameaux.

LE CHOTT EL CHERGUI est une grande dépression qui a 120 kil. environ de longueur sur 10 kil. de largeur moyenne ; il est situé au N. E. du chott El-R'arbi, dont il est séparé par une distance de 40 kil. Les puits qui sont creusés sur ses bords donnent de l'eau abondante, mais d'un goût sulfureux très prononcé. — Ce chott est assez difficile à traverser, et les gués deviennent même impraticables en temps de pluie : il présente un fond de sable quartzeux recouvert, en général, d'une faible nappe d'eau saumâtre qui se dessèche en été et abandonne un mince dépôt de sel.

La sebkhra d'Oran est située au sud d'Oran, entre Bou Renac et Valmy au N., et la plaine de M'leta au S., et mesure 10 kilom. de large sur 40 kilom. de long. Elle est alimentée par les eaux pluviales et par les infiltrations qui sourdent sur son périmètre après avoir traversé les bases imprégnées de sel des montagnes qui l'entourent.

En hiver, ses eaux n'ont pas plus de 30 à 40 centimètres de hauteur ; elles se vaporisent en été, mais la croûte de sel qui cristallise est trop faible pour qu'elle puisse être exploitée avec profit.

Le Zahrez R'arbi (province d'Alger), qui s'étend de l'O. à l'E. est situé, en son milieu, au S. et à 105 kilom. environ de Boghar, son extrémité Ouest étant à 18 kilom. de Taguin. — De l'O. à l'E., il mesure 40 kil. ; du N. au S., et dans sa plus grande largeur, 10 kilomètres.

Le Zahrez Chergui est situé au N. E. du précédent, dont il est séparé par un terrain sablonneux d'une étendue de 33 kilom. Il s'allonge également de l'O. à l'E., mesurant 30 kilom. dans sa longueur et 15 kil. du N. au Sud.

L'épaisseur moyenne de la couche de sel qui se forme dans ces deux lacs est de 30 centimètres environ.

La Sebkhra du Hodna (province de Constantine) est située dans la partie orientale du Sahara algérien. Elle est comprise entre le 2ᵉ et le 3ᵉ degrés de longitude Est, à 30 kilom. S. environ de M'sila, et à 30 kilom. N.-E. de Bou-Saada. Elle s'étend de l'O. à l'E. sur une longueur de 56 kilom., et sur une largeur moyenne de 35 kilom. Ses eaux sont chargées de sel

Nota : Les chotts R'arbi et Chergui, les deux Zahrez, la sebkra du Hodna et le lac de Tharf, séparés entre eux par des espaces plus ou moins vastes, sont placés de l'O à l'E. sur une même ligne courbe, sensiblement parallèle à la côte.

Dans le Sahara, les chotts sont nombreux ; le plus considérable est celui de *Melr'ir*.

Le chott Melr'ir est situé dans la province de Constantine, au S. des Zibans et au N.-E. de Tougourt. Il forme un immense marécage dont la superficie embrasse près de 10 kilom. carrés.

IX. Sources salées ; — Rochers de sel ; — Sources thermales. — Le territoire de l'Algérie est particulièrement riche en sel. Les eaux des lacs, celles d'un grand nombre de sources et de rivières en sont plus ou moins saturées.

Les gîtes de sel gemme sont également nombreux ; nous citerons comme les plus importants celui des *Ouled-Guerab* (prov. d'Oran), celui du *Djebel-Sahari* (prov. d'Alger) et celui du *Djebel Gharribou* (prov. de Constantine).

Gîte du Guerab : — Amas de sel, situé sur la rive droite d'une petite rivière, dans la tribu des Ouled-Guerab, à 9 kilomètres environ du bord de la mer et à 14 kilom. à l'O. d'Aïn-Temouchent (dép. d'Oran). Les Arabes l'exploitent à ciel ouvert. Le sel, intercalé dans une argile schisteuse, est à découvert le long de la rivière sur 12 mètres de long et 4 de hauteur verticale. Il est en général très impur. On le transporte à dos d'âne ou de mulet sur les marchés des villes voisines. Le prix varie naturellement à raison de la distance à parcourir. A Aïn-Temouchent, la charge d'un âne se vend 30 centimes et celle d'un mulet 50 centimes.

Gîte du Djebel-Sahari : — Montagne de sel située en dehors du Tell, à 208 kilom. environ d'Alger, sur la route de Laghouat. Elle a 4 kilom. de tour et 200 mètres de hauteur. Ses flancs sont presque partout taillés à pic, ce qui rend son accès difficile. Des sources plus ou moins abondantes jaillissent d'un grand nombre de points. Quelques-unes sortent des fissures de roches, enclavées dans la montagne ; les autres débordent de grands puits dont la largeur a parfois de 4 à 5 mètres et dont la profondeur est inconnue. — Elle est exploitée par les Arabes.

Gîte du Djebel Gharribou : — Ce rocher s'élève sur la rive gauche de l'oued El-Outaïa, à 30 kilomètres N.-O. de Biskra. Il constitue un îlot éliptique de 3 kilom. de long sur 1.500 mètres de large. — « C'est par le versant Sud, dit M. l'ingénieur Ville, à qui nous empruntons ces détails, que le Djebel-Gharribou est le plus facilement abordable. Le pied de la montagne est découpé par de petits ravins qui vont se jeter dans l'Outaïa. Ce sont les voies que suivent les Arabes pour pénétrer dans le cœur du rocher. Ils se contentent d'exploiter les blocs de sel qui se détachent naturellement et roulent jusqu'au bas de la montagne, ou bien les masses qui se dénudent sous l'action des vents et de la pluie ; il vont ensuite échanger sur les marchés du Zab une charge de sel pour une égale charge de dattes... La montagne tout entière offre l'image d'un véritable chaos. Elle est ravinée et déchirée en tous sens, le sol y résonne sous le pas de l'explorateur, des puits verticaux d'une profondeur inconnue ouvrent aux eaux de pluie un passage souterrain à travers la masse de sel gemme. La nature y est presque morte ; cependant quelques plantes grasses desséchées faute d'eau, et des traces de moufflons à manchettes et de gazelles rappelent au géologue que la vie n'a pas perdu tous ses droits au milieu de ces solitudes désolées. »

Sources thermales. — L'Algérie possède des sources minéro-thermales qui, sous le rapport de l'abondance, de la diversité et des propriétés thérapeutiques ne le cèdent à aucune de celles qui, en Europe, sont le plus recherchées.

Chacune des trois provinces en possède un grand nombre ; nous signalerons comme les plus efficaces et les plus fréquentées :

DANS LA PROVINCE D'ORAN.

1° *Aïn Merdja*, — Dans la vallée de la Tafna, à 35 kil. O. de Tlemcen ; les eaux, d'une température de 47 degrés, sont sulfureuses et très fréquentées par les Arabes : elles sont surtout efficaces contre les maladies de la peau.

2° La source thermale des *Bains de la Reine*, sur le bord de la mer, entre Mers-el-Kebir et Oran, à 3 kilom. au plus de cette dernière ville. Ses eaux se montrent au jour à trois mètres au-dessus du niveau de la mer et tombent, à la sortie de la roche, dans un bassin où sont disposées les baignoires. — Franchement salines, ces eaux sont bonnes contre un grand nombre d'affections internes et externes ; on les prescrit plus particulièrement contre les affections rhumatismales anciennes, l'arthrite chronique, certaines névralgies et même la goutte. L'hôpital militaire d'Oran y fait transporter ses malades.

3° *Hammam bou Hadjar*. — Les sources, au nombre de six, sont situées à 50 kilom. environ S.-O. d'Oran, auprès de l'extrémité occidentale de la Sebkra. Leur température est de 50 degrés ; chaque source donne de 12 à 15 litres d'eau par minute. Les Arabes ont construit un petit bain maure auprès de l'une d'elles.

DANS LA PROVINCE D'ALGER

1° La source thermale d'*Hammam Melouan*, près du village de Rovigo, à 34 kilom. S. d'Alger. Ses eaux répondent à celles de Bourbonne (Haute-Marne), à cette différence près qu'elles contiennent une plus grande quantité de chlorure de sodium. Leur température moyenne est de 30 degrés ; elles sont d'un heureux emploi contre les maladies cutanées et les rhumatismes.

2° Les eaux thermales d'*Hammam-R'ira*, à 3 kilom. N. de Vesoul-Benian, près de Milianah. Leur température la plus élevée est de 45°, et leur action, tonique, stimulante et énergique. On les emploie contre quelques maladies de la peau, les névralgies, les affections rhumatismales, les contusions, foulures, entorses et luxations ; elles modifient heureusement les plaies par armes à feu. — L'établissement que l'administration y a fait établir a été incendié en 1871 par les Arabes. Il est aujourd'hui réparé, et spécialement affecté aux malades civils.

DANS LA PROVINCE DE CONSTANTINE

1° *Hammam Meskoutine*. — A 4 kilomètres environ de Guelma ; source thermale d'où l'eau s'échappe en abondance par une ouverture principale, à une température de 95 degrés centigrades. Les eaux qui jaillissent des autres ouvertures varient de 35 à 45 degrés, mais elles sont indistinctement d'une limpidité et d'une cristallisation remarquables. D'une nature saline avec odeur sulfureuse, les eaux de Meskoutine se prêtent aux applications les plus larges de la médication thermale ; elles sont indiquées dans les cas suivants : hémiplégies, cachexies palustres, affections cutanées, névralgies sciatiques, douleurs rhumatismales, etc. ; — Etablissement pour les malades civils et militaires.

2° *Aïn Sidi M'cid*. — Sources thermales abondantes, qui sourdent dans le ravin de Sidi M'cid, sur la rive droite du Rummel, à sa sortie de Constantine. — Les eaux ont une température de 28 à 30 degrés centigrades à leur sortie du rocher ; leur composition les classe dans la catégorie des eaux de Hammam Meskoutine et conviennent au traitement des mêmes maladies.

Un établissement thérapeutique a été construit en 1871 par le propriétaire, avec le concours du 63ᵉ de ligne. Les militaires et les civils y sont également admis.

3° *Hammam es Salhin.* — Au pied du Djebel Sfa, à 6 kilom. environ de l'oasis de Biskra. Eaux sulfureuses dont la température est de 46 degrés; elles sont prescrites dans le traitement des affections cutanées et rhumatismales, et des engorgements viscéraux consécutifs aux fièvres intermittentes. Etablissement militaire. L'hôpital de Biskra y envoie ses malades. Les gens du Zab y viennent en foule.

X. Les Plaines. — Entre les différentes chaînes de montagnes s'étendent de vastes plaines dont la fertilité est devenue proverbiale. Les plus considérables sont, de l'O. à l'E., dans la partie cultivable de l'Algérie :

DANS LA PROVINCE D'ORAN

La plaine d'Oran, entre cette ville et la grande sebkhra ;

La plaine de la M'leta, entre la sebkhra d'Oran et le pied des montagnes du Tafaroui ;

La plaine de l'Habra ;

La plaine de la Mekerra, dont le centre est à peu près marqué par Sidi-bel-Abbès ;

La plaine d'Egris, au-dessous de Mascara ;

La plaine occidentale du Chéliff, qui s'étend de la Mina à Orléansville.

DANS LA PROVINCE D'ALGER

La plaine orientale du Chéliff, qui s'étend d'Orléansville à l'Arba des Djendel, où le fleuve, changeant de direction, fait un large coude et tourne du Sud à l'Ouest ;

La plaine de la Mitidja, qui s'étend, de l'O. à l'E., de l'Oued Nador au Corso, et, du N. au S., entre le pied du Sahel et l'Atlas ;

La plaine des Issers, qui s'étend parallèlement au rivage, de l'oued Isser à l'oued Sebaou ;

La plaine des Beni Seliman, au S.-E. de Médéah, et qui s'étend, de l'O. à l'E., entre Berrouaghia et Aumale.

DANS LA PROVINCE DE CONSTANTINE

La plaine de la Medjana, sur les Hauts plateaux, entre l'oued Okris, à l'E. d'Aumale, et l'oued Bou Sellam, et dont la petite ville de Bou Arréridj commande la partie centrale ; elle est dominée, au N. par le Djebel Morissan :

La plaine de Sétif, qui s'étend au S. de cette ville, et où commence une série d'ondulations plus ou moins accentuées qui se prolongent, en inclinant au S.-E., jusqu'aux environs de Tébessa ;

La plaine du Hodna, au S. de la sebkhra du même nom ;

Enfin, en descendant au Nord, la plaine de Bône, qui s'étend au S.-E., de cette ville jusqu'au pied des montagnes.

Dans la partie orientale de l'Algérie, au Nord et au Sud de la ligne des chotts, comme au Sud du Djebel-Amour et de l'Aurès s'étendent de vastes plaines, dont quelques-unes sont couvertes d'alfa.

XI. Mines. — A force de recherches, l'administration est arrivée à reconnaître une quantité considérable de gisements minéralogiques ; nous citerons :

L'*antimoine*, à l'état de sulfure ou d'oxyde radié et vitreux ;

L'*argent*, mêlé au cuivre ou au plomb ;

L'*arsenic*, à l'état de sulfure rouge ;

Le *cuivre*, à l'état de cuivre pyriteux, cuivre gris, cuivre carbonaté, oxydé et quartz cuprifère ;

Le *cobalt* ;

Le *fer*, à l'état de fer carbonaté, fer oligiste, fer hydroxidé, fer oxidulé magnétique, fer titané et pyrite de fer ;

Le *mercure*, à l'état d'oxide ou de cinabre ;

Le *plomb*, à l'état de sulfure, souvent argentifère ;

Le *zinc*, à l'état de blende et de calamite.

Les concessions de mines sont accordées en Algérie aux mêmes conditions qu'en France. — Il a été concédé jusqu'à ce jour (1873) 21 gisements, savoir :

DANS LA PROVINCE D'ORAN

La mine de *Gar-Rouban*, — près de la frontière du Maroc, à 60 kilom. S.-O. de Tlemcen ; — plomb argentifère et cuivre.

DANS LA PROVINCE D'ALGER

La mine de Mouzaïa, — à 19 kilom. S.-O. de Blidah et à 14 kilom. de Médéah, — cuivre gris et fer.

La mine de l'*Oued-Allelah.* ⎫
— de *l'Oued-Taffilès.* ⎬ aux environs de Ténès; cuivre pyriteux.
— du *cap Ténès* ..... ⎭

— de l'*Oued-Merdja,* — à 11 kilom. S.-E. de Blidah, sur la rive droite de la Merdja, près de son confluent avec la Chiffa; — cuivre pyriteux.

La mine des *Gourayas,* — à l'O. de Cherchell, — cuivre et fer.

La mine des *Beni Akil,* — entre Ténès et les Gourayas, près de l'oued Dhamous, — cuivre gris.

La mine de l'*Oued-Kebir,* — aux environs de Blidah, sur le revers septentrional de l'Atlas, et sur les bord de l'O.-Kebir, — cuivre.

La mine de *Soumah,* — à 10 kilom. de Blidah ; — fer.

DANS LA PROVINCE DE CONSTANTINE

La mine de *Bou-Hamra.* ⎫
— de la *Meboudja.* ⎬ aux environs de Bône ; — fer.
— des *Karezas* . ⎪
— d'*Aïn-Mokra*... ⎭

— de *Kef-oum-Theboul,* — au S. de La Calle, près de la frontière tunisienne ; — plomb, cuivre et zinc.

La mine d'*El-Hamimate,* — près de Guelma ; — antimoine.
— du *Filfila,* — près de Philippeville ; fer.
— de *Ras-el-Mah,* — près de Jemmapes ; — mercure.
— d'*Aïn-Barbar,* — près de Bône ; — cuivre et zinc.
— de *Smendou,* — près de Smendou ; — lignite.
— d'*Hammam-el-N'baïl,* — près de Guelma ; — zinc.

Parmi les gisements exploités et qui donnent lieu à un commerce important, il faut citer ceux de Soumah, d'Aïn-Mokra et de Kef-oum-Theboul. — L'exploitation de la mine de Gar-Rouban est momentanément suspendue.

En outre des mines concédées, il existe, dans les trois provinces, un certain nombre de gisements dont l'exploitation a été autorisée pour être faite aux risques et périls des demandeurs et qui deviendront, s'il y a lieu, l'objet de concessions définitives.

XII. Carrières. — L'Algérie est également riche en substances minérales non métalliques. On y trouve partout, et en abondance, de la pierre de taille, du moellon, du plâtre, de la pierre à chaux et de la terre à briques. Ce sont là des ressources précieuses pour les colons, qui peuvent se construire, à bas prix, une maisonnette et des hangars qu'ils recouvrent soit avec du diss, soit avec des briques séchées au soleil. L'argile de poterie existe également. On la retrouve et on l'exploite dans les trois provinces. Plusieurs fabriques livrent au commerce des produits très recherchés en raison de leur forme élégante ; — la poterie kabyle, surchargée de couleurs capricieusement disposées, est achetée comme spécimen de l'art indigène par les Européens qui visitent le pays, et se débite sur tous les marchés indigènes.

Les grès secondaires qui s'étendent au S. de Bône renferment des gîtes de meulières comparables, pour la qualité, aux pierres mêmes de lâ Franconie et peuvent être employées utilement dans les moutures économiques ; enfin, on trouve sur la route de Dellys à Alger des gîtes considérables de pierres lithographiques.

Les marbres ont une bien autre importance ; — on cite comme les plus remarquables :

DANS LA PROVINCE D'ORAN

Les marbres d'Aïn-Ouinkel (près d'Arzew), veinés de rose et de rouge acajou ; — le marbre *porte-or*, entre Oran et Mers el-Kebir ; — les marbres onyx, tirés des carrières d'Aïn Tombalek, aux environs de Tlemcen, et que l'on croit être l'albâtre translucide des Romains. C'est un onyx ou agate calcaire, rivalisant avec l'agate ou onyx siliceux pour les accidents veineux ou de coloration. Sa dureté, souvent égale à celle du silex, lui permet de prendre un poli admirable. — Les coupes, vases, tablettes et baguiers en marbre translucide qu'on admire au Palais de l'Industrie et à l'Exposition permanente d'Alger, proviennent de ces carrières.

DANS LA PROVINCE D'ALGER

Les marbres gris, veinés de rouge, tirés des carrières qui avoisinent le cap Matifou.

DANS LA PROVINCE DE CONSTANTINE

Les marbres noirs de Sidi Yaya, près de Bougie ; — ceux de Filfila, près de Philippeville, qui rivalisent avec ceux de Carrare ; — enfin ceux du Fort Génois, à 4 kilom. de Bône, essentiellement propres à la fabrication des tables ainsi qu'au dallage des cours et au revêtement des cheminées.

XIII. Forêts. — L'étendue des forêts que possède l'Algérie est encore mal connue. D'après le relevé qui en a été fait en 1872, dans les bureaux des agents forestiers, elle serait de 2.084,379 hectares ; mais, après avoir donné cette évaluation, le conservateur des forêts, M. Tassy, se hâte d'ajouter :

« Ces chiffres ne méritent qu'une médiocre confiance. En effet, à part quelques forêts concédées ou destinées à l'être, il ne paraît pas qu'aucun travail géodésique sérieux ait jamais été fait pour déterminer la contenance réelle du sol forestier. C'est à vue d'œil, au pas de cheval, ou bien au moyen de la boussole ou de la planchette, sans triangulation préalable, que le périmètre des forêts a été tracé ; une pareille manière d'opérer peut conduire aux erreurs les plus graves. »

Ce chiffre de 2.084.379 hectares exagère certainement, et de beaucoup, l'étendue des forêts de l'Algérie. Cela tient, sans doute, à ce que les agents qui l'ont fourni comprennent dans le Domaine forestier des terrains de broussailles sans valeur forestière. Aussi nous en tiendrons-nous aux constatations qui ont été faites en 1865 et 1866, au cours d'une enquête spéciale ouverte par le Gouvernement général.

A la suite de cette enquête, le Service des forêts évaluait à 1.444.076 hectares la superficie totale des terrains utilement boisés, et il les répartissait ainsi qu'il suit :

Dans la province d'Oran....	244.564	hect.
— d'Alger	254.394	—
— de Constantine.............	945.118	—
Total égal....	1.444.076	hect.

Les bois les plus particulièrement exploitables en raison de leur valeur commerciale, sont :

Le *chêne liége*, dont la production donne lieu déjà à un commerce assez étendu ;

Le *chêne zëen*, qu'on emploie comme bois d'œuvre ;

Le *chêne ballotte*, qu'on utilise comme bois de construction, de charronage et d'ébénisterie ;

Le *chêne vert*, bois de charronage, de charpente et de chauffage.

Viennent ensuite :

Le *pin*, qui fournit la résine ;

Le *cèdre*, propre à la menuiserie et aux charpentes ;

Le *thuya*, si recherché des ébénistes ;

Les *ormes* et les *frênes*, qu'on utilise pour le charronage et le matériel de guerre.

Le *lentisque*, bois de chauffage ;

L'*olivier* sauvage.

Le rapport officiel publié ensuite de l'enquête faite en 1865-1866 établissait ainsi qu'il suit, pour chaque porvince, et par catégorie d'essences, l'étendue des divers peuplements.

		PROVINCES		
		ORAN	ALGER	CONSTANTINE
		hect.	hect.	hect.
En Forêts où domine	Le Chêne liége ....é	14.796	33.080	274.886
	Le Chêne zëen	»	3.090	36.846
	Le Chêne ballotte...	11.000	89.986	»
	Le Chêne vert	62.206	5.800	458.199
	Le Pin d'Alep......	59.585	104.651	36.964
	Le Cèdre..........	»	3.920	72.400
	Le Thuya	42.615	11.272	»
	L'Orme et le Frêne.	»	1.068	2.430
	Le Lentisque	40.313	1.527	47.238
	L'Olivier sauvage...	14.049	»	16.185
		244.564	254.394	945.148
	Au Total........	1.444.076 hect.		

Soit pour les trois provinces :

Chêne liége	322.762	hect.
Chêne zeen	39.906	—
Chêne ballote	100.986	—
Chêne vert	526.205	—
Total des chênes	989.859	hect.
Pin	201.200	—
Cèdre	76.320	—
Thuya	53.887	—
Ormes et Frênes	3.498	—
Lentisques	89.078	—
Olivier sauvage	30.234	—
Total	1.444.076	hect.

Parmi les forêts les plus considérables, nous citerons :

DANS LA PROVINCE D'ORAN

La forêt de Sidi-Aziz, au S.-O. de Nemours, — 5.800 hect.
La forêt d'Arfour, au S.-O. de Gar-Rouban, — 7.300 hect.
La forêt d'El-Anser, au S. du cap Noé, — 15.500 hect.
La forêt d'Ahfir, entre Tlemcen et la frontière, — 7.974 hect.
La forêt de Titmocren, au S. de Tlemcen, — 13.000 hect.
La forêt de Sebdou, au S. de Sebdou, — 6.500 hect.
La forêt d'Ouerglat, au S.-E. de Titmocren 7.500 hect.
La forêt des Beni-Smiel, à l'Est de Titmocren, — 8.400 hect. ;
La forêt des Ouled-Mimoun, au N.-E. des Beni-Smiel, — 14.000 hect.
La forêt des Ksars..... — 6 000 h.
 — de Tenirah... — 6 540
 — Beni-Youb. — 5.000   } Au S. de Sidi-Bel-Abbès.
 — Telaghr... — 14.000
La forêt de Daya, autour de Daya, — 12.847 hect. ;
La forêt de Mouley-Ismaël, entre Ste-Barbe du Tlélat et les salines d'Arzew, — 12.331 hect. ;
La forêt de Guetarnia, à l'E. de Sidi-Bel-Abbès. — 6.137 hect. ;
La forêt de Tafrend, au N. de Saïda, — 28.287 hect ;
La forêt de Foughalzid au S.-O. de Saïda, — 9.426 hect. ;
La forêt du Dahra, entre le cap Ivi et le cap Khamis, — 4.804 hect. ;

La forêt de Nesmoth, au S.-E. de Mascara, — 24.838 hect. ;

Les massifs de Zamora, au S. de Relizane et de Zamora, et dont la contenance n'est pas encore définitivement évaluée ;

Les massifs de Matmata, au S.-O. d'Orléansville, — 42.600 hect.;

Les massifs de Tagdemt et de Tiaret, à l'O. et au N.-O. de Tiaret, 9.250 hect. ;

Enfin, les massifs qui s'étendent de l'O. au N.-E., entre Saïda et Tiaret, et dont la contenance n'est pas encore définitivement relevée.

DANS LA PROVINCE D'ALGER

Les massifs boisés au S.-E. d'Orléansville, — 30.689 hect. ;

Les massifs à l'O. de Teniet-el-Hâad, — 5.500 hect. ;

Les massifs à l'E. de Teniet-el-Hâad, — 6.000 hect. (incomplètement reconnus) ;

La forêt des Ouled-Anteur, près de Boghar, — 16.725 hect. ;

La forêt des Beni Salah, au S. de Blidah, — 6.586 hect. ;

Les massifs boisés, à l'O. d'Aumale, — 7.500 hect. ;

Les massifs à l'E. d'Aumale, — 31.940 hect. ;

La forêt des Soumatas, au N.-E. de Milianah, — 13.800 hect. ;

Enfin, les vastes forêts de Tamgouth et d'Anif, dans la grande Kabylie.

DANS LA PROVINCE DE CONSTANTINE

La forêt d'Akfadou, entre Aumale et Bougie, — 8.100 hect. ;

La forêt de Maadits, au S. de Bordj-Arréridj, — 47.400 hect. ;

La forêt des Beni-Seliman, entre Bougie et Sétif, — 42.000 hect. ;

La forêt des Babors, entre Djidjelli et Sétif, — 15.000 hect. ;

La forêt des Beni-Medjabd, entre Djidjelli et Sétif, — 5.500 h. ;

La forêt du Bou-Thaleb, au S. de Sétif, — 25.897 hect. ;

La forêt de Guétian, au S. de Sétif, — 11.800 hect.

Les massifs des Beni-Foughal, Beni-Amram, Oued-Ksir et Oued-Bou-Iziou, au S. de Djidjelli, — 20.860 hect.

Les massifs situés au S. de Collo et du cap Bougaroni, et s'étendant jusqu'à Philippeville, — 91.340 hect.

La forêt de Lambessa et des Aourès, au S. de Batna, — 26.500 hect.

La forêt de Bou-Arif, au N.-E. de Batna, — 10.000 hect.

La forêt des Beni-Imeloud, au S.-O. d'Aïn-Krenchela (non encore bien recconnue), — environ 25.000 hect.
Les massifs à l'E. d'Aïn-Beïda, — 21.750 hect.
La forêt des Beni-Midjeled, au N.-E. de Constantine, — 12.000 h.
Les massifs au S.-E. de Philippeville, — 27.281 h.
Les massifs de l'Edough, entre le cap de Fer et Bône, — 37.364 h.
La forêt des Beni-Salah, entre Guelma et La Calle, — 32.725 h.
Les massifs de La Calle, — 14.250 hect.

La superficie du domaine forestier est donc relativement considérable; mais les richesses forestières du pays sont encore bien au-dessous de ce qu'elles devraient être.

Sous la domination des Turcs, les Arabes avaient coutume d'incendier leurs forêts, tant pour démasquer les attaques des tribus voisines dont ils redoutaient les agressions, que pour obtenir, par le jet de nouvelles pousses, une nourriture abondante pour leurs troupeaux. C'était leur manière habituelle de défricher. Le sol, reposé par plusieurs années d'abandon, engraissé par les détritus des arbres qu'ils réduisaient en cendres, donnait, au moyen d'une légère culture, une récolte abondante, — récolte qu'ils renouvelaient à des époques plus ou moins rapprochées, suivant leurs besoins.

C'est ainsi que le sol a été incessamment dénudé, et que les forêts ont disparu peu à peu des sommets et des pentes des montagnes. Voilà pourquoi aucun obstacle ne ralentissant la fonte des neiges et l'écoulement des eaux pluviales, les rivières, qui sont à sec pendant l'été, débordent pendant l'hiver; pourquoi encore, dans certains centres, le combustible ligneux est déjà hors de prix.

Il est donc d'une importance capitale que l'on s'occupe de reboiser les montagnes et de préparer des produits en vue de l'accroissement de la population.

XIV. Routes et Chemins de fer. — On connaît cet axiome : « Les grands chemins sont pour un pays ce que les artères et les veines sont pour le corps. » Afin d'apprécier convenablement ce qui a été fait jusqu'à ce jour, il faut se rappeler ce qu'était l'Algérie avant 1830.

Sous les Turcs, le territoire, divisé entre une multitude de douars, n'offrait aux voyageurs ni ressources ni sécurité ; le commerce était nul, l'agriculture en souffrance, et les Arabes de l'intérieur, dont rien n'aiguillonnait l'énergie, croupissaient dans la misère. Aussi, de province à province et même du village à la ville, les relations étaient rares ; les routes disparaissaient, perdues dans les broussailles ou effondrées par les torrents, sans que personne en prît souci.

La situation est aujourd'hui toute différente. Où la France s'arrête, elle laisse trace de son passage : or, elle a radicalement transformé l'Algérie. Les villes du littoral et de l'intérieur sont reliées entre elles par des routes carrossables ou par des chemins vicinaux, et les voyageurs trouvent sur leur parcours, à défaut d'hôtels, de vastes caravansérails convenablement entretenus. Grâce à une active surveillance, on peut aller partout, en toute sécurité, sans escorte et sans armes.

Pour accomplir cette révolution, trente ans ont suffi ; mais rendons à César ce qui appartient à César, et répétons avec le colonel Ribourt : « L'honneur de l'armée d'Afrique et de ses chefs est peut-être moins dans les succès de la guerre que dans les labeurs de la paix. Depuis les légions romaines, qui maniaient la pioche aussi bien que l'épée, nulle armée au monde n'a accompli autant de travaux, ni tant fait pour livrer un grand pays à la culture et à la civilisation. Il faut qu'on sache que lorsque nos soldats ne se battaient point, ils travaillaient et que chaque année, durant sept mois, cinquante ou soixante mille hommes étaient échelonnés au travers de la contrée pour ouvrir des routes, dessécher des marais, combler les fondrières, abaisser les montagnes, faire des ponts et des barrages, bâtir dans les tribus des maisons de commandement, sur les chemins des caravansérails, et créer dans le désert des oasis nouvelles. »

Depuis, et sous l'impulsion des autorités civiles, de nouvelles et larges voies ont encore été ouvertes ; voici l'état actuel de leur réseau :

Les voies de communication sont divisées, comme en France, en routes *nationales*, routes *départementales*, chemins *vicinaux de grande et petite communication*, chemins *ruraux*, chemins *de fer*.

Les routes *nationales*, au nombre de cinq, sont à la charge de l'Etat. — Trois partent des portes d'Alger, de Mers-el-Kebir et de Stora pour se diriger droit vers l'intérieur du pays, à Laghouat, Tlemcen et Biskra ; les deux autres, parallèles au littoral, relient Alger avec les chefs-lieux des départements de l'Ouest et de l'Est. — L'étendue totale de ces cinq grandes artères embrasse, en chiffre rond, 1.768 kilomètres.

Les routes *départementales*, au nombre de 20, s'embranchent sur les routes nationales. Elles sont à la charge des départements, dont elles desservent les principaux centres. — Ces routes embrassent une étendue de 1.445 kilomètres.

Les *chemins vicinaux de grande communication*, au nombre de 50, relient les communes entre elles et sont entretenus, partie par le département, partie par les communes intéressées. L'étendue de ces 50 chemins est de 2.147 kilomètres.

Les *chemins vicinaux de petite communication* sont créés et maintenus en état d'entretien par chacune des communes dont ils traversent le territoire ; — leur nombre augmente en proportion de la richesse des communes.

Les *chemins ruraux*, ou de desserte, créés pour faciliter aux cultivateurs l'écoulement de leurs produits, se raccordent aux chemins vicinaux et sont naturellement entretenus par les propriétaires riverains. Leur nombre est indéterminé.

Les routes *nationales*, les routes *départementales* et les *chemins de grande communication* sont actuellement (1873) répartis comme suit :

PROVINCE D'ALGER

Routes nationales.. {	D'Alger à Laghouat.....	445 k.	740 m.
	D'Alger à Oran.........	407	900
	D'Alger à Constantine...	439	084

(Cette dernière route est encore en partie en construction, quoique déjà desservie par un service quotidien de voitures.)

Routes départementales : — 11 routes ; longueur totale...............................	617	428
Chemins de grande communication : 11 chemins; longueur totale.....................	638	941
Au total............	2.548 k.	790 m.

PROVINCE D'ORAN

Route nationale. — De Mers-el-Kebir à Tlemcen	150 k.	»
Routes départementales. — 3 routes ; longueur totale	210	500 m.
Chemins de grande communication. — 10 chemins ; longueur totale	801	
Au total...........	1.161 k.	500 m.

PROVINCE DE CONSTANTINE

Route nationale. — De Constantine à Biskra....	325 k.	
Routes départementales. — 6 routes; longueur totale.............................	617	834 m.
Chemins de grande communication. — 26 chemins ; longueur totale...................	1.707	056
Au total............	2.649 k.	890 m

SOIT POUR LES TROIS PROVINCES

5 Routes nationales : — Longueur totale......	1.767 k.	721 m.
20 Routes départementales : — Longueur totale.................................	1.445	462
50 Chemins de grande communication : — Longueur totale	3.146	997
Total à ce jour (1873)..........	6.360 k.	180 m.

Il n'est tenu compte dans cet état, ni des chemins vicinaux de petite communication, ni des chemins ruraux, dont le nombre se modifie au gré des communes et des particuliers. Il nous suffira de dire que ce nombre est déjà considérable.

Chemins de fer. — Les chemins de fer, dont l'exploitation a été concédée à la Compagnie Paris-Lyon-Méditerranée, comprennent deux lignes principales :

L'une, — celle d'Alger à Oran — a une étendue de 420 kilomètres, et dessert 42 stations intermédiaires, y compris les points d'arrêt ;

L'autre, — de Philippeville à Constantine — dont la longueur embrasse 86 kilom., dessert 8 stations intermédiares.

Ces deux lignes mesurent donc ensemble 506 kilomètres.

Il existe aussi une petite voie ferrée qui relie le port de Bône aux mines d'Aïn-Mokra, et dont la longueur est de 30 kil. environ.

Cinq autres chemins de fer sont actuellement en projet : — d'Alger à Tizi-Ouzou ; — d'Alger aux mines de Souma ; — du Tlélat à Sidi-bel-Abbès ; — d'Arzew à Saïda ; — de Bône à Tebessa.

TEMPÉRATURE ; — CLIMAT.

Température. — En Algérie, la température moyenne est la même qu'en Provence ; mais l'année ne présente que deux saisons distinctes : l'une chaude, l'autre tempérée qui, elle-même, se partage en humide et sèche.

L'*été* commence au mois de juillet et finit avec septembre ;

La saison *tempérée* et *humide* débute en octobre et dure jusqu'à la fin de février ;

La saison *tempérée sèche* s'ouvre au mois de mars et dure jusqu'à la fin de juin. — On pourrait donc, à la rigueur, compter en Algérie trois saisons : l'été, l'hiver et le printemps.

En été, les nuits sont relativement très fraîches, accompagnées d'abondantes rosées, et les plaines se couvrent de brouillards que dissipent les premiers rayons du soleil.

En hiver, l'humidité est toujours grande.

Dans la province d'Alger et dans celle de Constantine, les pluies ne durent guère qu'une soixantaine de jours, mais il en tombe une quantité presque double de celle qui s'observe à Paris pendant toute l'année. Il pleut sensiblement moins dans la province d'Oran.

Les vents généraux soufflent, depuis le mois d'octobre jusqu'au mois de mai, dans la direction du Nord-Ouest ; après le mois de mars, cependant, ils varient tantôt du Nord à l'Est, tantôt du Nord à l'Ouest. Ces variations sont de courtes durées. Pendant l'été, leur action est subordonnée aux causes locales : ainsi, le long de la côte, il fait grand calme, et la chaleur est tempérée par la brise de mer. — Dans l'intérieur, l'air est plus échauffé ; parfois, le vent du Sud, qui occupe les régions supérieures, s'abaisse et rase le sol : c'est le *simoun* des Arabes, le *siroco* des Espagnols. Il souffle du Sud-Est, et élève la température jusqu'à 45 degrés centigrades. A ce point, le soleil est obscurci par des tourbillons de poussière, le ciel prend une teinte rougeâtre et de brûlantes effluves se succèdent, qui enlèvent à l'atmosphère toute son humidité. Toute fonction vitale est alors suspendue chez les végétaux ; tout ce qui est herbacé se flétrit et meurt.

Le vent du Nord a toujours une température très basse vers le milieu de l'hiver ; il est en même temps très sec, et, quand il persiste, il frappe de stérilité tout ce qu'il touche directement.

Climat. — Durant les premières années de l'occupation, les troupes furent décimées par la fièvre qui, dans certaines localités, notamment à Boufarik et à Bône, fit d'épouvantables ravages. On crut et on dit alors que le climat de l'Algérie était le plus meurtrier du globe, et le nombre des émigrants diminua. Mais on comprit bientôt que ces maladies provenaient de causes essentiellement locales et transitoires. Depuis des siècles, en effet, les Arabes laissaient accumuler sur le sol des détritus de toutes sortes : or, du sein de la terre, incessamment souillée par la pioche du soldat ou par la charrue du colon, s'exhalaient des miasmes putrides que respiraient les travailleurs. Peu à peu, cependant, le sol fut assaini ; l'état sanitaire s'améliora. Aujourd'hui, grâces à de nombreuses plantations et aux travaux qui ont été exécutés pour assurer l'écoulement régulier des eaux, le climat de l'Algérie est, presque partout, d'une parfaite salubrité.

Plusieurs médecins sont venus étudier sur place les maladies qui, au début de l'occupation, décimèrent les Européens. MM. Jacquot, Leclerc, Bodichon, C. Broussais, Pietra-Santa, Mitchell, Marit, Sézary, etc., ont ainsi visité le littoral ou l'intérieur et publié, dans des mémoires ou des recueils, le résultat de leurs observations. — Un de leurs confrères, M. Amédée Frison, ancien professeur à l'École de médecine d'Alger, a résumé en quelques lignes les conclusions de ses confrères et défini, du même coup, le caractère essentiel du climat d'Afrique. — « L'Algérie, dit M. A.
» Frison, n'est pas seulement une terre fertile destinée, pour
» nous servir d'une expression consacrée, à devenir le gre-
» nier de la France ; elle est encore l'asile de ceux qui souf-
» frent. Son climat est utile aux poitrines délicates, aux
» phthisiques, qu'il modifie si avantageusement, surtout
» lorsqu'ils arrivent au pays au début de leur affection ; aux
» scrofuleux, aux lymphatiques, dont il change en quelque
» sorte la constitution, enfin, aux rhumatisants.

» Mais les malades atteints de phthisie, ceux surtout qui
» ont eu des vomissements de sang, doivent quitter ce pays
» à la saison des chaleurs. L'influence pernicieuse que cette
» période de l'année, où soufflent les vents du Sud, exerce
» sur les affections chroniques de la poitrine est des plus
» manifestes ; et celui qui méconnaît ce conseil est certain
» d'abréger volontairement ses jours. »

CHAPITRE II.

Divisions naturelles : Le Tell, — Le Sahara. — Oasis. — Les caravanes. — Les Touaregs.

Dans sa configuration orographique et hydrographique la plus générale, l'Algérie présente, avons-nous dit, trois régions distinctes : celle du Nord, ou méditerranéenne, celle des Hauts plateaux, et celle du Sud, ou saharienne ; mais la région des Hauts plateaux qui, par sa constitution et ses productions, participe à la fois des terres du Nord et de celles du Sud, ayant une étendue comparativement restreinte, on n'admet, pour l'ensemble du territoire, que deux grandes divisions naturelles :

Le Tell, au Nord ;
Le Sahara, au Sud.

LE TELL.

Le *Tell* s'étend de la Méditerranée au Plateau central, qu'il englobe en partie. C'est, à proprement dire et sans tenir compte des distinctions établies par les indigènes, la portion essentiellement cultivable du territoire algérien. Il est compris entre le littoral et une ligne sinueuse qui part de la frontière du Maroc, au S.-O. de Sebdou, passe un peu au S. de Sebdou, de Daya, de Saïda, de Frenda, de Tiaret, de Teniet-el-Haâd, de Boghar, d'Aumale, de M'sila, de Barika, de Batna, de Krenchela et de Tebessa, et se termine à Aïn-Boudriès, sur la frontière tunisienne, au S.-E. de Tébessa. Ainsi délimité, sa superficie embrasse 13,146,000 hectares répartis comme suit :

Province d'Oran.....................	3,820,000 h.
— d'Alger........................	3,220,000
— de Constantine..............	6,106,000
TOTAL ÉGAL..................	13,146,000 h.

Soit, en chiffres ronds, 13 millions d'hectares.

Le Tell est le grenier des trois provinces : sans fumure et presque sans culture, le sol non irrigué rend de 10 à 12 hectolitres à l'hectare ; irrigué, il produit de 20 à 30. Il fournit en céréales : le blé dur, le blé tendre, l'orge, l'avoine, le seigle, le maïs, les fèves et le sorgho ; comme plantes de spéculation plus lucrative, il fournit le tabac, le coton, la garance et le lin. Les oliviers y sont innombrables ; les vignes y sont déjà nombreuses.

De même qu'autrefois la Sicile était la nourrice de Rome, de même, de nos jours, le Tell est la nourrice de l'Algérie. Non-seulement il alimente ceux qui l'habitent, mais il fournit également aux populations sahariennes les céréales qui leur manquent. Et si grande est sa fécondité, qu'il livre chaque année une partie considérable de ses récoltes aux commerçants européens et aux caravanes du désert.

LE SAHARA

Le *Sahara algérien* commence naturellement où finit le territoire colonisable et se prolonge sur la partie française du N. de l'Afrique jusqu'au 32e parallèle. Il est traversé de l'O. au N.-E., et au-dessous de la grande ligne des chotts, par le djebel-Amour et le djebel-Aurès, au centre et au S. desquels s'étend la chebka du M'zab ; il embrasse ainsi 30 millions d'hectares.

Les villes les plus éloignées du littoral et qui nous servent d'avant-postes sur la lisière du Sahara sont :

A l'O., Géryville, située au S.-E. du chott Chergui, à 162 kilomètres S.-E. de Saïda et à 206 kilomètres S. de Tiaret ;

Au centre, Laghouat, située au S. et à 347 kilomètres de Médéah ;

A l'E., Biskra, située au S. et à 249 kilomètres de Sétif, et au S. O. et à 239 kilomètres de Constantine.

Les données purement géographiques qu'on possède sur le Sahara oriental sont de date relativement récente : peu de voyageurs instruits ont eu, en effet, occasion de s'aventurer dans ses solitudes profondes, que nos colonnes expéditionnaires ont seules parcourues dans tous les sens ; et ce pays, si étrangement pittoresque, serait encore à peu près inconnu si quelques officiers n'avaient publié le récit de leurs excursions. Aussi considérons-nous comme un devoir de rappeler en quelques lignes les explorations qui ont été faites depuis la conquête d'Alger jusqu'à ce jour.

En 1836, un médecin en résidence à Constantine, M. de Montgazon, fut mandé à Tougourt par le cheick de l'Oued R'ir, Si Ahmed. Le choléra décimait l'oasis : le docteur fut accueilli avec reconnaissance, et il put étudier à loisir les mœurs des indigènes. A son retour, il consigna ses observations dans la *Revue de l'Orient*.

Ahmed mourut (1838) ; il eut pour successeur Ben Abd-er-Rhaman, arabe intelligent, point fanatique et tout disposé à entrer en relations avec les Européens. On le sut à Constantine, et un cantinier, nommé Michel, se rendit dans l'oasis où il vendit avantageusement une pacotille de menus objets (1840). Par malheur, cet homme était illettré et ne put donner sur les hommes et les choses que de vagues renseignements.

La route était ouverte ; un commerçant, M. Garcin, voulut la suivre. Il acheta des marchandises et parvint jusqu'à Tougourt, où il les échangea contre les produits du pays. — Le récit de son excursion a été publié dans le *Journal de Constantine*.

Le Gouvernement crut devoir profiter des bonnes dispositions d'Abd-er-Rhaman, et il chargea M. Prax de visiter la partie orientale de la province de l'Est (1847). M. Prax était un homme instruit, façonné de longue date aux habitudes des indigènes dont il parlait la langue : il explora le Souf en voyageur qui sait observer, et publia dans la *Revue de l'Orient* le récit de son voyage.

Vers la même époque, deux colonnes mobiles commandées, l'une par le général Renault, l'autre par le général Cavaignac, exploraient le Sud de la province de l'Ouest et poussaient jusqu'à la ligne des oasis.

Plus tard (1850), deux explorateurs, MM. Renau et Berbrugger partaient de deux points différents et s'avançaient dans le Sud.

M. Renau comptait se rendre à Tombouctou : il dut s'arrêter à N'goussa, dans l'ouest, les indigènes s'opposant à ce qu'il continuât sa route.

M. Berbrugger, lui, partait de Soukharras et gagnait Tunis par la vallée de la Medjerba, côtoyait l'extrême sud, visitait le Djérid, le Souf et l'Oued R'ir, l'oasis de Nefta, celles de Tougourt et d'Ouargla, puis rentrait à Alger après avoir traversé le M'zab que, trois ans après, M. Renou, Membre de l'Institut, parcourait en détail.

Les renseignements ainsi obtenus étaient précieux, sans doute, mais il importait de les compléter par des études plus spéciales : le Gouverneur général confia donc à des officiers d'Etat-Major la mission délicate, non moins que périlleuse, de dresser la carte du Sahara ; et les capitaines Mircher, Saget et Minot, attachés au service topographique, furent chargés, sous la direction du colonel Durrieu, d'explorer le sud de nos possessions. C'est ainsi qu'ils visitèrent Metlili, Ouargla, tout le M'zab, et qu'ils en déterminèrent la position.

En 1856, de nouvelles explorations furent faites par les capitaines Villemot, Mircher et Davenet.

D'autres explorateurs sont venus, qui ont suivi les traces de leurs devanciers :

Le capitaine Bonnemain est allé jusqu'à Ghadamès (1857), dans la Tripolitaine ;

M. Ismaël Bouderba est allé plus loin encore ; il ne s'est arrêté qu'à R'hat (1857) ;

Le commandant de Colomb, le commandant Colonieu et le colonel Pein ont particulièrement étudié l'extrême Sud ;

M. Duveyrier a parcouru toute la partie orientale du Souf, le M'zab, et a poussé ses explorations jusqu'à Ghadamès et R'hât, d'où il est revenu par Tripoli ;

En 1862, le commandant H. Mircher est allé jusqu'à Ghadamès, où il a conclu avec les chefs des Touaregs une convention commerciale sur laquelle nous aurons à revenir ;

Enfin, en 1870, le général de Wimpffen, partant des puits d'Aïn-ben-Kellil où il avait concentré ses troupes, puits situé entre le chott R'rabi et le Ksar d'Aïn-Sefisifa, s'est avancé dans le Maroc jusqu'à El-Bahariat, sur l'oued Guir.

El-Bahariat est située entre le 31ᵉ et le 32ᵉ parallèles, sur le 5ᵉ degré de longitude Ouest, au S.-E. de Tafilalet et au S.-O. de Figuig. Le territoire dont elle dépend est traversé du N. au S. par une rivière considérable, l'*oued Guir*, qui a pour principaux affluents à l'Est l'*oued Saoura* et l'*oued En-Namour*. Il est habité par les Douï Menia, confédération puissante, qui, au point de vue religieux et militaire, relève des Oulad Sidi Chickh, et qui exerce une action incontetées sur toutes les tribus s'étendant jusqu'à Figuig, au Gourara, et jusqu'à Touat même.

L'expédition du général de Wimpffen a eu l'immense avantage, en dehors des résultats politiques obtenus par la soumission des Douï Menia, de fixer les esprits sur le vaste territoire qui s'étend de l'oued Guir à notre frontière : on sait maintenant, en effet, que ce territoire, habité par une population de 130,000 âmes environ, soit sédentaire, soit nomade, n'a aucun caractère du désert. Les eaux y sont nombreuses et de bonne qualité ; le terrain, d'un parcours facile, offre, sur la plupart des points, des productions variées, tant en céréales qu'en plantes fourragères, et l'on rencontre fréquemment de vastes et gras pâturages.

Tout autre est notre Sahara, qu'un homme dont les écrits sont justement appréciés a défini en quelques lignes :

« Le Sahara, — c'est le général Daumas qui parle, — présente sur un fond de sable, ici des montagnes, là des ravins ; ici des marais, là des mamelons ; ici des villes et des bourgades, là des tribus nomades. Les montagnes, toujours parallèles à la mer, sont, dans la zone nord, élevées, rocheuses, accidentées à l'Est ; mais elles s'abaissent graduellement en courant à l'Ouest et se fondent enfin par une succession de mamelons et de dunes mouvantes, que les arabes appellent *arouq* (veines), ou *chebka* (filet), selon que le système en est simple ou composé. Presque toutes sont abruptes sur le versant qui fait face au Tell ; et, du côté Sud, toutes, après plus ou moins de convulsions, vont mourir de langueur dans les sables. — De ces montagnes descendent, à la saison des pluies, d'innombrables cours d'eau dont les lits sont promptement desséchés par le soleil et forment alors un réseau de ravins. Dans la première zone, les centres de population sont quelquefois séparés entre eux par des espaces complètement nus, complètement stériles et distants de plusieurs journées de marche ; mais sur toutes les lignes, dans toutes les directions, des puits échelonnés servent à la fois de lieu de station et d'indication pour les routes. »

Le Sahara, ajouterons-nous pour compléter cette définition, est le domaine naturel des *nomades*, c'est-à-dire des arabes pasteurs qui, à des époques fixes et sous l'aiguillon d'une impérieuse nécessité, descendent de leurs steppes appauvries pour gagner les larges plaines.

Le sol des Hauts plateaux se prête bien, en effet, sur quelques points, à la culture des céréales ; mais le plus généralement la seule végétation qui y prospère se compose d'arbrisseaux épineux et de plantes herbacées dont la plupart sont salines : végétation abondante, d'ailleurs, et qui offre en toute saison des ressources considérables pour l'alimentation des troupeaux et de la race chevaline.

Mais plus nombreux est le bétail, plus promptement aussi s'épuisent les récoltes, et un moment arrive où les troupeaux abandonnés à leurs instincts vont chercher dans les bassins du Sahara les pâturages qui leur conviennent.

Le Sahara algérien, où les eaux vives sont si rares qu'on l'appelle encore aujourd'hui le pays de la soif, n'est donc point aussi aride qu'on le pourrait croire. On y trouve au contraire de vastes pacages ; et si la terre sablonneuse n'y donne point de céréales, au moins est-elle, en certains endroits, abondamment couverte de plantes fourragères (*diss*, *alfa*, *drin* et autres graminées), de genêts et d'alender, de genévriers et de térébinthes. — Ces plantes diverses croissent et se multiplient dans les terres qu'humectent plus ou moins longtemps les eaux des *r'dir*, bassins naturels formés dans le lit des rivières ou dans les vallées qui gardent les eaux pluviales. Elles croissent également dans les *dayas*, — sortes d'oasis inhabitées, abondamment pourvues d'eau et disséminées, ainsi que les chotts, sur des lignes dont la direction générale est du S.-O. au N.-Est.

L'homme des Hauts plateaux et l'homme du Sahara, obéissant aux mêmes besoins, subissent donc la même loi : ils sont fatalement nomades ; ils vont où leurs troupeaux les mènent, partout où la végétation s'épanouit. Pendant l'hiver, ils avancent au Sud vers un climat plus doux et se rapprochent des oasis, où ils échangent la laine de leurs troupeaux et les grains dont ils se sont approvisionnés dans le Tell, contre une provision de dattes ; — pendant l'été, ils se dirigent vers le Nord, s'arrêtant dans la plaine où la végétation tardive leur offre des ressources en herbages, puis se rapprochent du Tell, où ils livrent une partie de leur bétail contre une provision de grains.

Les nomades parcourent ainsi d'immenses espaces, s'abreuvant aux mêmes sources, s'arrêtant aux mêmes puits. De là, entre les tribus errantes, de fréquentes querelles qui, le plus souvent, dégénèrent en rixes. Quand on était las de se battre, on prenait le marabout pour juge. — Les plus vénérés, les plus influents de ces marabouts appartiennent, depuis plusieurs siècles, à deux familles d'origine différente : celle des Oulad Sidi Chickh, originaire de Tunis ; celle des Tedjini, qui viennent du Maroc. La première exerce son influence sur les tribus sahariennes de l'Ouest, la seconde, sur les tribus du Centre et de l'Est. Cette influence est considérable.

Tel que nous venons de le décrire, le Sahara n'appartient point qu'aux Nomades : il est habité en quelques-unes de ses parties par une population fixe, — celle qui habite le *ksar* (au pluriel *ksours*).

Le ksar est un village généralement fortifié, de difficile accès, construit le plus ordinairement dans les plis ou sur le flanc d'une montagne, et dans lequel les nomades déposent leur réserve de provisions et leurs denrées. Chaque tribu saharienne a ainsi à sa disposition deux ou trois magasins. — Les maisons de ces petits centres sont le plus ordinairement construites en terre séchée au soleil ; les rues sont étroites, tortueuses, mal aérées ; la population, de sang mêlé et très restreinte, est, presque partout, chétive et malingre.

Autour de chaque ksar s'étend, sur un espace plus ou moins vaste, un terrain propre à la culture, irrigué par l'eau des sources ou par l'eau des puits et couvert de dattiers qui constituent sa principale production. — C'est précisément cette partie irriguée du terrain qu'on désigne sous le nom d'*oasis*. L'oasis est elle-même presque toujours protégée par des tours crénelées, sorte d'ouvrages avancés du ksar.

Les oasis, qu'on a beaucoup trop poétisées, sont les entrepôts des caravanes. — Outre les dattes, qui constituent la base essentielle de l'alimentation des habitants, l'agriculture y produit : du blé, de l'orge, du maïs, du millet et du sorgho ; on y récolte également, mais en quantités moindres, des figues, des raisins, des amandes et des légumes d'espèces diverses : haricots, petits pois, fèves, oignons, carottes, etc., etc. ; — enfin l'industrie fournit : du savon, du charbon, de la poudre, des outils de fer et de bois ; des selles, des bâts, des cartouchières, des chaussures ; des tissus de laine et de coton ; des ustensiles de ménage tressés en palmiers ; des nattes, des poteries grossières et des outres.

Les populations vivent du produit de leurs jardins et de leur commerce d'échange avec les nomades. Elles sont divisées en deux classes parfaitement distinctes : la première comprend les blancs et les fils de blancs et de négresses ; la seconde est formée des *Hara-tis*, ou affranchis, et des fils d'affranchis. Les premiers sont propriétaires, les seconds sont métayers.

Ces oasis forment comme trois archipels principaux :

A l'Ouest (Sahara oranais), celui des Oulad-Sidi Chickh ;

Au centre (Sahara algérien), celui des Beni-M'zab ;

A l'Est (Sahara de Constantine), celui des Zibans, du Souf et de l'Oued-R'rir.

Nous compléterons ces données générales en indiquant les principales oasis, disséminées du N. au S. dans la partie saharienne de chaque province.

SAHARA ORANAIS, OU DE L'OUEST.

Le *Sahara oranais* commence au-dessus de la ligne des chotts R'arbi et Chergui. Il est traversé du N.-O. au N.-E. par le Djebel-Amour, d'où descendent, de l'O. à l'E., et vont se perdre dans les sables : l'*oued El-Namous*, l'*oued Bou-Semghroun*, l'*oued Trioub*, l'*oued Seggueur*, et l'*oued Zergoun*.

Notre poste le plus avancé sur la limite Nord est celui de *Géryville*.

GÉRYVILLE. — Géryville, créée en 1852-54, a reçu un nom qui rappelle celui du vaillant officier qui, le premier, parut dans le pays à la tête de nos colonnes, en 1846. Il est situé au Sud, et à 206 kil. de Tiaret, sur une butte, et à 1.307 mètres au-dessus de la mer, à l'angle N.-O. d'un petit bassin, qu'il domine.

A l'E.-N.-E. de Géryville, et à 15 kil. est le ksar de *Stitten*.

STITTEN. — Le ksar est ceint d'une muraille en pierres sèches, et flanquée de quatre tours : — 205 maisons, 1.100 habitants ; — autour du village s'étendent des jardins ensemencés d'orge, d'arbres fruitiers et de vignes.

Au S.-O. et au S. de ces deux localités sont les oasis des

Oulad–Sidi–Chickh ; — nous citerons comme les plus considérables :

Rassoul. — Le ksar est bâti en amphithéâtre, au S. et à 51 kilom. environ de Géryville, sur les flancs du Djebel Riar, à 1.080 mètres au-dessus du niveau de la mer. Il compte 60 maisons construites en terre ; population, 280 habitants ; — des jardins plantés de pêchers, de figuiers, d'abricotiers, de grenadiers et de vignes s'étendent sur les deux rives d'un ruisseau qui les arrose et coule du Nord au Sud.

Berizina. — Le ksar, entouré d'une muraille percée de quelques créneaux, est situé à 42 kilom. S. de Rassoul, au pied du Djebel *Kir-el-barouk*, à 850 mètres au-dessus de la mer, sur la rive droite de l'O. Seggueur. On y compte 48 maisons en briques séchées au soleil; 245 habitants. Les jardins, plantés de quelques arbres fruitiers et de 8.000 palmiers s'étendent sur la rive droite de l'Oued. — La famille du chef des Sidi Chickh y a fait construire deux bordjs, l'un qui porte le nom de *Si Hamza*, l'autre, celui de *Si Caddour*.

Arba el Foukani. — A l'O. et à 60 kilom. de Berizina: il est construit sur une butte, au bord d'un ruisseau, et défendu par un mur d'enceinte ; 150 habitants.

Arba el Tatani. — Au S. et à 4 kilom. de Foukani ; 300 habitants.

Entre les deux Arba, il existe de nombreux jardins plantés d'arbres à fruits ; 2,000 palmiers.

El Abiod Sidi Chickh. — Au S. et à 30 kilom. d'Arba el Tatani. Ce ksar doit son nom au marabout Sidi Chickh, qui vécut au XVIIe siècle, et dont les descendants exercent, ainsi que nous l'avons dit plus haut, une grande influence sur les tribus sahariennes de l'Ouest. — Il est situé à 861 mètres au-dessus du niveau de la mer, au pied Sud des montagnes et à l'entrée des grandes plaines. On y compte 110 maisons, la plupart habitées par des métayers *(khammès)*, qui cultivent de beaux jardins pourvus de puits, et des champs d'orge d'une assez grande étendue ; peu de palmiers.

C'est à El-Abiod que le marabout Sidi Chickh est enterré. Sa tombe, confiée à la garde d'esclaves nègres (abids), est un but de pèlerinage pour tous les sahariens de l'Ouest et du Sud : « Il n'est pas une famille dans le Sahara, dit M. de Colomb, qui ne leur porte annuellement ses offrandes. C'est, au printemps, une brebis avec son agneau, ou un agneau seulement, suivant la richesse du donateur ; c'est une mesure de beurre, une mesure de dattes quand les caravanes reviennent de Gourara, une de blé ou d'orge, quand elles arrivent du Tell. Dans bien des tribus même, plusieurs familles aisées se cotisent pour offrir un chameau. Les habitants des ksours donnent des chevreaux et une dîme sur tous les produits de leurs jardins. »

Chellala-Gueblia. — Au S.-O. et à 50 kilom. d'Arba-el-Tatani ; petit ksar dont la population ne dépasse pas 100 habitants ; — jardins potagers et arbres à fruits.

Chellala-Dahrania. — Au N.-O. et à 10 kilom. de Chellala-Gueblia. Le ksar est bâti sur une colline formée de roches de grès d'où s'échappent des eaux abondantes ; — 500 habitants ; — jardins bien tenus ; beaucoup de fruits et de légumes ; peu de palmiers.

Bou-Semghroun. — Au S. de Chellala-Gueblia. — Il est bâti sur la rive gauche de l'Oued-Semghroun. En aval et en amont s'élèvent 10,000 palmiers sur une étendue de 4 kil. et sur deux ou trois cents mètres de large ; — eaux abondantes, légumes, fruits, orge et garance ; — 600 habitants.

Asla. — Au S.-O. et à 15 kilom. de Chellala-Dahrania, et à 180 kilom. de Daya, en ligne droite. — Le ksar, bâti en pierres, est situé à l'extrémité d'un petit plateau rocheux. — 60 maisons, toutes liées entre elles : leurs murailles extérieures, massées les unes contre les autres, sont percées de meurtrières ; les rues, au lieu d'être à ciel ouvert, serpentent sous les bâtisses ; — population 300 habitants.

Autour du ksar s'épanouit l'oasis, dont la superficie embrasse 16 hectares environ ; un mur d'enceinte, haut de près de 3 mètres, l'entoure de tous côtés ; — jardins nombreux, arrosés par l'oued Asla qui traverse l'oasis dans toute sa longueur ; — blé, orge et légumes, arbres à fruits, 3.000 palmiers.

Thiout. — A 42 kilom. S.-O. d'Asla, à peu de distance de la rive droite de l'oued Thiout ; 160 maisons construites en terre agileuse séchée au soleil ; 800 habitants.

L'oasis, abritée de tous côtés par de petits plateaux, affecte la forme d'un triangle irrégulier dont la base est tournée au Sud. Sa superficie embrasse près de 60 hectares ; elle est traversée du N. au S par l'oued Thiout que retiennent deux barrages, et protégée contre les attaques du dehors par une haute muraille qui l'enserre de tous côtés ; fruits et légumes abondants et variés ; vignes gigantesques ; 5.000 dattiers.

Aïn-Sefra. — Situé au pied des dunes, à l'O. et à 15 kilomètres de Thiout. C'est un des ksours les mieux construits et les mieux fortifiés ; il est, presque sur tous ses points, entouré d'un mur d'enceinte construit en terre et en pierre et d'un large fossé. Les maisons, au nombre de 185, sont généralement en pierre ; population, 960 habitants.

L'oasis, traversée par l'oued Sefra, est entourée d'un mur de terre et embrasse environ 50 hectares ; beaucoup d'arbres fruitiers ; très-peu de dattiers.

Aïn-Sefra fut attaqué et pris, en 1847, par le général Cavaignac.

Aïn-Sefisifa. — A 30 kilomètres O. d'Aïn-Sefra ; le ksar est bâti sur un roc ; 260 maisons ; 1.254 habitants. Fut incendié en 1847 par la colonne expéditionnaire.

L'oasis, traversée par un ruisseau, a 45 hectares de superficie. Orge, froment, fruits et légumes ; pas de dattiers.

Moghar-Tatani. — Au S. et à 35 kilomètres de Thiout ; le ksar, dominé de tous côtés, excepté à l'O. où il touche à l'oasis, est séparé par un groupe de jardins de la rive gauche de l'oued Moghar ; 200 maisons ; 1.000 habitants.

L'oasis a 30 hectares de superficie ; jardins et céréales ; 15.000 dattiers.

En avril 1847, des parlementaires envoyés par le général Cavaignac ayant été assassinés par les habitants, le ksar fut livré au pillage.

Moghar-Foukani. — Au N.-O. et à 15 kilom. de Moghar-Tatani. — L'oasis embrasse 20 hectares ; céréales et légumes ; 4.000 dattiers.

Les habitants voulurent s'opposer au passage des troupes (1847) ; le ksar fut incendié et pillé.

Enfin, en remontant vers le Nord, on trouve entre Géryville et Laghouat, et au Sud de ces deux villes :

El-Maïa. — Ksar des plus pauvres, et dont le bâtiment le moins malpropre est la mosquée ; — il s'étend à l'Est et sur le flanc du Djebel-el-Msied. Les jardins, complantés de palmiers chétifs et rabougris et de quelques figuiers, sont irrigués par une source dont les eaux, dangereuses à boire, sont retenues par un barrage et distribuées entre les propriétaires.

Tadjérouna. — Ksar bâti sur un mamelon, avec le même système de défense que celui adopté par les ksours de l'Ouest. — L'oasis, dont la superficie ne dépasse pas 20 hectares, est arrosée par l'oued Melh dont les eaux sont retenues par un barrage. — Jardins potagers, céréales ; point de dattiers.

SAHARA ALGÉRIEN, OU DU CENTRE.

Le *Sahara algérien*, c'est-à-dire la partie du Sahara comprise dans la province d'Alger, commence à quelques kilomètres de Laghouat.

Laghouat. — Est située à 347 kilom. S. de Médéah et à 446 kilom. d'Alger. Elle est assise sur les deux versants N.

et S. d'une vallée rocheuse, et divisée en deux parties, dont l'une est habitée par les Européens.

Autour de la ville s'étend une verdoyante oasis formée de jardins où les arbres fruitiers et les plantes potagères abondent, et qui ne contient pas moins de 40.000 palmiers.

A l'Ouest de Laghouat est Aïn-Madhi :

Aïn-Madhi. — Ville arabe située à l'O. et à 48 kilom. de Laghouat. Elle est défendue par une muraille de 8 mètres de hauteur sur 2 mètres d'épaisseur ; 210 maisons. Les jardins, également enclos d'une muraille en pisé, sont convenablement entretenus. — Attaquée en 1838 par Abd-el-Kader, elle fut prise par trahison et détruite en partie.

Aïn-Madhi est la résidence des *Tedjini*, famille de marabouts dont l'influence égale celle dont jouissent les Oulad-Sidi-Chickh. Bien que relevant de l'autorité française, les habitants du ksar se considèrent encore aujourd'hui comme les sujets de cette famille.

Au Sud de Laghouat et d'Aïn-Madhi, s'étendent de vastes plaines où les Harazlias et les Larbaa conduisent leurs troupeaux ; — en s'avançant davantage encore vers le Sud, on trouve le *M'zab*.

Le M'zab commence au Djebel-Mazedj, au S.-E. de Laghouat, s'étend du N.-E. au S.-E. et finit au N. de N'goussa, dans l'aghalick d'Ouargla ; de l'O. à l'E, il est compris entre l'oued *Metlili* et l'oued *Zeguerir*.

Il est traversé dans toute sa longueur par l'oued *Neça*, qui coule du N. au S.-E. en suivant le pied des montagnes et va se perdre dans les dunes. Les autres cours d'eau qui l'arrosent sont : l'oued *M'zab*, qui descend d'un vaste plateau tellement raviné et tourmenté qu'il a reçu le nom de *Chebka* (filet). Son altitude moyenne est de 560 mètres ; l'oued M'zab aboutit dans un bas-fond, près de N'goussa, après un long parcours dans des plaines désertes ; — l'oued *Settafa* et l'oued *Magrouna*, qui sont des affluents de l'oued

Neça ; enfin, et à l'E., l'oued *Senenek*, l'oued *Zegueris* et l'oued *Sener*.

La température y varie, suivant les saisons, entre 38 et 22 degrés : en hiver, il gèle souvent et il neige quelquefois. Le climat est, du reste, parfaitement salubre.

La flore du plateau est excessivement pauvre. Presque toute la végétation est concentrée dans les vallées et les ravins ; c'est, à peu de chose près, celle des oasis : les cultures potagères donnent des citrouilles, des melons, du piment, des aubergines, des choux et des carottes ; on récolte aussi quelque peu d'orge. On a, comme arbres à fruits : le dattier, le grenadier, le figuier et le pommier. Les vignes, nombreuses et bien entretenues, produisent de magnifiques raisins ; peu d'animaux sauvages : le moufflon à manchettes se tient dans les parties les moins fréquentées du pays ; la gazelle et l'antilope fréquentent les vallées, et les chacals rôdent la nuit autour des habitations.

La population du M'zab, qui a autrefois émigré du N. pour fuir une domination trop despotique, a fondé sept villes, dont cinq dans la vallée de l'oued M'zab, et deux en dehors. Les cinq premières sont, en allant du N. au Sud :

GARDAÏA. — Au S.-E. et à 180 kilomètres de Laghouat ; Elle s'élève en amphithéâtre sur un mamelon qui divise en deux le lit même de l'oued. Les maisons, construites en pierres calcaires, sont à un étage et surmontées d'une terrasse. La population est de 14.000 habitants, au nombre desquels 300 israélites environ qui sont à la tête du commerce. Au N. et à 1.500 mètres environ et sur la rive gauche de l'oued M'zab s'étend une ligne non interrompue de jardins ; 80.000 palmiers.

MELIKA. — Sur le plateau, au N., et à 1 kilom. de Gardaïa ; très petite ville dont les maisons sont bien construites, mais où l'eau fait défaut ; elle n'a qu'un seul puits. — C'est la ville sainte du M'zab : de toutes les parties de la contrée on y vient en pèlerinage visiter le tombeau de Sidi-

Aïssa, le saint le plus vénéré du pays. Elle est également très fréquentée par les caravanes.

Beni-Isguen. — Au S., et à moins de 2 kilom. de Gardaïa. Bâtie en amphithéâtre sur un mamelon dénudé, elle est défendue contre les attaques du dehors par une enceinte flanquée de tours crénelées ; — maisons en maçonnerie ; — marchés spéciaux où les marchands du Sud apportent leurs produits ; — population, 8.000 habitants. — En dehors de la ville, sur la rive gauche d'un cours d'eau, jardins et belles plantations de palmiers.

Bounoura. — Au S. et à 1 kilom. de Melika, bâtie sur une colline ; — sans commerce et sans avenir. C'est la moins importante des villes du M'zab.

El-Atef. — Au S. et à 6 kilom. de Bounoura ; — population de 2.000 âmes — belles plantations au S. de la ville. — Vis-à-vis d'El-Atef existait un magnifique barrage de près d'un kilomètre de longueur et construit en bonne maçonnerie : il est aujourd'hui recouvert par le sable. Le lit de la rivière ne se remplit, du reste, que très rarement : à peine une fois, disent les indigènes, par période de trente années. A en juger par l'épaisse couche de cailloux qui en occupe le fond, on est porté à croire qu'autrefois il en était autrement ; aujourd'hui, les puits sont alimentés par une nappe souterraine qui s'étend sous l'ancien lit à quarante mètres, environ, de profondeur

On évalue à 25.000 le nombre des M'zabites qui habitent ces cinq villes.

De l'autre côté du massif, c'est-à-dire au N. E. de la vallée de l'oued M'zab et au pied du kef *Melan*, s'élèvent les ksours de *Berrian* et de *Guerrara*, qui font également partie de la confédération ; — placés qu'ils sont en dehors des routes les plus suivies par les caravanes, ils n'ont qu'une importance très secondaire.

Ainsi que nous l'avons dit précédemment, M. Duveyrier a visité ces différentes villes (1859-1860) ; il a fourni à la Société de Géographie les détails qui suivent, concernant les mœurs et les habitudes des M'zabites :

« Les Beni-M'zab ont une supériorité morale remarquable sur les peuplades arabes et berbères qui les environnent. Ils doivent cette supériorité aux circonstances qui les ont tenus constamment isolés. Leurs croyances religieuses les mettaient en butte aux persécutions des Arabes malékites, et ils furent abandonnés à leurs propres forces. La nécessité créa leur activité et leur ardeur au travail. Ils ont, ce semble, beaucoup de probité et apportent une grande répugnance au mensonge. Scrupuleux observateurs de leur loi religieuse, ils poussent le rigorisme assez loin pour considérer l'usage du tabac comme un péché. — Dans les villes, les rues, les places et les maisons sont assez proprement entretenues.

« Les M'zabites se gouvernent eux-mêmes ; l'autorité française n'intervient dans leurs affaires que lorsqu'il s'agit de les protéger, ou pour veiller au paiement exact d'un tribut annuel, très modéré, d'ailleurs (45.000 fr.), qu'elle perçoit en raison même de la protection qu'elle accorde. — Chaque ville possède une assemblée de notables, une *djemâa*, qui discute les intérêts de la communauté, réprime les abus et inflige les peines, suivant un code particulier. Le meurtrier d'un musulman est passible d'une amende de 2.600 fr., puis est banni du pays. Sur cette amende, la djemâa perçoit 200 fr ; le surplus revient à la famille du défunt ; c'est la *diya*, le prix du sang. Si la personne tuée est une femme musulmane ou un juif, l'amende n'est plus que de 1.300 fr. ; si c'est une juive, de 700 fr.

» Celui qui vole, peu importe la valeur de l'objet, est exclu du pays pour deux ans et doit payer 50 fr. à la djemâa.

» Le costume des hommes est, à peu de choses près, celui des Arabes. La coiffure des femmes seules est tout-à-fait différente : jeunes filles et matrones divisent leur chevelure en trois : un chignon par derrière, et une grosse touffe de chaque côté du visage. Leur costume d'intérieur est le même que celui des femmes arabes, mais plus décolleté et beaucoup moins long. Dehors, elles sont enveloppées dans une grande pièce d'étoffes, depuis la tête jusqu'aux pieds.

» Les Beni-M'zab sont commerçants par excellence, et beaucoup d'entre eux viennent s'établir soit dans les villes de l'intérieur, soit dans les villes du littoral. Guelma est peuplée de M'zabites qui font le trafic des grains ; à Alger, à Médéah et à Oran on en compte un certain nombre. Ils sont polis jusqu'à l'affabilité, confiants dans la parole d'autrui et esclaves de leur parole. C'est en cela, surtout, qu'ils se distinguent des arabes et des juifs. — Ceux qui résident dans les ksours ont les mêmes qualités ; mais ils se montrent jaloux à l'extrême de leur indépendance. La crainte d'être, un jour ou l'autre, annexés à la France les a rendus soupçonneux : tout européen leur est suspect, et c'est à la longue seulement que cette défiance instinctive s'affaiblira. »

Nous ajouterons pour compléter ces détails que les M'zabites qui résident dans nos villes y constituent une corporation plus homogène et plus riche que les autres fractions des *Berranis* (Indigènes venus de l'intérieur). — Ils jouissaient, du temps des Turcs, et ils jouissent encore aujourd'hui, du droit de s'administrer eux-mêmes pour tout ce qui concerne les successions de leurs coreligionnaires, quand ceux-ci n'ont pas laissé d'héritier direct.

Ils tiennent d'autant plus à ce privilége, que leurs opinions religieuses et leur rite les éloignent des musulmans orthodoxes. Ainsi, il leur est défendu d'accepter des aumônes ; leurs fêtes ont lieu à des époques différentes de celles des rites Hanéfi et Maléki ; leurs prières ne sont pas les mêmes et ils ont des cimetières particuliers. — En revanche, et de tout temps aussi, la corporation s'est chargée exclusivement du soin de venir au secours de ses indigents, de subvenir aux frais d'enterrement, de régler les difficultés et les contestations qui surgissent dans son sein. Presque toujours, la communauté se cotise pour payer les dettes d'un de ses membres décédé dans la misère, pour désintéresser les créanciers d'un compatriote commerçant réduit à déposer son bilan, enfin, pour couvrir et pour réparer, aux dépens des ressources communes, les torts ou les fautes d'un coreligionnaire.

Au S.-O. de Gardaïa et à 30 kilom. environ, se trouve *Metlili*, où aboutissent les routes que suivent les caravanes venant de Goléah, au Sud, de Bérisina, à l'Ouest, et de Laghouat, au Nord :

METLILI, — est caché dans les plis de la chebka du M'zab. L'oasis, envahie par les sables, se compose de plusieurs forêts de palmiers qui s'étendent sur une longueur de 4 kilom. environ, et dont le nombre dépasse 30.000. — Le ksar, protégé par un mur d'enceinte, est assis dans une grande clairière, au milieu de ces forêts ; il compte 120 maisons, non compris celles qui sont dispersées dans les jardins ; population, 2 000 habitants.

SAHARA DE CONSTANTINE, OU DE L'EST.

Le *Sahara de l'Est*, compris entre le Sahara algérien et la partie sud de la frontière tunisienne, commence au pied du flanc méridional des montagnes qui, au N.-O. et à l'E., protégent le Djebel-Aurès, et s'étend jusqu'à la mer de sables. Sa constitution physique diffère de celle du Sahara algérien et du Sahara oranais en ce qu'il s'affaisse en son milieu et forme une sorte de cuvette dont le chott *Melr'ir* occupe le fond.

Le chott Melr'ir est au-dessous du niveau de la mer; il est creusé dans un terrain gypseux et forme une nappe dont les eaux sont plus salées que celles de l'Océan. Sa plus grande longueur, de l'O. à l'E., est de 120 kilom. environ ; sa largeur moyenne, de 80 kilom. Il est peu profond et se couvre, en été, d'une couche épaisse de cristaux. On y trouve de nombreux îlots reliés entre eux par un réseau de sentiers. — Il est alimenté par la nappe souterraine de l'oued R'ir et par les rivières ou ruisseaux qu'il reçoit, et dont les plus importants sont : l'oued *Itel* et l'oued *Fahama*, qui descendent du Djebel-Guettarthir, à l'O. ; l'oued *Biskra*, l'oued *El-Arab* et l'oued *Mahana*, qui descendent de l'Aurès.

Le Sahara de l'Est comprend trois régions distinctes : les *Zibans*, — le bassin de l'oued *Souf*, le bassin de l'oued *R'rir*.

Les Zibans s'étendent du pied de l'Aurès, à l'O. et à l'E., sur une plaine qui a 150 kilom. de longueur, et dont la largeur varie entre 18 et 45 kilomètres. Ils comprennent une trentaine de villages et de ksours placés, pour la plupart, en dehors des routes suivies, et sont sans importance. Le pays est salubre ; la glace et la neige y sont inconnues, le thermomètre ne descendant à 0 degré que dans des années tout à fait exceptionnelles. — *Biskra* en est le chef-lieu :

Biskra — est situé à l'Ouest et à 119 kilom. de Batna, et à 239 kilom. de Constantine. — L'oasis est assise au milieu d'une forêt où l'on compte 150.000 palmiers, 5.000 oliviers et un nombre considérable de figuiers, d'abricotiers, de grenadiers et de vignes ; — l'oranger y est rare ; — on y cultive avec succès le piment rouge, les melons et les pastèques, la pomme de terre, le sorgho, l'orge, le tabac et le coton.

Parmi les oasis des Zibans il en est deux qui rappellent des souvenirs historiques, et que nous citerons :

Sidi Okba, — à 21 kilom. au S.-E. de Biskra. Elle tient son nom de Sidi Okba, l'un des premiers propagateurs de l'Islamisme, tué en 682, en combattant les Berbères et inhumé dans la mosquée de cette ville. Toutes les tribus de l'Est y viennent en pèlerinage.

Zaatcha, — au S.-O. et à 30 kilom. de Biskra, prise et détruite en 1849, après une défense désespérée.

Après les Zibans, en s'enfonçant vers le Sud, se trouvent les longues vallées de l'oued Souf et de l'oued R'rir.

L'oued Souf s'étend, du N. au S., entre les Zibans et El-Oued, de l'O. à l'E., entre le 4ᵉ et le 5ᵉ degrés de longitude orientale. Les points où s'arrêtent les caravanes sont, en partant de Biskra :

El-Faïd, — où l'on trouve quelques terres de labours, en partie couvertes de broussailles ;

Demta, — où les dunes forment une zone de 12 kilom. de largeur, se dirigeant du N.-E. vers le S.-Ouest ;

Guemar, — jolie petite ville arabe, très proprement tenue, avec enceinte et jardins ;

El-Oued, — chef-lieu du Souf ; petite ville d'un millier

de maisons ; population intelligente, active et laborieuse.
« Les jardins, dit M. H. Mircher, présentent une disposition particulière qui mérite d'être signalée. Afin de n'avoir pas à irriguer les palmiers, on creuse les jardins assez profondément pour que les racines des arbres atteignent la nappe souterraine. Le travail d'extraction du sable qu'exige cette disposition est certainement considérable, mais une fois fait, il dispense du travail permanent d'irrigation auquel on est astreint dans le M'zab, qui serait plus considérable encore. Il faut, toutefois, entourer les jardins de palissades et, de temps à autre, relever le sable qui, nonobstant tous les soins, s'écoule des talus d'enceinte. On comprend qu'il résulte de cette disposition que, de l'extérieur des jardins, rien ne paraît des cultures, à peine les têtes de quelques-uns des plus hauts dattiers.

« Outre des palmiers qui donnent des fruits très renommés, les gens d'El-Oued cultivent un grand nombre de légumes, du tabac, de la garance, enfin un peu de coton. »

Il se tient à El-Oued un marché hebdomadaire où la plupart des tribus sahariennes viennent échanger leurs produits contre des dattes, des tissus et des chameaux.

L'Oued-R'bir est à l'O. de l'oued Souf. Il commence au-dessous du chott Melr'ir et s'étend jusqu'à *Tougourt*, sur une bande sablonneuse de 120 kilomètres de long et 20 kilomètres de large.

Cette vallée, au-dessous de laquelle court une immense nappe d'eau, est couverte de villages construits en terre et très-rapprochés les uns des autres ; chaque village, arrosé par l'eau des puits, a sa forêt de palmiers qui l'entoure ou lui est adjacente. On trouve sur plusieurs points des lacs d'une profondeur de 50 mètres, dont l'eau est excellente, et qui sont peuplés de myriades d'oiseaux aquatiques. Pendant la saison chaude, la température s'élève et se maintient, en moyenne, à 46 degrés ; en hiver, elle est très-variable ; on voit souvent, après des nuits fraîches, le thermomètre descendre à 3 degrés au-dessous de zéro et, quelques heures plus tard, monter à 38 degrés.

Dans plusieurs ksours de cette partie du Sahara, les puits étaient, il y a peu d'années encore, pour la plupart ensablés et les palmiers dépérissaient à vue d'œil. Les habitants, réduits à la misère, songeaient à abandonner leur oasis, lorsque le maréchal Randon, alors Gouverneur général, conçut l'heureuse idée d'y faire forer des puits artésiens. Le succès le plus complet couronna cette généreuse entreprise, et cinquante fontaines ainsi creusées ont donné à ce pays une vie nouvelle.

Tougourt — est le chef-lieu de l'Oued-R'rir ; — elle est située au S., et à 205 kilom. de Biskra et défendue par une muraille en pisé qu'entoure un fossé rempli d'une eau stagnante, sale et verdâtre. Elle contient 400 maisons, généralement mal construites et très malpropres ; — mosquée très remarquable ; casbah et caserne ; — population, 2.000 habitants. — En 1871, la garnison indigène qui l'occupait fut massacrée par les insurgés : depuis on y a établi un commandement.

Plus au Sud, et à 20 kilom. environ, se trouve *Temacin* :

Temacin — formait autrefois une petite principauté théocratique dont dépendaient trois ou quatre villages ; — c'est une petite ville de 2.000 âmes, mal bâtie et mal défendue par un mur d'enceinte ; elle a, comme Tougourt, sa forêt de palmiers.

Plus au S. encore, sur le 32e parallèle, et plus rapproché du M'zab que de l'Oued-R'rir, est l'agalick d'Ouargla, qui comprend six villages. Le premier qu'on rencontre, en venant du Nord, est N'goussa :

N'goussa — est un ksar qui, sous la dynastie nègre des Beni-Babia, a joué un rôle important : Ouargla était alors son tributaire. Aujourd'hui, il est, comme celui-ci, en pleine décadence ; cependant on y compte encore 138 maisons ; la population est en majorité composée de nègres ; — magnifique forêt de palmiers.

Ouargla, — chef-lieu de l'aghalick, est à 16 kilom. au S. de N'goussa. La ville est située dans un vaste bas-fond, où l'eau afflue et dépose par l'évaporation d'épaisses couches de sel qui donnent lieu à un commerce important ; — elle est construite en terre séchée au soleil et défendue par un mur d'enceinte au pied duquel est un fossé rempli d'eau vaseuse ; — 600 maisons ; 2.500 habitants : population de sang mêlé ; — ni industrie, ni commerce.

L'oasis est abondamment irriguée : la forêt, qui a la forme d'une ellipse, mesure 5 kilom. de long, sur 3 de large ; les dattiers y atteignent des proportions extraordinaires ; — beaucoup d'arbres fruitiers.

Enfin, au Sud et à 230 kil. de Laghouat, et à 120 kil. à l'Ouest de Metlili, on trouve :

Goléa, — à 400 kilom. environ de Laghouat, sur la route que suivent les caravanes ; population de 1.200 à 1.500 habitants. C'est la capitale des Chamba de l'Est ; elle se compose de deux villes : la ville haute, bâtie sur le sommet d'un rocher et entourée de murailles assez hautes, et la ville basse, qui occupe l'espace compris entre la ville haute et le mamelon sur lequel on voit les ruines de l'ancienne casbah ; à l'entour des deux villes sont disposés, sans ordre, un certain nombre de plantations de dattiers.

LES CARAVANES ; — LES TOUAREGS.

Le Sahara est périodiquement traversé par les caravanes qui vont échanger les produits du Tell ou d'Outre-Méditerranée contre les produits du Soudan. Ce commerce d'échange est certainement considérable : actuellement, il est entre les mains de négociants anglais qui tiennent au Maroc et à Tripoli les têtes des routes commerciales aboutissant à Tombouctou, à Kano et autres marchés du Soudan ; mais il est permis d'espérer que, dans un temps plus ou moins proché, les commerçants français, mettant à profit les avantages que leur assure notre prépondérance incontestée dans le Sud, ouvriront une ligne nouvelle, — celle du Nord, — et voudront importer leurs produits jusqu'au cœur même du pays des nègres.

C'est afin de préparer cette voie que le Gouvernement général a, depuis 25 ans, provoqué et encouragé différentes explorations ; c'est afin d'assurer le plus possible la sécurité des voyageurs et la sauvegarde des caravanes qu'il a, en 1862, chargé le commandant H. Mircher de se rendre à Ghadamès et de conclure une convention avec les chefs des Touaregs :

Les Touaregs ou Imochars occupent l'immense espace qui s'étend du Sud de la Tripolitaine, du Sahara algérien et du Touat jusqu'aux régions soudaniennes.

Ils se divisent en quatre grandes fractions :

Au N.-E., les Azgueurs ;

Au N.-O., les Moggars ;

Au S.-E., les Aïs :

Au S.-O., les Ouélimden.

Ils ont, autrefois, occupé le littoral de la Méditerranée et celui de l'Atlantique. Les grandes irruptions des Vandales et des Arabes les refoulèrent vers l'intérieur du continent. Là, d'épais remparts de sables les ont protégés contre toute nouvelle invasion ; mais, sous ce ciel torride, où le sol calciné se refuse à toute végétation, ils ont dû, pour conserver leur liberté et leur indépendance, se créer une existence exceptionnelle. — C'est ainsi qu'ils forment une race unique dans le monde.

Qu'elle que soit, du reste, leur origine, le nom que nous leur donnons n'est pas celui qu'ils prennent eux-mêmes ; peut-être ce nom de *Touareg*, au singulier *Targui*, vient-il du mot arabe *Targua* (bouclier), que les croisés ont importé de l'Orient et qu'on trouve, dès cette époque, dans les romans de chevalerie.

Physiquement, les Touaregs se rapprochent du type kabyle ; ils sont grands, maigres, robustes et sobres, portent la barbe courte, affectent, dans leur maintien comme dans leur démarche, beaucoup de gravité. Leur costume est celui des orientaux : chemise longue de coton blanc, large pantalon en coton que recouvre une blouse en coton blanc ; pour coiffure, une calotte rouge en feutre ; pour chaussures, des espèces de sandales à large semelle. Les riches ajoutent quelquefois à ces vêtements le gilet, la veste à manches et le haïck des arabes. Quelques-uns même ont des burnous.

Les hommes se voilent la face, comme font les mauresques ; — le voile est en coton indigo ; il recouvre la bouche et les narines, et préserve ainsi de la poussière les voies respiratoires ; ils forme également visière sur les yeux, qu'il abrite du soleil.

La femme n'est point assujétie à se voiler le visage. Son influence dans le ménage est, paraît-il, considérable ; « la polygamie est à peu près inconnue, et le divorce fort rare. Les jeunes filles fréquentent les écoles, et presque toutes, ajoute M. Hannoteau, à qui nous empruntons ces détails, savent lire et écrire ; il en est même beaucoup qui possèdent un degré d'instruction peu fréquemment atteint par les hommes chez les musulmans de l'Algérie. » Comme fait caractéristique, nous ajouterons que les Touaregs ont conservé leur écriture originelle dont le commandant Hannoteau a donné une excellente grammaire.

La famille se constitue, puis s'épanouit comme la famille arabe ; les tribus se divisent en tribus nobles, en tribus vassales et en tribus de marabouts. Chaque tribu noble a la suzeraineté d'un certain nombre de tribus vassalles qui lui paient des redevances. Aux premières est dévolue la vie active, j'entends les courses sans fin à travers l'espace fauve, la conduite des caravanes et les expéditions guerrières. Le travail manuel y est interdit comme dégradant. Les serfs, infiniment plus nombreux que les nobles, exercent les professions manuelles et, dans des circonstances exceptionnelles, suivent à la guerre leurs seigneurs. Bien que tenus dans une condition d'infériorité morale qui touche presque à la dégradation, ils peuvent posséder des terres, des troupeaux, et même des esclaves nègres, sous la condition de payer à leur seigneur les capitations fixées par les coutumes.

Le gouvernement, sorte de monarchie féodale, est exercé par un chef unique, qui porte le titre de roi et qu'assistent les chefs des principales tribus nobles. Néamoins, chaque tribu s'administre séparément et nomme son chef. — L'hérédité dans les familles est admise ; cette hérédité, toutefois, n'a pas lieu par descendance directe ; ainsi, ce n'est pas le fils du roi qui succède au roi défunt, c'est le fils de la sœur du roi. De même, dans les familles aristocratiques : lorsqu'un homme influent vient à mourir, son pouvoir ou son influence politique passe au fils de sa sœur. Ses propres enfants n'héritent que de ses biens.

L'aridité de leur pays ne leur permettant de devenir ni pasteurs, ni agriculteurs, ni industriels, les Touaregs se sont faits les pourvoyeurs du Grand Désert. Ils se chargent donc, moyennant certaines redevances traditionnelles qu'ils prélèvent sur les voyageurs, de conduire et de protéger à travers l'océan de sables les caravanes qui, des marchés du Sahara, se rendent dans le Soudan.

Ces redevances, ou coutumes, constituent leur seule richesse; les chefs perçoivent des marchands un droit de transit, et les particuliers leur louent, à prix d'argent, des chaameaux de transport. Les Touaregs sont donc particulièrement intéressés à assurer la liberté des communications.

Les principaux marchés du Sahara, points de départ et de retour des caravanes, sont, outre *Ouargla*, dont nous avons parlé plus haut :

1º GHADAMÈS, dans la Tripolitaine; — grand marché dont les négociants ont des succursales à Kanô, Tombouctou, Tunis et Tripoli; population, 7.000 habitants. La ville, administrée par la municipalité, a pour gouverneur un pacha turc, qui perçoit l'impôt. — Les Anglais y ont entretenu pendant dix ans un vice-consul.

2º R'HAT ; — ville indépendante, habitée par une tribu berbère consanguine des Touaregs, mais que ses mœurs urbaines ont séparée des tribus nomades ; population, 4,000 habitants ; marché annuel en dehors de la ville. — Elle fut visitée, en 1838, par M. Ismaël Bouderba, interprète de l'armée d'Afrique.

3º MOURZOUCK, — chef-lieu du Fezan, pachalick turc dépendant directement de Constantinople. — Mourzouck, fondée il y a cinq siècles, n'a été soumise par les turcs qu'en 1841. Avant cette conquête, on y faisait sur une grande échelle la traite des nègres. La ville alors était riche ; depuis, les choses ont changé du tout au tout : les turcs ayant aboli la traite, les habitants qui vivaient surtout de ce commerce émigrent, les uns du côté du Soudan, les autres vers la Tripolitaine. Population 2.500 habitants. — Ghadamès, R'hât et Mourzouck sont les centres commerciaux qu'exploitent les Touaregs de l'Est.

4º LE TOUAT. — Grand archipel d'oasis (300) dont le point le plus important est *Insalah*, centre commercial auquel se rattachent les Touaregs de l'Ouest. — Insalah est à égale distance de Tombouctou, sur le Niger, de Mogador, sur l'Océan ; de Tanger, à l'entrée du détroit de Gibraltar, d'Alger et de Tripoli. Cette position lui donne une importance exceptionnelle. Population, 6.000 habitants.

Ces différents marchés sont séparés les uns des autres par des distances considérables, et les caravanes qui s'y rendent sont en quelque sorte à la merci des Touaregs ; il est donc de nécessité absolue, dans l'état actuel des choses, de se ménager l'appui, — nous dirions presque la protection des chefs Targui. Or, cet appui nous a été solennellement promis.

Vers 1857, quelques Touaregs poussés par esprit d'aventure avaient parcouru le Tell algérien et étaient venus à Alger même. Quelques années plus tard (1862), un de leurs marabouts les plus influents, Si Othman, vint, suivi de ses deux neveux, rendre visite au maréchal Pelissier, alors Gouverneur général, et s'offrit à lui comme pouvant servir d'intermédiaire officieux entre le gouvernement de l'Algérie et les populations soudaniennes.

Le maréchal Pelissier accueillit l'offre avec empressement, et, désireux de faire apprécier à ces hommes du désert la puissance de la France, il invita Si Othman et ses neveux à se rendre à Paris. Ces chefs acceptèrent : deux officiers d'état-major, le commandant H. Mircher et le capitaine de Polignac, furent chargés de les accompagner.

Les Touaregs revinrent émerveillés de ce qu'ils avaient vu, et si profonde fut leur impression, si complète fut leur foi en la puissance de la France, qu'ils se chargèrent de disposer les principaux personnages de leur nation à se rendre ou à se faire représenter à Ghadamès, pour y discuter et arrêter, avec le commandant Mircher, délégué *ad hoc*, les clauses d'une « convention » assurant à nos nationaux une entière sécurité dans le pays des Touaregs.

L'entrevue eut effectivement lieu, et la convention fut solennellement signée le 26 novembre 1862.

Ce traité est resté, jusqu'à ce jour, à l'état de lettre-morte parce que le commerce français, dont les préoccupations étaient ailleurs, n'a pas cru devoir aborder encore un problème qui, nous le reconnaissons, a plus d'une inconnue. Mais le temps est un grand maître : dès à présent, la route est indiquée, et, jusqu'à Goléah, nous occupons tous les points qui la jalonnent. — Un jour viendra où les caravanes la suivront.

CHAPITRE III.

Divisions culturales ; Cultures ordinaires ; Cultures spéciales ; — Plantes textiles, etc.; — Arbres fruitiers ; — Arbres forestiers.

PRODUCTIONS.

I. Divisions culturales. — Nous avons tracé, dans le chapitre précédent, les grandes divisions de l'Algérie ; mais un tableau d'ensemble ne saurait suffire : il faut encore envisager la colonie sous un aspect moins général et indiquer, suivant leurs zones diverses, ses différentes productions. Nous suivrons l'ordre adopté par M. Hardy :

« Les basses terres qui aboutissent au rivage, le relief et les accidents de son sol, ses hauts plateaux, sa base saharienne dépourvue de pluies, divisent naturellement l'Algérie en diverses régions culturales. Ces régions peuvent s'établir au nombre de quatre et se définir ainsi :

» Les plaines basses ou bassins inférieurs des rivières qui se jettent directement à la mer. Sous l'influence du climat maritime, et vu leur peu d'élévation au-dessus de la mer, ces terrains sont ceux de toute la colonie qui jouissent de la température la plus douce et la plus uniforme. C'est la région qui convient le mieux aux productions des régions tropicales.

» Une seconde région est déterminée par l'élévation du sol, caractérisée par des abaissements de température assez sensibles, et par la présence périodique de la neige chaque hiver. Le climat de cette région peut être comparé à celui de la Bourgogne. Il peut convenir aux productions de la partie moyenne de l'Europe. C'est là que prospèrent le mieux les arbres fruitiers à feuilles caduques.

» La troisième région est celle des steppes, au climat continental, chaud le jour, froid la nuit, aux horizons étendus, caractérisée par un sol presque plat, salé par places, dépourvu de grands arbres, et dont toute la végétation se résume en des herbes fines et rares. C'est la région des pâturages, où la transhumance est pratiquée sur une grande échelle, depuis un temps immémorial, par les pasteurs arabes.

» Enfin, la quatrième est la région saharienne, la région où mûrissent les dattes, caractérisée par un climat tout-à-fait exceptionnel, presque privé de pluies, qui sont tout à la fois plus chaudes et plus froides que sur le littoral. La culture n'y est possible qu'à la condition d'y être baignée par une abondante irrigation. L'excessive sécheresse de l'air, l'abaissement de la température pendant les quelques mois d'hiver, sa grande élévation pendant le reste de l'année, la violence des vents constituent un milieu qui ne peut convenir qu'à un très petit nombre d'espèces organisées exprès, et dont le dattier nous présente le type le plus remarquable.

» Cette diversité de sols, d'expositions, de climats, fait de l'Algérie un des lieux du globe où il est possible de réunir le plus grand nombre d'espèces végétales utiles, et peut-être même d'espèces animales. »

Ces observations faites, nous classerons ainsi qu'il suit, les différentes productions :

CULTURES GÉNÉRALES OU ORDINAIRES.

II. Céréales. — Les blés algériens, dont la qualité supérieure est maintenant incontestée, se divisent en deux catégories : le *blé dur* et le *blé tendre*.

BLÉ DUR. — C'était la seule variété connue des indigènes qui le cultivent encore à peu près exclusivement. On le reconnaît à sa forme : « l'épi est barbu, presque toujours carré, souvent bleuâtre, la tige plus ou moins pleine ; le grain assez gros, un peu allongé, pâle ou rougeâtre et cassant sous la dent. » A poids égal, la farine de blé dur rend notablement plus de pain que celle du blé tendre, et ce pain, tout aussi beau, est beaucoup plus nourrissant. En modifiant le procédé de mouture, on en fait de la semoule au moyen de laquelle on obtient une pâte très estimée pour les potages et les pâtisseries ; — c'est avec la semoule que les Arabes préparent le *kous-kous*, leur mets favori.

Blé tendre. — Il a été importé par les colons : « l'épi en est généralement long, cylindrique, jaunâtre ; la tige toujours creuse. Le grain d'une couleur dorée, s'écrase facilement sous la dent et présente une farine plus blanche que celle du blé dur. »

Orge. — Elle comprend deux espèces : l'une, qui appartient à l'Algérie et dont les épis sont à peu près plats ; l'autre, qui a été introduite par les Européens et dont les épis sont carrés. — L'orge en grains est principalement employée pour la nourriture des chevaux, mais elle est aussi cultivée comme fourrage vert.

Avoine. — Elle est d'importation européenne ; il y en a de deux espèces, celle d'hiver et celle du printemps : c'est l'avoine blanche d'hiver qui a été adoptée. Elle est plus productive que l'orge et constitue, en hiver, une excellente nourriture pour les chevaux de trait. — On la sème en mélange avec d'autres graines pour faire du fourrage.

Maïs (*blé de Turquie*). — Il a beaucoup de variétés. Les gens du Tell et du Sahara le cultivent d'autant plus volontiers qu'il produit très abondamment. On donne ses tiges vertes en nourriture aux bestiaux, et on garnit avec ses feuilles sèches les paillasses des lits. — Le grain est utilisé comme aliment par les Arabes qui, après l'avoir pilé, le délayent dans l'eau avec du beurre et le mangent en bouillie.

Sorgho. — Il est cultivé dans les trois provinces : il en existe plusieurs variétés. Les grains servent à la nourriture des hommes et de la volaille ; les tiges sont consommées comme fourrage vert. — M. de Montigny, consul de France à Shang-Haï, a récemment importé en Afrique le sorgho à sucre (*Holcus saccharatus*), originaire de Chine. La culture en est encore à l'état d'essai.

Plantes fourragères. — Ces plantes comprennent : la luzerne, — les vesces, — les jarosses et toute espèce de pois.

Plantes potagères. — Ces plantes comprennent : les artichauts, dont il se fait un grand commerce, — la pomme de terre, — la patate, — les haricots, — les fèves; toutes réussissent parfaitement. — Les lupins, les topinambours, les betteraves, les raves, les carottes, les navets, les choux sont aussi cultivés, mais les uns donnent des produits médiocres, les autres ne réussissent bien, généralement, qu'à la faveur des irrigations.

CULTURES INDUSTRIELLES OU SPÉCIALES.

III. Tabac. — De toutes les plantes commerciales, le tabac est une de celles qui donnent aux producteurs le plus de bénéfices. Les colons et les indigènes le cultivent à l'envi et sur une grande échelle.

Coton. — Le climat et le sol de l'Algérie sont favorables au cotonnier, dont on cultive plusieurs variétés :

Celle qui donne le coton dit *Géorgie longue soie* ;

Celle qui produit le coton *Louisiane courte soie*. Elles sont toutes deux originaires d'Amérique. On les distingue particulièrement par leurs graines : celle du coton longue soie est noire et lisse ; celle du coton courte soie est verdâtre et feutrée, c'est-à-dire couverte de duvet.

On cultive également le coton longue soie d'Egypte, plus connu sous le nom de *Jumel*, et qui existe dans le pays depuis des siècles.

Sauf les régions élevées du Tell, toutes les parties de la colonie sont favorables à la culture du coton ; néanmoins, c'est dans la province d'Oran que cette culture réussit le mieux.

Chanvre. — Les indigènes cultivaient et cultivent encore le chanvre ordinaire ; les colons ont importé le chanvre de Piémont et le chanvre de Chine.

Le chanvre de Piémont a de l'analogie avec les chanvres

de la Sarthe et de la Loire ; le chanvre de Chine donne fréquemment des tiges de six à sept mètres de haut ; ses chénevottes servent à faire des fagots pour allumer les fourneaux ; elles conviennent également à la confection d'un charbon léger, propre à la fabrication de la poudre.

Lin. — On ne cultive guère en Afrique qu'une seule variété, celle dite *lin de Russie* ou de *Riga*, qui atteint la plus grande hauteur et donne les plus beaux produits. Les Arabes le cultivaient bien avant la conquête. Au dire de juges compétents, les lins de l'Algérie peuvent être comparés, pour la qualité, à ceux des départements des Côtes-du-Nord et d'Ille-et-Vilaine, particulièrement propres à la fabrication des grosses toiles et des toiles à voiles.

PLANTES TEXTILES.

Agave. — De la famille des liliacées, naturalisé autour du bassin méditerranéen ; ses feuilles donnent une certaine quantité de filasse que les conditions de culture et de manipulation portent à un prix trop élevé.

Alfa. — C'est la *Lygea sparte* des botanistes. Elle offre l'aspect d'un jonc ; ses tiges sont grêles et dures ; ses feuilles longues, glauques, très-roides, sont presque filiformes et roulées sur leurs bords. Elle abonde dans nos possessions du Sud et croît en Portugal. On se sert de l'alfa pour fabriquer les ouvrages dits de sparterie, tels que paniers, tapis, coufins, cordes et paillassons. On en tire également une filasse propre à la fabrication de la pâte à papier. — Son exploitation donne lieu à un commerce d'exportation déjà considérable.

Aloès. — Les plantes connues sous le nom d'aloès sont propres à l'Afrique australe : on en cultive comme ornement quelques espèces qui ne donnent point, en Algérie, le suc résineux employé comme purgatif en médecine. Ce que les colons nomment *aloès* n'est autre chose que l'agave.

Diss. — Nom arabe de l'*Arundo festucoides* : il est aussi

répandu dans la partie septentrionale de l'Algérie que l'alfa l'est dans le Sud. Ses longues feuilles aplaties sont utilisées par les colons et par les Arabes pour les couvertures des meules de fourrage et de paille, ainsi que pour les hangars et séchoirs divers ; on peut l'employer à couvrir même les maisons. La plante est mangée par le bétail et employée par les Arabes à la fabrication des cordes destinées à lier les faisceaux, les gerbes de blé et d'orge qu'ils transportent au moment des récoltes. Les feuilles du diss fournissent, comme celles de l'alfa, de la pâte à papier.

Latanier. — Genre de palmier, originaire de Madagascar et des îles de la Sonde. — La beauté exceptionnelle du latanier engagerait seule à le cultiver ; mais l'industrie et l'économie rurale y trouvent aussi leur compte ; ses feuilles, amples, contiennent des fibres textiles plus longues que celles du palmier-nain ; on confectionne avec elles de petits paniers à ouvrage et toutes sortes d'objets délicats, et elles forment d'excellentes couvertures pour les hangars, les séchoirs et les bergeries.

Ortie blanche. — C'est l'*Urtica nivea* des botanistes. Cette plante est originaire de Chine ; elle produit des fibres d'une grande beauté et d'une finesse extrême : c'est, paraît-il, avec ces fibres qu'on a préparé les premières étoffes dites mousselines.

Palmier-nain. — Ses feuilles donnent une filasse grossière, et qu'on obtient sans rouissage par leur peignage direct, qu'elles soient ou non munies de leur pétiole. Les colons de quelques localités voisines d'Alger occupent leurs loisirs à préparer cette filasse dont ils tirent un assez bon produit, et qui est connue dans le commerce sous le nom de *crin végétal*.

PLANTES OLÉAGINEUSES

Colza. — La culture du colza, plante oléagineuse du genre chou, tend à prendre en Algérie, comme en France, une extension considérable. On forme avec cette plante des prairies artificielles et on en tire un fourrage d'hiver qui convient surtout aux bêtes à cornes ; mais on la cultive principalement pour l'huile que l'on tire de sa graine.

Ricin. — L'espèce la plus intéressante, — celle que l'on cultive en Algérie, est le *ricin commun*, vulgairement appelé *Palma-Christi* ; sa hauteur dépasse deux mètres; ses graines, assez semblables au haricot pour la forme, contiennent une huile grasse et douce qu'on obtient aisément soit par expression, soit par infusion dans l'eau bouillante. Cette huile, connue sous le nom d'*huile de ricin*, constitue un purgatif énergique, fréquemment employé en médecine ; elle est, en outre, vermifuge et paraît exercer sur les vers intestinaux une action vénéneuse.

PLANTES TINCTORIALES.

Garance. — Plante vivace, herbacée, à tige rameuse et chargée d'aspérités ; sa racine contient une substance particulière, appelée *alizarine*, à laquelle elle doit ses propriétés tinctoriales : elle donne un beau rouge très solide, et sert de base à toutes les nuances de violet, de brun, etc. On s'en sert pour l'impression des toiles peintes et pour teindre les draps. — Elle est encore peu cultivée en Algérie.

Henné. — C'est un arbuste de 3 à 4 mètres, à bois dur, revêtu d'une écorce ridée et d'un blanc jaunâtre.— La décoction des feuilles, séchées et pulvérisées, fournit une belle couleur jaune dont on se sert en Orient pour donner une teinte aurore à la barbe, aux cheveux et aux mains ; on en teint le dos, la crinière, la robe, le bas des jambes des chevaux et des moutons. Cette couleur est également appliquée pour la teinture sur les étoffes de laine. — Le henné, plus spécialement cultivé dans les oasis, a été introduit par les Européens aux environs d'Oran et de Blidah.

Indigotier. — Plante herbacée, originaire des Indes, dont la matière tinctoriale bleue, essentiellement propre à la teinture des laines, est désignée dans le commerce sous le nom d'*indigo*. On en connaît plus de soixante espèces, dont quatre ou cinq seulement sont cultivées en grand.

Nopal. — Parmi les variétés du cactus, il faut citer le *nopal*, sur lequel on élève l'insecte qui donne la *cochenille* et qui, comme elle, est originaire du Mexique.

La cochenille est un insecte hémiptère, et fournit à la teinture une belle couleur rouge. Cet insecte a un corps épais, mou et privé d'ailes ; il perce l'épiderme de la plante et en tire sa nourriture. La femelle, à l'époque de ses métamorphoses, se fixe à une branche et y reste attachée jusqu'à la mort ; sa peau secrète une matière céreuse qui la protége contre les intempéries.

L'exploitation de la cochenille a été récemment introduite en Algérie et y a parfaitement réussi. On dépose les femelles sur les feuilles du nopal ; elles y déposent leurs œufs ; on enlève avec un couteau à lame émoussée, et on plonge dans l'eau bouillante, les milliers de petits insectes qui grouillent sur la plante, puis on les dessèche au soleil ou dans des fours. La matière ainsi séchée constitue ce que, dans le commerce, on nomme la cochenille.

On emploie la cochenille pour colorer la laine et la soie en cramoisi et en écarlate. On trouve sur la feuille du chêne à kermès un insecte de la famille des cochenilles et qu'on nomme *kermès*. Il est à peu près de la grosseur de la cochenille du nopal, et donne une couleur rouge moins belle.

Les Orientaux l'emploient pour teindre leurs coiffures et lui attribuent des vertus médicales.

Sumac. — Le sumac (*Rhus*) appartient à la famille du lentisque et du pistachier et atteint, suivant les localités, des proportions plus ou moins grandes. On ne possède en Europe que le *sumac fustet* et le *sumac des corroyeurs*.

Le sumac fustet, dit aussi *bois jaune de Hongrie*, est un arbrisseau à feuilles simples, ovales, d'un vert tendre, à fleurs petites et verdâtres, à baies rougeâtres ; il croît aux Antilles et dans les parties méridionales de l'Europe et de la

France. Il contient une matière tinctoriale jaune et un principe astringent. On l'emploie dans la teinture des laines. Les peaussiers en font un grand usage ; en Turquie et en Europe, on s'en sert pour tanner les cuirs fins, principalement ceux qui doivent être teints en jaune et en rouge.

Le sumac des corroyeurs est un arbrisseau velu de 2 à 3 mètres, à fleurs printannières, d'un blanc verdâtre. Il croît en buisson dans les lieux secs et pierreux ; le plus estimé est celui qu'on récolte aux environs de Carini, près de Palerme (Sicile), et que l'on nomme *sumac de Carini* ; on s'en sert pour tanner les peaux de chèvre dont on fait le maroquin. On teint en jaune avec l'écorce des tiges, et en brun avec celle des racines.

IV. Vigne. — La culture de la vigne s'est considérablement étendue depuis quelques années et, de jour en jour, elle tend à s'accroître. La nature des cépages est variée ; ceux qui existaient avant la conquête ont été tirés d'Espagne ; tous les autres sont français et proviennent de la Bourgogne, du Languedoc et du Roussillon. — Une partie de la récolte est convertie en vins qui jouissent d'une certaine réputation, bien qu'ils soient trop capiteux ; l'autre partie est consommée en grappes, soit après la vendange, soit à l'état de conserves.

V. Arboriculture. — De même que les céréales, les arbres trouvent dans le nord de l'Afrique toutes les variétés de terrain. Chaque zone culturale a ses productions particulières, et les différences de température que nous avons signalées expliquent comment, dans un pays relativement peu étendu, prospèrent, à quelques lieues de distance, les palmiers et les lauriers roses, les orangers et le thuya.

Une nomenclature pure et simple des essences indigènes ou exotiques ne donnerait qu'une idée très imparfaite des richesses forestières de l'Algérie ; nous suivrons l'ordre que nous avons adopté précédemment, et nous classerons les arbres suivant leur nature et leurs produits.

ARBRES FRUITIERS.

Abricotier. — L'abricotier est un arbre tout algérien et donne d'excellents fruits. Il y a plusieurs variétés ; le Jardin d'acclimatation d'Alger en possède jusqu'à trente. L'abricot-pêche et l'angoumois sont particulièrement estimés. — Les Sahariens préparent avec l'abricot diverses espèces de confitures dont ils font provision pour l'hiver.

Amandier. — L'amandier croît spontanément, mais dans les terrains secs; il ne pourrait réussir dans les terrains où l'eau est stagnante. On en distingue plusieurs variétés : celles à coques dures, dont l'une a l'amende douce et l'autre amère, — et celle à coque tendre, dite *à la princesse*, plus délicate que les précédentes et dont le prix est plus élevé.

Arbousier. — C'est l'arbrisseau le plus élégant de l'Algérie, où il abonde ; il est toujours couvert de belles fleurs blanches ; son fruit, de la couleur et de la forme d'une grosse fraise, est fort recherché des Arabes, ainsi que des Européens qui l'assaisonnent de sucre et d'eau-de-vie.

Azérolier. — Arbre essentiellement rustique ; cultivé, il donne un fruit rouge ou blanc, de la forme d'une petite pomme et qui a la saveur de la pomme de reinette franche la plus fine. On peut le confire au sucre et au vinaigre. — L'azérolier vient particulièrement dans la province de Constantine.

Bananier. — Le bananier est, à vrai dire, une plante arborescente, mais ses dimensions l'ont fait classer parmi les arbres à fruits. Originaire de l'Inde, il fut acclimaté dans la Régence bien avant la conquête ; il donne en abondance des fruits aussi sains qu'agréables au goût. Ces fruits se groupent sur un axe commun et forment une sorte de grappe qu'on appelle *régime ;* chaque régime porte de 40 à 80 bananes : les unes, petites et moyennes, sont mangées crues, quelques jours après avoir été détachées de la plante ; les autres, beaucoup plus grosses, sont mangées cuites.

Caroubier. — Le caroubier est un des plus beaux arbres indigènes de la colonie ; il croît dans les terrains les plus secs et parmi les rochers. On fait avec son bois des meubles magnifiques. Son fruit, concassé et débarrassé de la graine qu'il renferme, puis cuvé avec de l'eau et un peu d'orge, donne un cidre agréable et rafraîchissant.

Cédratier. — C'est une des variétés du citronnier. On fait avec ses fruits d'excellentes confitures.

Cerisier. — Il existe à l'état sauvage dans tous les terrains qui conservent un peu de fraîcheur et forme, dans certaines localités, des groupes considérables. — On fait avec ses jeunes pousses de très-beaux tuyaux de pipes.

Chataignier. — On le trouve dans plusieurs localités, notamment en Kabylie. Les châtaignes sont plus petites que celles de France et d'Espagne.

Citronnier. — Il croît spontanément à l'état sauvage ; nous ne dirons rien de ses fruits dont l'emploi et les qualités sont connus. — Son bois est dur et fort recherché pour la fabrication de petits meubles.

Cognassier. — Cultivé de tout temps par les indigènes ; ses fruits sont estimés.

Dattier *(Palmier)*. — Le palmier-dattier est pour les habitants du Sud ce que sont les céréales pour les peuples des pays tempérés : c'est l'arbre providentiel des Sahariens, car ses fruits constituent à la fois la nourriture des indigènes et leur principal produit d'échange. — On le cultive également dans le Tell ; mais les palmiers-dattiers obtenus de semis étant généralement inféconds et d'une venue beaucoup moins belle que ceux issus de boutures, c'est ce dernier mode de reproduction qui est adopté par les planteurs.

Les dattes les plus estimées sont celles de l'Oued-Souf (province de Constantine). La première qualité, *Deglet-en-Nour*, se vend au *régime* ; les dattes communes se vendent à la charge dans le Sahara, et sur le littoral, au poids. La cueillette commence généralement vers le 20 octobre et dure environ cinq semaines. Des magasins sont ménagés dans chaque maison et sillonnés de petits canaux qui reçoivent et laissent écouler le miel des dattes à mesure qu'elles se dessèchent. Ainsi préparées, et après dessication complète, elles peuvent se conserver dix ou douze ans. — Les dattes qui sont expédiées en Europe sont d'une qualité tellement inférieure que dans le Sahara on les donne en nourriture aux chevaux et aux bêtes de somme.

La sève du dattier fournit une boisson très recherchée des Arabes, le *lagmi*. Pour l'obtenir, il faut couper les branches supérieures de l'arbre, et ne laisser que les branches de dessous ; dans la tête ainsi tonsurée, on pratique un trou latéral où l'on introduit un bout de roseau : c'est par là que la liqueur s'écoule. — Le goût du lagmi présente quelque analogie avec celui de l'orgeat. Un dattier donne 15 à 16 litres de lagmi par jour ; mais l'arbre ne peut supporter cette saignée que deux années de suite ; il succombe à une troisième épreuve.

Le dattier subit des phases diverses et vit, dit-on, près de deux siècles ; il atteint son maximum de vigueur au bout de trente ans, et conserve pendant soixante-dix années encore toute sa force, donnant en moyenne 15 à 20 régimes de dattes dont chacun pèse de 7 à 10 kilos, puis, il décheoit graduellement et périt tout-à-fait.

Son bois, qui passe pour incorruptible, est excellent pour la tabletterie, mais difficile à travailler ; on l'emploie dans le Sahara comme bois de construction. Les branches sur lesquelles se rattachent les feuilles fournissent de très jolies cannes ; on tresse avec le feuillage des éventails et des chapeaux qui tiennent lieu d'ombrelles ; le tissu sert à faire des cordes et des paillassons.

FIGUIER. — Le figuier abonde en Algérie, mais les espèces n'y sont ni nombreuses, ni également bonnes. Ses fruits se divisent en deux classes : les blancs et les noirs. Les figues blanches sont les meilleures. — La vente de ce produit forme une source essentielle de revenus.

Figuier de Barbarie (*Cactus*). — Originaire d'Amérique, le cactus croit avec une extrême abondance dans une zone de vingt lieues environ, à partir du littoral. Les Indigènes et les colons utilisent les épines dont ses feuilles sont couvertes, en les plantant autour de leurs douars ou de leurs habitations, et obtiennent ainsi une clôture naturelle que ni les hommes ni les animaux ne peuvent franchir. Ses fruits, d'une saveur agréable, constituent, pendant plusieurs mois de l'année, la base de la nourriture des Arabes.

Framboisier. — Importé par les Européens, il ne réussit que médiocrement dans les plaines, où l'air est trop chaud. On ne le cultive avec succès que sur les montagnes ; il en est de même du groseiller.

Goyavier. — Originaire des Antilles, le goyavier a été acclimaté au Jardin d'acclimatation d'Alger, puis livré aux colons ; son fruit, de couleur jaune, affecte la forme d'une poire et exhale un parfum qui rappelle celui de la framboise. On en fait des compotes et des confitures sèches.

Grenadier. — L'arbre, par lui-même, est joli ; on le trouve dans tous les jardins. Ses fruits sont peu savoureux ; on tire d'une de ses variétés, — celle à grains blancs, — le sirop de grenade, dont le prix est assez élevé.

Jujubier. — Arbre essentiellement algérien. Ses fruits, gros comme une noisette et d'une couleur orange, sont sans jus, presque sans saveur et passent pour être stomachiques. On en fait d'excellent cidre. — Le pays de Bône est depuis longtemps célèbre par la beauté de ses jujubiers ; de là son nom : *Bled-el-aneb*, pays des jujubes. — Le bois a une teinte très belle sous le vernis.

Néflier. — On ne cultive guère sous ce nom en Algérie que le *Bibacier*, dit *Néflier du Japon*, dont les fruits, de couleur jaune, ont la grosseur d'une noix. La saveur en est aigrelette et agréable.

Olivier. — L'olivier, a dit un agronome, est le premier des arbres : *Olea omnium arborum prima*. Il prospère en

Afrique à toutes les expositions, à toutes les températures ; le froid ne l'atteint jamais, le siroco ne lui cause que des dommages sans gravité, et il atteint souvent des proportions considérables. C'est ainsi que beaucoup mesurent à leur tronc jusqu'à *dix mètres* de circonférence.

Le bois d'olivier est très riche de nuance et propre aux plus beaux ameublements ; facile à travailler, solide dans ses assemblages, on l'emploie avec un égal succès dans tous les ouvrages de menuiserie, d'ébénisterie et de tabletterie.

Oranger. — L'oranger croît dans toute la partie basse du Tell ; on le cultive plus spécialement à Blidah, dont les oranges ont, en Europe même, une réputation justement méritée. Parmi ses variétés, - et elles sont nombreuses, — on distingue : l'orange franche, la seule que l'on rencontre chez les arabes, mais avec des nuances infinies dans la finesse de l'écorce et du goût ; l'orange du Portugal, celle de Malte, à chair rouge, et la mandarine ; les limons ou citrons de diverses grosseurs et de formes diverses, enfin, les cédrats et les pamplemousses, qui ne sont bons qu'à être confits.

Pêcher. — Était connu des indigènes, qui cultivent encore dans leurs jardins une grosse pêche blanche dont la chair est croquante et sans saveur. — La culture européenne en a introduit de nombreuses variétés.

Pistachier. — Le pistachier croît avec une lenteur extrême et n'est guère cultivé que dans les jardins. Son fruit, dont l'amande a une saveur toute particulière, sert à de nombreux usages, en cuisine et en confiserie. — Le pistachier est *dioïque*, c'est-à-dire que les fleurs mâles sont sur un individu et les fleurs femelles sur un autre. Quelquefois on réussit à en faire un arbre *monoïque*, en greffant une branche mâle sur un individu femelle.

Poirier et Pommier. — Mal cultivés par les arabes, ces deux arbres donnaient des produits à peu près sans qualité. Les Européens ont introduit un grand nombre de variétés nouvelles et obtiennent les plus beaux fruits, quand la culture de ces arbres est faite sur des points élevés et dans de bonnes conditions.

Prunier. — Il réussit parfaitement dans le Tell. Livré, pour ainsi dire, à lui-même, il ne donnait que des fruits insipides ; mais les colons ont introduit des types supérieurs qui produisent de meilleurs résultats.

ARBRES FORESTIERS.

Parmi les essences forestières qui croissent dans les trois provinces et couvrent une superficie d'*un million quatre cent quarante-quatre mille* hectares (*voir p.* 45), il en est qui se groupent en massifs plus ou moins vastes ; tels sont : le chêne vert, le chêne liége, le chêne zéen, l'olivier, le thuya, le cèdre, le pin d'Alep, le genévrier, etc.; — d'autres forment de petits bosquets ; ce sont : le peuplier, le saule, le frêne, le tamarin, l'aune et l'orme ; — enfin, il en est que l'on rencontre disséminés çà et là, — notamment le caroubier et l'azérolier.

Ces essences diverses ont, presque toutes, une valeur industrielle ; nous signalerons les suivantes :

Aune. — Il croît dans les terrains marécageux et avec une grande rapidité ; son bois, qui offre assez de résistance, se prête également bien aux ouvrages de tour et aux travaux de sculpture. Ses feuilles sont recherchées par les bestiaux.

Bambou. — Originaire de l'Inde et de la Chine, le bambou s'est parfaitement naturalisé en Algérie ; planté le long des cours d'eau, il protége les berges ; ses tiges servent à faire des pieux, des tuteurs et des perches. Les plus minces font des treillages.

Cèdre. — Il peuple les forêts d'Aïn-Talazit et de Teniet-el-Hâad, dans la province d'Alger ; celles de Tuggurt et de l'Aurès, dans la province de Constantine. Il a souvent 18 et 20 mètres de haut sur 5 et 6 mètres de tour. Les dimensions gigantesques du cèdre le rendent propre à la charpente

7

comme pièce de longue portée : sa raideur est égale à celle des sapins de Lorraine. Il est résineux, sans essence coulante, facile à travailler à la scie ; se coupe et se rabote avec une grande facilité. Comme bois d'ébénisterie, il convient dans les placages intérieurs par sa couleur, sa veine et surtout par son odeur agréable.

Chêne a glands doux. — Il croît dans les parties moyennes de l'Atlas et réussit dans les endroits secs ; son fruit, moins amer que le gland commun, peut, jusqu'à un certain point, remplacer la châtaigne. Les Kabyles en font leur principale nourriture pendant l'hiver. Son bois, très dur, a une maille rosée.

Chêne liége. — Très commun, notamment dans la province de Constantine ; les forêts de La Calle, de l'Edough et de Jemmapes en sont peuplées ; on le trouve également dans la grande Kabylie, au sud de Dellys. Son bois est très solide ; son écorce fournit le liége du commerce, employé à tant d'usages divers et particulièrement à la confection des bouchons. Les Kabyles l'emploient, en guise de tuiles, pour couvrir leurs maisons.

Chêne vert *(Yeuse)*. — Il est très commun dans les trois provinces, et forme souvent d'épaisses broussailles. Son bois est solide, son feuillage, épais et raide, laisse peu de prise au vent.

Chêne zéen. — Cet arbre, qui a beaucoup d'analogie avec le *farnia* de Sardaigne, est essentiellement propre aux constructions navales. — Il croît dans les trois provinces et y couvre des étendues considérables.

Cyprès. — Partout où la couche de terre végétale offre une certaine épaisseur et où il n'y a point une humidité permanente, le cyprès croît et prospère. En multipliant les plantations, on obtient un rideau impénétrable au vent. Le cyprès est donc l'arbre des abris par excellence ; il donne, en outre, un très bon bois d'œuvre, que les vers n'attaquent jamais.

Eucalyptus. — Cet arbre, qui appartient à la famille des myrtacées, vient de l'Australie, où il couvre d'immenses étendues. Sa feuille, à l'âge adulte, a de nombreuses glandes, remplies d'une huile essentielle qui répand une odeur pénétrante assez agréable. On attribue à ces émanations aromatiques la propriété de neutraliser les miasmes paludéens. — Son bois, très solide et incorruptible, est propre à tous les genres de production. De là sa valeur marchande qui est, relativement, fort élevée.

Malgré la dureté de leur bois, les eucalyptus ont une croissance très rapide : l'eucalyptus globulus, que l'on nomme vulgairement « gommier bleu de la Tasmanie », est, plus que tout autre, remarquable sous ce rapport : il parvient à de très grandes dimensions. — Introduit en Algérie en 1863, il s'y est parfaitement acclimaté. Quelques milliers de sujets, semés en 1865, avaient, à la fin de 1871, 18 mètres de hauteur, et leur circonférence, à un mètre du sol, mesurait plus d'un mètre.

Un pareil résultat était de nature à provoquer de nouveaux essais : l'émulation a donc été générale et les plantations d'eucalyptus, déjà nombreuses dans le Tell, augmentent, d'une année à l'autre, dans une proportion considérable.

Ficus. — Arbres toujours verts, au large feuillage ; la plupart des espèces parviennent à de grandes dimensions. Ils sont, en Algérie, d'une précieuse ressource pour l'établissement de massifs impénétrables aux rayons du soleil et pour la bordure des avenues.

Frêne. — On pourrait le classer parmi les bois d'élite ; il est plein, ferme et liant ; ses fibres ligneuses sont flexibles, adhérentes, d'une texture uniforme ; son aubier est dur, son écorce fine et claire. Il donne un bon bois de charronnage. Son feuillage fournit dans la Kabylie du Djurjura une abondante nourriture aux bestiaux.

Jacaranda. — Originaire d'Amérique ; sa hauteur dépasse souvent 20 mètres. Il produit des fleurs d'un beau bleu d'azur. — Son feuillage, qui est des plus élégants, rappelle celui d'une fougère.

LAURIER. — On en compte deux espèces : le *laurier-rose*, qui ombrage les cours d'eau, atteint des proportions inconnues en Europe ; le *laurier-sauce*, qu'on utilise dans les jardins.

LENTISQUE. — Arbre toujours vert et dont le bois, d'une belle couleur bien foncée, est utilement employé en ébénisterie. Très commun en Algérie, il forme sur certains points des massifs impénétrables. — Les fruits du lentisque fournissent une huile qui peut remplacer l'huile de pied-de-bœuf pour le graissage des machines, et l'huile d'olive pour le graissage des laines. Les feuilles servent à la tannerie, principalement pour les peaux légères.

MICOCOULIER. — Arbre fort beau, très utile et qui vit plusieurs siècles. Dans les bons terrains, il s'élève jusqu'à 20 mètres. Son tronc mesure, avec le temps, un mètre et plus. Le micocoulier est assez commun en Algérie, mais les beaux sujets y sont rares. — Le bois est dur, compacte, tenace, élastique et inaltérable, quand il est à l'abri des injures de l'air. Sa fibre est extrêmement serrée et dense, ce qui lui donne du liant, une souplesse remarquable, et le rend facile à travailler. Les menuisiers, les charrons, les vanniers, etc., l'emploient à divers usages. — La racine sert pour teindre les étoffes de laine.

Les fruits (les micocoules) ont l'apparence d'une merise ; leur saveur est douce et agréable. Ils sont adoucissants et d'un emploi utile contre la dysenterie. Les feuilles fournissent au bétail une bonne nourriture ; elles plaisent surtout aux moutons et aux chèvres.

MURIER. — Aucun arbre, à condition égale, n'a une végétation aussi plantureuse. Il est spécialement utilisé pour ses feuilles, qu'on cueille au printemps et qui servent de nourriture aux vers à soie. On récolte, en automne, les feuilles qui commencent à jaunir et on les donne au bétail. —

Le bois de mûrier est excellent pour le charronnage, la menuiserie et la tonnellerie.

Myrte. — Très commun en Algérie ; son bois, dur et pesant, est particulièrement propre au tour ; sa racine est employée dans les ouvrages de tabletterie. — On fait avec les branches de myrthe des cannes fort élégantes.

Pins. — Les espèces particulières aux régions élevées et aux localités humides ne donnent que de chétifs résultats. — Les pins d'Alep et pignon, qui croissent spontanément, rendent beaucoup plus. — On en fait, dans chaque province, de grandes plantations.

Thuya. — Le plus beau de tous les bois algériens ; voici en quels termes il est apprécié dans un rapport officiel : « Aucun bois n'est aussi riche de mouchetures, de moires ou de veines flambées, que la souche de thuya. Ses dispositions présentent beaucoup de variétés ; son grain, fin et serré, le rend susceptible du plus parfait poli ; ses tons chauds, brillants et doux, passent, par une foule de nuances, de la couleur de feu à la teinte rosée de l'acajou. Il réunit tout ce que l'ébénisterie recherche en richesses de veines et de nuances dans les différents bois des îles. Aussi, les fabricants d'ébénisterie de Paris en font-ils un emploi suivi et sont-ils unanimes à reconnaître la supériorité de richesses et de qualité du thuya sur tous les bois connus jusqu'à ce jour. »

Ce n'est pas seulement en France qu'on utilise ces belles souches ; en Algérie même, et plus particulièrement à Oran, à Blidah et à Alger, quelques ébénistes savent en tirer profit, et livrent au commerce des meubles d'une incomparable beauté. — Rappelons à ce sujet que les massifs de thuya, plus ou moins mélangés de pins, de chênes ou de lentisques, couvrent, dans les provinces d'Alger et d'Oran, une étendue de 54,000 hectares.

CHAPITRE IV.

Zoologie ; — Animaux domestiques ; — Animaux sauvages ; — Oiseaux ; — Reptiles et insectes ; — Poissons et zoophites.

ZOOLOGIE.

I. Animaux domestiques. — Les espèces animales se divisent en deux classes : les unes sont domestiques, les autres sauvages.

Toutes les espèces domestiques, - le chameau excepté, — ont leurs congénères en Europe : l'âne, le bœuf, le cheval, la chèvre, le mouton, le porc, etc., vivent et prospèrent en Algérie tout aussi bien qu'en France.

Les races canines sont nombreuses et variées ; il en est une qui mérite une mention particulière, c'est celle des lévriers, *slougui*, spéciale au Sahara.

Slougui. — C'est le chien des grandes chasses ; il est généralement de couleur fauve, haut de taille ; « il a le museau effilé, le front large, les oreilles courtes, le palais et la langue noirs, le cou musculeux, les membres secs, le jarret près de terre, les poils très doux, peu ou point de ventre. » Le mâle vit vingt ans environ, la femelle douze. On les dresse spécialement à chasser l'antilope qu'ils atteignent au jarret et jettent à terre.

Dromadaire. — Le dromadaire, improprement appelé chameau dans toute l'Algérie, est le serviteur par excellence de l'Arabe nomade ; il peut faire de 12 à 15 lieues par jour, avec une charge de 150 kilogrammes, pendant un mois ou deux de suite, en trouvant son alimentation sur le terrain même qu'il parcourt. Il est d'un caractère doux et docile et d'un tempéramment sec. Son odorat est excessivement développé. Grâce à son organisation particulière de ruminant, il peut se passer de nourriture et de boisson pendant plusieurs jours. — Au Sud de l'Algérie et dans le Désert, il existe une variété remarquable, dite *Mehari* (chameau coureur), douée d'une vitesse prodigieuse, mais qui réclame une nourriture et des soins exceptionnels.

Le prix d'un chameau ordinaire varie de 90 à 150 francs ; le mehari, qui est au chameau ce que le cheval de course est au cheval de trait, vaut jusqu'à 800 francs.

La volaille comprend de nombreuses espèces. Les indigènes n'élevaient guère que la poule ordinaire ; mais les Européens ont introduit la poule espagnole, le canard, le dindon, l'oie, la pintade, etc., tous volatiles qui peuplent aujourd'hui les fermes et donnent de riches produits.

II. Animaux sauvages. — La faune de l'Algérie n'est pas encore bien connue, mais chaque jour des observations nouvelles la complètent. — Parmi les animaux sauvages, nous citerons :

ALCÉLAPHE BUBALE. — Il tient du genre bœuf, et vit dans les parties montagneuses du Sud. On le rencontre en troupes dans le Souf et dans le pays des Touaregs. Il combat à la manière des bœufs, en baissant la tête et en la relevant ensuite brusquement pour frapper avec ses cornes qui sont puissantes et aiguës, et dont il se sert avec habileté. Pris jeune, il s'apprivoise assez facilement ; vieux, il est indomptable.

ANTILOPE ADDAX. — On ne le rencontre que dans le Sahara. La tête est surmontée, chez les deux sexes, de cornes noirâtres, longues, grêles, contournées en spirales, très pointues, et marquées un peu plus de la moitié de leur étendue, à partir de la base, d'anneaux saillants. Le surplus est lisse jusqu'à la pointe. — L'antilope a la taille d'un grand veau ; son pelage est fauve. La femelle est un peu plus petite que le mâle, mais elle lui ressemble en tout.

Les antilopes sont herbivores, et leur chair est estimée. Ils se réunissent en troupes assez nombreuses et se tiennent toujours dans un pays découvert. Les Sahariens leur font la chasse soit avec leurs lévriers, soit en s'embusquant dans les plis du terrain.

Cerf. — Le cerf d'Afrique est un peu moins grand que celui d'Europe ; son pelage est plus fauve et plus rude. On ne le rencontre guère que dans les cercles de Bône, de La Calle et de Tébessa, près de la frontière tunisienne.

Chacal. — C'est la bête fauve la plus commune en Algérie. Il tient à la fois du loup et du renard ; craintif et rusé comme eux, il commet de grands dégâts dans les jardins et dans les fermes, dévore les fruits, les légumes, la volaille et le gibier, et parfois même égorge les agneaux et les moutons. Il est surtout friand du raisin et dévaste les vignes; aussi, lui fait-on bonne chasse. Sa peau est estimée comme tapis de pied.

Daim. — Sa tête est assez semblable à celle du cerf, mais elle en diffère par les bois. — Le daim est herbivore ; il se plaît sur les terrains élevés et entrecoupés de collines; il a une antipathie naturelle pour le cerf, et s'éloigne des lieux hantés par ce dernier. On ne le rencontre guère que dans la province de Constantine.

Gazelle. — On en distingue deux espèces : la *Gazelle dorcas* et la *Gazelle corinne*.

La gazelle dorcas a la tête surmontée de cornes persistantes, noires, rondes à leur base, assez grosses, en lyre et marquées de quinze à vingt anneaux, suivant l'âge, les premiers complets, les autres interrompus et un peu plus espacés, la partie terminale lisse et pointue. Son pelage est d'un joli fauve claire, coupé, en certaines parties, d'un blanc très pur. La femelle diffère du mâle par ses couleurs un peu moins nettes, et par ses cornes grêles sur lesquelles les anneaux sont à peine marqués. — Les dorcas vivent en troupes nombreuses dans le sud de l'Algérie ; elles fuient avec rapidité lorsqu'elles sont poursuivies ; mais, poussées à bout, elles cherchent alors à se défendre avec leurs cornes.

Comme gibier, leur chair est très délicate. On les chasse habituellement avec le lévrier.

La gazelle corinne, que les arabes appellent la gazelle des montagnes, offre avec la gazelle dorcas des dissemblances assez frappantes. Elle est plus grande et plus trapue ; son pelage est plus brun ; son poil plus long et plus dur : enfin, ses cornes sont plus droites et n'ont pas leur pointes tournées en avant. Elle habite également le Sud, mais c'est dans le Djebel-Amour (province d'Oran) qu'on la rencontre le plus habituellement.

Hyène. — La hyène est une bête immonde et d'une lâcheté proverbiale. Elle ne sort généralement que la nuit, rôde autour des tribus, enlève quelquefois des chiens de garde, mais se nourrit presque exclusivement de charognes et de cadavres. Elle commet dans les cimetières de tels dégâts, que les Arabes ont soin d'enterrer très-profondément leurs morts.

Lion. — L'Afrique a été pendant longtemps la terre classique des animaux féroces ; à une époque qui n'est point encore très éloignée, il était dangereux de passer le long des bois et de fouiller les broussailles. Mais depuis l'occupation française, le nombre des animaux sauvages a sensiblement diminué ; le lion lui-même a fui devant l'homme ; il n'habite guère aujourd'hui que les parties montagneuses et boisées, et on le rencontre plus particulièrement dans la province de Constantine. — Un chasseur qui s'est fait une réputation européenne, Jules Gérard, distingue en Algérie trois espèces de lions : le *lion noir*, plus rare que les deux autres, un peu moins grand, mais plus fort, le *lion fauve* et le *lion gris*. Ces deux derniers ne diffèrent l'un de l'autre que par la couleur de leur crinière. Ils sont un peu plus grands et moins trapus que le noir.

Bien que peu nombreux, les lions causent de notables dommages ; s'ils ne cherchent que rarement à attaquer l'homme, ils font aux troupeaux une guerre continuelle et appauvrissent les tribus. — Pour se débarrasser de leur incommode voisinage, les indigènes organisent de grandes chasses qui ne sont point sans danger ; aussi, disent-ils de celui qui a tué un lion : « Celui-là, c'est lui ! » — Nous ferons remarquer, cependant, que bon nombre d'européens se livrent isolément à cette chasse, émouvante sans doute, mais beaucoup moins périlleuse qu'on ne le suppose généralement.

La chair du lion a quelque analogie avec celle du veau, et les Arabes la mangent volontiers ; sa peau, dont ont fait des tapis, est justement estimée ; on la donne en cadeau aux chefs illustres, aux marabouts ou aux amis, et il est peu de chasseurs qui la vendent. De là, son prix élevé.

Mouflon a manchettes. — C'est le *larouy* des Arabes ; il appartient à la famille des capridées. Il est plus grand que la gazelle et même que l'antilope ; ses formes sont robustes et élégantes ; il a le garot élevé, les jambes fines et nerveuses, les sabots très étroits, la queue courte et terminée par un bouquet de poils. On constate son âge par les bourrelets de ses cornes ; chaque bourrelet indique une année. — S'il faut en croire les Sahariens, cet animal possède un singulier privilége : lorsqu'il est, disent-ils, chassé à outrance, « il se jette dans un précipice, fût-il profond de cent coudées, et tombe sur la tête sans se faire aucun mal. »

Les mouflons habitent le sud de l'Algérie ; il vivent en familles ou en troupes plus ou moins nombreuses, se nourrissent de végétaux et se plaisent particulièrement dans les endroits élevés et escarpés. Ils sont, dit M. Loche, d'une souplesse, d'une élasticité et d'une force musculaire prodigieuses, courent et bondissent avec rapidité, franchissent d'un bond une énorme distance, et retombent toujours d'aplomb sur le point qu'ils se sont assigné. Leur chair est estimée ; aussi, les indigènes les chassent-ils avec ardeur.

Panthère. — Il y en a deux espèces, semblables quant au pelage, différentes quant à la taille ; on les rencontre entre le littoral et les hauts plateaux, et plus particulièrement dans la province de Constantine. — La panthère est moins redoutable et fait moins de ravages que le lion ; elle vit de sa chasse, craint et fuit les hommes et n'est terrible que lorsqu'on l'approche après l'avoir blessée. Sa peau est très recherchée.

Renard. — Le renard d'Afrique est de moitié plus petit que celui d'Europe ; il vit d'oiseaux, de gerboises, de lézards ou de serpents, et se montre peu.

Le Vulpes Fenec, qu'on pourrait appeler le renard des sables, est très commun dans le Sahara ; il est le tiers gros, tout au plus, comme le renard ordinaire. « Des oreilles très longues et très larges, intérieurement tapissées d'un poil fin et soyeux, qu'il tient dressées sur sa petite tête, des yeux grands, noirs, vifs et brillants, un museau noir d'une finesse extrême, lui donnent la mine la plus éveillée qu'il soit possible de voir ; son poil, gris sur le dos, blanc sous le ventre, est long et soyeux ; sa queue, très bien fournie et très grosse, est ornée de touffes d'un noir brillant. C'est certainement, dit M. de Colomb, un des quadrupèdes les plus fins et les plus gracieux. »

Sanglier. — Il est très répandu dans toutes les parties boisées, sur les pentes inférieures des montagnes, et recherche les terrains fangeux. Il se réunit parfois en bandes nombreuses, et dévaste fréquemment des espaces cultivés considérables. Il est un peu plus petit que le sanglier d'Europe, mais ses défenses sont plus développées.

Les Arabes le tiennent pour un animal immonde, à l'égal du cochon, qu'ils confondent sous le même nom, *hallouf*; ils le chassent par amusement ; les colons s'en nourrissent d'autant plus volontiers, qu'ils l'achètent à bas prix et que sa chair est bonne.

Singes. — On les rencontre aux environs de Bougie, de Collo et de Stora (province de Constantine), et dans les gorges de la Chiffa (province d'Alger). Parfois, mais rarement, ils s'aventurent jusque dans les jardins, dont ils pillent les fruits. Les Arabes les prennent vivants pour les vendre aux colons.

Nous bornerons là cette nomenclature ; nous ajouterons toutefois que les lynx, les chats-tigres, les servals, les carocals, les loutres, les belettes, les hérissons, les porcs-épics, les gerboises, les lapins et les lièvres sont très communs en Algérie.

III. Oiseaux. — Outre les espèces originaires d'Afrique, on trouve, soit de tout temps, soit de passage, la plupart des oiseaux de l'Europe méridionale. La liste en serait trop longue et n'apprendrait rien ; un résumé succinct sera, croyons-nous, plus facile à retenir.

Gibier a plumes. — Les espèces les plus communes en Algérie sont : les alouettes, les perdrix *rouges* (les *grises* n'existent point en Afrique), les cailles, les vanneaux, les tourterelles, les poules de Carthage, etc. ; enfin les nombreuses espèces de gibier d'eau : la bécassine, le canard, la cigogne, le cormoran, le cygne, l'échasse à manteau noir, le flamant rose, la grèbe, le héron, l'outarde blanche, le pélican, la poule sultane, etc., etc.

Beaucoup des ces espèces sont comestibles et offrent aux colons d'utiles ressources. Parmi les espèces non comestibles, les unes donnent une huile animale ; d'autres, les cygnes et les grèbes, par exemple, fournissent de magnifiques fourrures.

Autruches. — Elles habitent le Désert et le Sahara, et voyagent ordinairement par couples ou par petits groupes ; ce n'est qu'après la saison des pluies qu'elles se réunissent en troupes nombreuses.

Les Arabes mettent à les chasser une véritable passion. L'autruche ne fait jamais de détour, elle suit la ligne droite et file comme un trait : « cinq cavaliers se postent à des intervalles d'une lieue sur le chemin qu'elle doit parcourir ; chacun fournit son relai. Quand l'un s'arrête, l'autre s'élance au galop sur les traces de l'animal, qui se trouve ainsi n'avoir aucun moment de relâche, et lutte toujours avec des chevaux frais. Le chasseur qui part le dernier atteint nécessairement la bête. »

Mais tous les Arabes ne chassent point l'autruche à courre ; il en est qui, à l'époque de la ponte, pratiquent des trous auprès des nids, s'y blottissent et tuent la mère au moment où elle vient visiter ses œufs. — D'autres ont recours à des déguisements, se revêtent d'une peau d'autruche, et approchent ainsi l'animal qu'ils veulent tuer.

L'autruche peut se domestiquer ; c'est un fait établi par suite des résultats obtenus au Jardin d'acclimation d'Alger où s'est faite la première reproduction *authentique* de l'autruche en domesticité. On doit d'autant mieux s'en réjouir que sa chair est très bonne. Sa dépouille est aussi l'objet d'un trafic important. A Tuggurt, à Laghouat et chez les Beni-M'zab, on l'échange contre des grains. Celle du mâle coûte plus cher que celle de la femelle ; les plumes blanches, placées aux extrémités des ailes, sont beaucoup plus estimées que les plumes noires ; on en fait un commerce assez considérable.

Oiseaux de proie. — Nous citerons : les aigles, les vautours, les éperviers, les milans du cap, enfin le faucon, que les indigènes tiennent en haute estime et que les chefs de grandes tentes, — mais plus spécialement ceux qui habitent les Hauts-plateaux, — dressent à la chasse, comme faisaient, au moyen-âge, les seigneurs châtelains.

IV. Reptiles et insectes. — Les reptiles sont communs ; très peu sont dangereux : les caméléons, les couleuvres, les crapauds, les lézards et les serpents inspirent, à qui les voit, du dégoût ou de la crainte, mais on peut les toucher impunément.

Le scorpion est moins inoffensif ; il pique parfois, mais sa piqûre, loin d'être mortelle, comme on l'a prétendu, n'entraîne jamais d'accidents graves. Une simple cautérisation neutralise son venin.

Il en est de même du scolopendre et de l'araignée.

La vipère est plus dangereuse, mais elle est aussi infiniment plus rare. — Sa morsure exige toujours une cautérisation immédiate et énergique.

Les tortues de terre sont très communes ; on fait avec leur chair des bouillons estimés et on utilise leur carapace pour des ouvrages de tabletterie.

Parmi les insectes nous n'en citerons que six :

L'abeille qui produit le miel et la cire ;

La cochenille, qui vit sur les nopals ;

Le kermès, qui vit sur le chêne-vert ;

Le bombyx, qui file la soie ordinaire et qu'on nourrit avec les feuilles du mûrier ;

Le bombyx-cinthia, qui donne une soie commune et se nourrit de la feuille de ricin.

Les sauterelles, dont les essaims s'abattent de temps à autre sur les plaines du Tell et dévastent les moissons. Les Sahariens s'en nourrissent.

V. Poissons de mer. — Les homards, langoustes, crevettes, crabes, mulets, dorades, écrevisses de mer, sont communs dans les eaux du littoral, et il existe dans la rade de Sidi-Ferruch un banc d'huîtres qu'on exploite pour la consommation d'Alger. Entre les poissons de passage, le thon abonde en quantité extraordinaire. On le pêche notamment à l'aide de madragues, à Arzew, à Sidi-Ferruch, aux caps Matifou et Falcon. Les sardines sont très-abondantes.

VI. Poissons d'eau douce. — Les rivières sont peuplées d'anguilles plus ou moins grandes, d'une espèce de barbeau qui atteint d'assez fortes dimensions et d'une infinité de poissons blancs. Mais ces poissons ont presque toujours un goût très-prononcé de vase et sont peu recherchés. Le lac Fetzara contient, outre l'anguille et le barbeau, des aloses, des mulets, quelquefois même la dorade et le loup.

VII. Corail. — Le corail est un polypier adhérent aux rochers sous-marins. On le rencontre sur différents points de la côte, mais les bancs des environs de la Calle sont considérés comme les plus riches.

On évalue à 50,000 kilogrammes le produit moyen de la pêche annuelle, représentant une valeur d'environ 2,500,000 francs qui se répartit entre Gênes, Marseille, Livourne et Naples.

C'est un rude métier que celui de pêcheur de corail : — « Les manœuvres de la pêche, dit M Lacaze Duthiers, dépendent beaucoup du nombre d'hommes L'armement varie dans la grande et la petite pêche. Dans la première, les bateaux ont de dix à douze hommes d'équipage ; dans la seconde, ils n'en ont que quatre ou six.

» L'origine des matelots est très différente ; beaucoup viennent des côtes de la Toscane : les Génois semblent aujourd'hui diminuer. La plupart sont Napolitains, et plus spécialement de la Torre del Greco. Les meilleurs sont payés cinq cents et quatre cents francs pour les six mois de la saison d'été ; ils ne sont pas nombreux : le plus grand nombre est à la solde de trois cents et même de deux cents francs. — La nourriture du bord est en rapport avec cette solde ; le biscuit et l'eau sont à discrétion toute la journée et la nuit. Le soir, chaque homme reçoit une jatte de pâtes d'Italie fort simplement accomodées; quelques armateurs donnent aussi des oignons, mais le plus souvent, les matelots achètent eux-mêmes les fruits qu'ils emportent à la mer La viande n'entre, dit-on, dans le menu du corailleur que deux fois dans la saison : le 15 août et le jour de la Fête-Dieu. Le vin est à peu près inconnu à bord.

» La pêche dure nuit et jour ; six heures de repos, voilà, quand un bateau tient la mer toute la saison d'été, le temps donné à l'organisme pour refaire ses forces. Les relâches sont courtes, et le travail ne cesse complètement que pendant celles des deux fêtes religieuses citées plus haut, ou quand le temps est mauvais et qu'il est impossible de tenir la mer. Mais, habituellement, lorsque le bateau rentre au port, c'est uniquement pour se ravitailler ; l'équipage s'occupe, en arrivant, à tirer l'embarcation à terre, afin de la gratter et de la débarrasser des plantes et animaux marins qui, se fixant sur sa coque, l'attaquent ou la couvrent d'une couche épaisse fort nuisible à sa marche. Le reste du temps est employé à charrier de l'eau, du biscuit et le chanvre nécessaire pour entretenir les filets.

» Si l'on n'oublie pas que le travail se fait sous le ciel et le soleil brûlant d'Afrique, on comprendra comment il se fait que les marins français, trouvant meilleure solde, meilleure nourriture et un travail moins pénible abandonnent la pêche du corail. » (*Histoire naturelle du corail.*)

VIII. Sangsues. — Presque tous les marais de l'Algérie contiennent des sangsues. Ceux qui avoisinent Aumale, Constantine, Saint-Denis-du-Sig, Sidi-bel-Abbès, Tiaret, etc., en sont particulièrement peuplés. La sangsue d'Afrique rivalise avec les meilleures espèces connues ; des expériences fréquemment renouvelées dans les hôpitaux de Paris ont fait reconnaître que celles de l'espèce dite *dragon* possèdent une valeur médicale au moins égale à celle des sangsues des Landes ou de la Hongrie. Le commerce les place au même rang.

Il ne paraît pas que le commerce des sangsues se soit fait avant l'occupation française. Ce ne fut qu'en 1838 que la spéculation comprit le parti qu'elle pourrait tirer des marais qui existent en Algérie, et ce furent encore les Israélites qui, les premiers, organisèrent la pêche de ces annélides.

En 1843, l'éveil était donné, et il n'était pas rare de voir des Arabes apporter à Alger jusqu'à 10 kilog. de sangsues. Plus tard, cette industrie prit une certaine extension ; mais, depuis quelques années, l'emploi des sangsues a été singulièrement restreint, et le chiffre des exportations est à peu près nul.

CHAPITRE V.

Population. — Industrie. — Commerce.

I. Population. — Telle qu'elle a été recensée en 1872, la population de l'Algérie, non compris les troupes de terre et de mer, s'élève à 2.414.218 habitants, savoir :

Français	129.601
Israélites naturalisés	34.574
Etrangers	115.516
Musulmans	2.123.045
Population en bloc	11.482
Total égal	2.414.218

Les Israélites ayant été naturalisés français par décret du 24 octobre 1870, le nombre total des Français est donc de 164.175 hab., troupes non comprises. (*Voir à l'appendice, note B.*)

II. Industrie. — Ce qu'on nomme communément la « *grande industrie* » n'existe pas encore en Algérie. Ce n'est point que les matières premières fassent défaut, mais la cherté de la main-d'œuvre et le manque de combustible minéral, d'une part, le peu de densité de la population et l'insuffisance des débouchés, d'autre part, toutes ces causes réunies s'opposent invinciblement à la création de grandes usines ; — les différents essais qui ont été tentés jusqu'à ce jour ont, presque tous, avorté.

Il en est différemment de la « *petite industrie* », c'est-à-dire de celle qui n'exige point l'emploi de capitaux considérables, et dont les produits trouvent un écoulement facile. Celle-ci a sa raison d'être ; elle répond à des besoins de chaque jour et elle prospère. — Telle est, en peu de mots, la situation actuelle : il en sera ainsi, probablement, jusqu'à ce que la population européenne soit numériquement en rapport avec l'étendue du territoire qu'elle occupe.

Néanmoins, il est certaines branches de l'industrie locale qui ont une importance réelle ; entre autres, nous citerons :

Les fabriques de pâtes alimentaires — (Médéah, Blidah, Alger) ;

Les minoteries — (Blidah, Alger, Médéah, Constantine);

Les moulins à huile (Boghni, Dra-el-Mizan) ;

Les distilleries d'essences — (Chéragas : fleurs d'oranger, de géranium et autres) ;

Les fabriques de sparterie et de crin végétal (nombreuses dans les trois départements) ;

L'usine de Kef-oum-Theboul, près de La Calle, où l'on traite les minerais de plomb argentifère ; celle de Jemmapes, où l'on traite le mercure ; celle de Saint Denis-du-Sig, où l'on égrène le coton.

Enfin, les salines d'Arzew et de Dellys.

Toutes ces industries, plus ou moins prospères, sont exploitées par des Européens. — (*Voir l'appendice, note C.*)

Les indigènes, — Arabes, Kabyles et Juifs, — ont des industries spéciales, en rapport avec leurs besoins et leurs instincts.

Nous ne citerons que les principales :

En première ligne vient l'industrie du tissage ; c'est la plus répandue, parce que la matière première abonde.

Les *bournous* et les *haïcks*, — vêtements de laine qui constituent, en toute saison, la partie principale du costume indigène, sont tissés par les femmes, dans toutes les tribus. Les plus renommés sont ceux qu'on fabrique dans les cercles de Blidah, de Milianah, Aumale, Dra-el-Mizan, Laghouat et chez les Beni-Abbès. — A Cherchell, on fait des bournous en coton.

Les *gandouras*, — sorte de large chemise en laine, en coton ou en soie, se fabriquent plus particulièrement à Dellys, à Dra-el-Mizan, à Boghar et à Constantine.

Les *Flidje*, — pièces d'étoffes en laine, pour tentes ; chaque tribu fabrique les siennes ; — celles des Ouled Naïls sont renommées.

Les *Ousada*, — coussins dans lesquels on dépose les vêtements, la laine filée et les bijoux, sont également tissés dans toutes les tribus.

Les *tapis* sont de plusieurs sortes ; on distingue :

Le *zerbya*, — tapis en laine, à l'usage des chefs de grande tente et dont la laine ressort un peu du tissu. — Les *zerbya* ont beaucoup d'analogie avec les tapis de Turquie ; les plus riches sont confectionnés dans les cercles d'Aumale, d'Orléansville, de Laghouat, de Bousaâda et de Mascara.

Le *frach* (lit) ; — le *frach* sert de lit aux chefs ou aux riches arabes ; c'est un tapis à très-haute laine ; — on le nomme aussi *guetifa* ; — centres de fabrication : Tiaret, Daya, Géryville, Batna et Constantine.

Le *tag*, — tapis à petite laine : on le confectionne dans les cercles d'Orléansville, de Tiaret, de Nemours et de Géryville.

Le *tellis*, — sac en laine, qui sert à transporter les grains à dos de cheval et de chameau ; on le fabrique dans la province de Constantine.

Le *djellal*, — étoffe en laine avec laquelle on couvre les chevaux ; centres de fabrication : Tiaret, Saïda, Frenda, Nemours, Soukarras.

Le *bessath*, — grand tapis de pied, qui rappelle les tapis de Turquie.

Enfin, les *haçira*, — longues nattes tressées en joncs de marais, en palmiers, ou en alfa, et dont l'usage et très répandu.

Les ouvrages en cuir comprennent :

Les *temag*, — grandes bottes en cuir de Maroc ; on les confectionne à Mostaganem, à Bordj-bou-Arréridj, à M'sila et à Bousaâda.

Les *Belr'a*, — souliers ou pantoufles en peau jaune ; on les confectionne plus spécialement à Mascara, à Tlemcen et au Maroc.

Les *ssbath*, — souliers en maroquin pour hommes ; provenance d'Alger, Tlemcen, Constantine.

Les gibernes (*djebira*), les ceinturons (*hazam*), les cartouchières (*balasca*) sont fabriqués à Djidjelly, à M'sila et à Constantine.

Les articles de sellerie comprennent :

La selle proprement dite (*serdj*), le bois ou squelette de la selle *(adhem)*, le mors du cheval (*lazma*), celui du mulet (*srima*), les éperons (*chabirs*), les étriers (*rekab*), les entraves (*haddid*). Ces différents articles sont fabriqués, en fer ou en acier : à Blidah, Médéah, Milianah, Orléansville, Aumale, Boghar, Ammi-Moussa, Saïda et Bel-Abbès. — Les accessoires de selle viennent de M'sila.

Les *Bedad*, — feutres pour les selles ; — ceux fabriqués dans la province de Constantine sont les plus recherchés.

La fabrication des armes constitue la principale industrie des Kabyles.

Les fusils (*moukala*) sont faits à Dellys, Tizi-Ouzou, Boghar, Mostaganem et Saïda.

Les pistolets (*kabous*), à Biskra. — Citons encore :

Le sabre *(sekkin)* ; c'est le sabre dont se servent les cavaliers arabes. La lame vient d'Espagne, la poignée, en corne, est faite par les Arabes et, le plus généralement, au Maroc.

Le *flissa*, — sabre droit et pointu, fabriqué par les Flissas, dont il porte le nom, et dans toute la grande Kabylie ; — le poignard, de même forme, porte le même nom ; — le poignard recourbé (*khaudjar*) vient de Turquie ;

Les couteaux (*khodmi Bousaâda*) sont fabriqués à Bousaâda.

Les articles de bijouterie comprennent :

Les colliers de femmes *(rebgua, guelada, cherca)*, les boucles d'oreilles (*menagueche*), les agrafes (*bezaïm*), les bracelets *(msaïs)*, les anneaux de jambes (*khollkhlal*), anneaux en or *(redif)*, anneaux en argent *(souar)*, les bagues *(brim)*. — La plupart des bijoux dont les mauresques et les juives se parent sont fabriqués à Alger par les Arabes et les Juifs. Quant aux bijoux kabyles, ils sont le plus généralement fabriqués en métal blanc, et proviennent de Dra-el-Mizan et de Bousaâda.

Les articles d'orfévrerie comprennent :

Les cafetières *(bokaredj)*, les plateaux *(senioua)*, les aiguillères *(el breck)*, leur bassin *(lian')*, les brûle-parfums *(kotthara)*, les timbales ou pots *(tassa)*. — Ces divers articles, en cuivre ou en argent repoussé, sont confectionnés à Alger par les Arabes et les Juifs, suivant les vieux modèles indigènes. — Il y a des contrefaçons provenant de fabrique européenne.

La broderie comprend les articles de luxe :

Les housses *(stara)*, — le caparaçon *(kerbeçoune)*, qui se confectionne à Constantine. — Le *kerbeçoune* désigne le harnachement très-riche et complet qui recouvre la croupe du cheval : on donnait aux beys le *aoud kerbeçoune*, c'est-à-dire le cheval avec son harnachement. — Les *hazame*, — ceintures ; celles en soie sont confectionnées à Alger, celles en laine viennent de Tlemcen ; les porte-monnaie *(tosdam)*, les coussins *(strombia, — m'kedda)*, les fichus *(abrok)*, les souliers pour femmes *(rihaïa)*.

Tous ces divers objets, brodés or sur velours ou soie, sont confectionnés à Alger par les Arabes et les Juifs.

III. Commerce. — L'Algérie ne produit point tous les objets de consommation dont elle a besoin. Elle demande donc à la France et à l'étranger les objets qui lui manquent : c'est ce qui constitue son commerce « *d'importation* ». Mais elle produit en quantités plus considérables que ne le comportent les besoins de ses habitants certaines denrées alimentaires ou autres. Elle livre donc à la France ou à l'étranger une partie de ses productions : c'est ce qui constitue son commerce « *d'exportation* ».

Elle reçoit :

Les vins, — les eaux-de-vie, — les viandes salées, — le

sucre, — le café, — les farineux alimentaires, — les huiles, — les fromages, — les fruits secs et confits et autres denrées comestibles ;

Les tissus de coton, de chanvre, de laine et de soie ; — la mercerie ; — des vêtements confectionnés ;

Les papiers blancs, — de couleur, — d'imprimerie, — peints ou de tenture ;

Des produits chimiques et pharmaceutiques, — des bougies, — des savons et des articles de parfumerie ;

La poterie, la faïence, — la porcelaine, — les verreries et les cristaux ;

Les matériaux à bâtir, — la fonte, — l'acier, — les ouvrages en métaux, — les machines, — la houille ;

Les tabacs exotiques.

Elle exporte :

Des céréales : froment, — seigle, — orge, — avoine, — maïs ; — des farines de toute sorte ;

Du bétail : bêtes de somme, — bêtes bovines, — bêtes ovines ; — des peaux brutes, — des laines.

Des légumes verts : artichauts, — petits pois, — fèves, — choux-fleurs ;

Des fruits : oranges, pamplemousses, citrons et cédrats ; — des grenades, — dattes, — bananes, — raisins frais ;

Du liége brut ; — du bois d'ébénisterie : thuya, — cèdre ;

Des essences : de fleurs d'oranger, de géranium et autres plantes ;

Du crin végétal, — des joncs, — de l'alfa.

Des tabacs — en feuilles et en côtes, et fabriqués ;

Des marbres, — des minerais : fer cuivre et plomb.

Le chiffre des importations dépasse naturellement, et de beaucoup, celui des exportations : en 1871, ces chiffres étaient ainsi répartis : — *à l'importation,* 195.002.845 fr.; — *à l'exportation,* 111.700.672 fr. ; — ce qui porte à 306.703.517 francs (*valeurs officielles*) le chiffre du commerce général. — (*Voir à l'appendice, note D.*)

DEUXIÈME PARTIE

Gouvernement général; Administration centrale; Départements.

Depuis 1870 (décret du 24 octobre) la haute administration de la Colonie relève du Ministère de l'Intérieur. Elle est centralisée à Alger par un « Gouverneur général civil » qui, lorsqu'il y a lieu, rend compte directement au Président de la République de la situation politique et administrative du pays.

Un « Directeur général » est chargé de préparer l'expédition des affaires civiles et financières qui doivent être soumises à la sanction du Gouverneur général, ou transmises par lui au gouvernement métropolitain.

Un « Conseil de gouvernement », présidé par le Gouverneur général et composé des principaux chefs de service, donne son avis sur toutes les affaires renvoyées à son examen.

Administrativement, l'Algérie comprend trois départements, dont les chefs-lieux sont : *Alger*, au centre, *Oran*, à l'Ouest, et *Constantine*, à l'Est. Chaque département forme deux territoires distincts : l'un, administré par un Préfet qui exerce, sous l'autorité supérieure du Gouverneur général civil, les attributions conférées aux Préfets des départements de la Métropole; l'autre, administré par le Général commandant la division militaire, et également sous la haute direction du Gouverneur général. — C'est l'ensemble de ces deux territoires qui constitue, *géographiquement et politiquement*, ce que, dans le cours de cet ouvrage, nous désignons sous le nom de *Province*.

Un Conseil général tient, chaque année, une session au chef-lieu du département; il arrête le budget départemental et délibère sur toutes les questions d'intérêt local qui lui sont soumises, en vertu de la législation qui régit son institution. — Chaque Conseil général est composé, en outre des membres français *élus*, d'assesseurs indigènes, naturalisés ou non, au nombre de *six*, qui sont *nommés* par le Gouverneur général et ont voix délibérative.

Le Gouverneur général prépare le budget annuel de l'Algérie, l'assiette et la répartition des impôts ; le budget et les répartitions sont soumis à l'examen d'un « Conseil supérieur » présidé par le Gouverneur général et composé, en outre des membres du Conseil de gouvernement, de quinze conseillers généraux, à raison de cinq membres désignés par voie d'élection, par Conseil départemental.

Chacun des trois départements de l'Algérie est représenté à l'Assemblée nationale par deux députés.

DÉPARTEMENT D'ALGER.

Le département d'Alger occupe la partie centrale de l'Algérie ; il est borné au Nord par la Méditerranée, à l'Ouest par le département d'Oran, à l'Est par le département de Constantine, au Sud par le désert.

La superficie du territoire *colonisable* est évaluée approximativement à 32.000 kilom. carrés.

Le département est aujourd'hui divisé en trois arrondissements : ceux d'Alger et de Milianah, et l'arrondissement-cercle de Tizi-Ouzou, qui embrasse une partie de la grande Kabylie.

Le chiffre actuel (1873) de la population *civile*, dans les deux territoire, troupes non comprises, est de 872,951 habitants, savoir :

Français	55.831
Israélites naturalisés	11.177
Espagnols	30.605
Italiens	5.062
Anglo-Maltais	2.971
Allemands	1.434
Autres nationalités	2.109
Musulmans	757.908
Population en bloc	5.854
Total égal	872.951

Dans la première partie de cet ouvrage, nous avons présenté la description détaillée du système orographique et hydrographique de chaque province ; nous nous bornerons donc à rappeler ici les principales montagnes et les cours d'eau les plus importants du Tell algérien.

Montagnes. — On distingue dans cette région quatre massifs principaux :

1° Le *massif* qui s'étend de l'Ouest à l'Est, entre l'embouchure du Chéliff et celle de l'Isser, et qui a pour points culminants le Djebel *Douï* (2.053 mètres), et le *Zaccar* (1.631 m.) ; le premier à l'O. et le second au N. de Milianah ; — le *Mouzaïa* (1.608 m.), au S.-O. de Blidah, et le *Talazit* (1.640 m.) au S. de la même ville.

Le *Sahel* d'Alger est une des ramifications de ce massif. On désigne sous ce nom de Sahel le pâté montagneux et fortement accidenté qui s'étend, à l'Ouest d'Alger, de la rivière de l'Harrach au pied du mont Chenoua et que coupe le Mazafran. Il a pour limites naturelles : au S., la Mitidja ; au N., la Méditerranée. — La partie comprise entre l'Harrach et Koléah forme un immense réseau de crêtes, de vallées et de vallons plus ou moins boisés, appropriés aux grandes cultures et parsemés de villages salubres et prospères. Le massif qui domine Alger est couvert de maisons de plaisance qu'entourent de vastes jardins.

2° Le *massif de l'Ouaransenis*, compris entre Boghar et la Mina, en face du Chéliff et dont le plus haut sommet,— celui auquel il doit son nom, — atteint 1.991 mètres.

3° Le *massif du Dira*, dont le pic le plus élevé se dresse au S.-O. d'Aumale, à 1.810 mètres ;

4° Enfin, le *massif du Djurdjura*, qui s'étend de l'O. au N.-E. entre l'Isser et l'oued-Sahel, sur une longueur de 90 kilomètres, formant ainsi l'une des principales arêtes de la grande Kabylie et dont le point culminant, — le *Kella*, — au S.-E. de Fort-National, atteint 2.318 mètres.

Rivières. — Les plus considérables sont : le *Cheliff*, pour la partie de son cours qui traverse la province, la *Chiffa*, le *Mazafran*, l'*Harrach*, le *Hamiz*, l'*Isser* et le *Sebaou* ; ce dernier cours d'eau, qui descend du Djurdjura, appartient à la *Grande Kabylie*.

Grande Kabylie. — La Kabylie proprement dite est comprise entre Dellys, Aumale, Sétif et Bougie. Une partie seulement de son territoire appartient à la province d'Alger. Cette partie est bornée : au N., par la mer, au S., par les massifs du Djurdjura et du Dira, à l'O., par l'Isser, à l'E., par la chaîne rocheuse qui s'étend du col d'Akfadou à l'Ouest du cap Sigli. Elle est caractérisée par une série de hautes montagnes qui se croisent en tous sens, comme les mailles d'un filet et dont les massifs principaux sont séparés les uns des autres par des gorges plus ou moins profondes au milieu desquelles coulent dans des directions diverses : l'*Isser*, le *Sebaou* et l'*oued Sahel*, qui, à la fonte des neiges, reçoivent toutes les eaux qui descendent des sommets du Djurdjura.

Les pitons les plus élevés de la grande chaîne dessinent dix-sept cols principaux qui font communiquer la partie nord du pays avec la vallée de l'oued Sahel ; plusieurs d'entre eux vont en s'élargissant et présentent un plateau d'une assez grande étendue, couvert d'herbes et de plantes que paissent les troupeaux pendant l'été. Les plus importants de ces défilés sont : 1° Le col de Tirourda, qui prend son nom d'un village de la tribu des Illiten : c'est plutôt, à proprement parler, un vaste plateau dont le point le plus élevé, appelé *Tachouchth*, fixe la limite qui sépare les Illiten des Melikeuch. Il est d'un accès facile et très-fréquenté par les voyageurs ; 2° le col d'*Akfadou*, situé à l'E. des Beni-Idjer, et par lequel les tribus de l'Est passent de la vallée du Sahel dans celle du Sebaou. Son accès est facile, et il est d'ailleurs abondamment irrigué par deux sources et couvert de prairies; — à l'Ouest de ce passage, existe une forêt de chênes zéen.

La Kabylie est pauvre : on ne trouve que peu de sol cultivable sur toute l'étendue de ce territoire si violemment tourmenté. « La terre, dit le capitaine Devaux dans un excellent ouvrage (*les Kabyles du Djurjura*), la terre a été bouleversée partout où elle offrait quelques chances de production en céréales ou en jardinage. Dans la montagne, on n'a réservé pour les troupeaux que les taillis non encore défrichés et les croupes rocheuses, impropres à toute espèce de culture, par suite du peu d'épaisseur de la couche végétale. Dans les vallées, les maquis de lentisques et de jujubiers sauvages recèlent quelques maigres pâturages. Les terrains qui, par suite de leur constitution géologique, retiennent trop longtemps dans le sous-sol les eaux pluviales, n'étant point soumis au drainage, ne sauraient être cultivés : le grain y pourrirait et ils forment les seules véritables prairies naturelles que l'on rencontre dans ces contrées. » — Un autre chef de bureau arabe, M. Aucapitaine, complète ce tableau : « Souvent, dit-il, on rencontre dans les sentiers kabyles de longues files de femmes et d'enfants portant sur la tête des paniers remplis de terre que les hommes étendent ensuite sur les rochers abrités du vent ; ils recouvrent cette terre de pierrailles et, à force de soins, y font pousser quelques maigres légumes. »

Mais si la terre cultivable fait défaut sur plusieurs points, les bois abondent dans la plupart des tribus : oliviers greffés ou sauvages, chênes, lentisques, cèdres, noyers, thuyas, pins, enfin presque tous les arbres fruitiers du Tell croissent au flanc des montagnes comme au fond des ravins constituant, en certains endroits, de véritables forêts : à Thamgout, notamment, non loin de la mer, à Akfadou, « la terre classique du chêne zéen», et au pays d'Anif, à l'Est. des Portes-de-Fer.

Trois grandes voies desservent la contrée : la première, route nationale, — va d'Alger à Constantine ; elle passe au Col des Beni-Aïcha, à Palestro, aux Portes-de-Fer, à Bou-Arréridj et à Sétif ; — la seconde, presque parallèle à la mer, conduit d'Alger à Dellys, en passant par le Col et par Azib-Zamoun ; — la troisième, partant d'Azib-Zamoun, passe à Tizi-Ouzou et aboutit à Fort-National. — De ces deux derniers points qui dominent le pays et sont fortement occupés, le gouvernement surveille les agissements des montagnards.

D'après M. Devaux, la superficie de la grande Kabylie serait d'environ dix mille kilomètres carrés, et les tribus qui l'habitent pourraient mettre sur pied 95.000 combattants. Mais ce dernier chiffre ne repose, croyons-nous, que sur des évaluations assez vagues, et nous ne le donnons que sous réserve.

Après avoir décrit le pays, il conviendrait de faire connaître les mœurs et les coutumes des habitants : nous entrerons à ce sujet dans quelques détails. (*Voir à l'appendice, Populations.*)

Les trois arrondissements administratifs dont le département est formé se divisent eux-mêmes en un certain nombre de communes, que nous classons ci-après, suivant leur orientation par rapport au chef-lieu du département :

COMMUNE D'ALGER

Europ. et Israél. natural. franç., 38,389 ; — Musulm., 10,519.

Cette commune ne comprend plus aujourd'hui que la ville et la banlieue d'Alger, la banlieue étant elle-même réduite au faubourg Bab-el-Oued ; — Population totale : 48,908 habitants.

ALGER, — ville, place forte de première classe et port

maritime et de commerce, à 1.641 kilom. de Paris et à 772 kilom. de Marseille ; -- chef-lieu de commune.

Siége du gouvernement général, de la haute administration de l'Algérie et des administrations particulières qui sont centralisées sous l'action directe du Gouverneur général (*Inspection générale des finances et des travaux publics, Instruction publique, Postes, Télégraphie, Douanes, Inspections générales des Etablissements de bienfaisance et des prisons civiles*) ; — résidence de l'Archevêque métropolitain, — résidence des Commandants supérieurs de la marine et du génie, — résidence des Consuls généraux étrangers.

Quartier général de la 1re division militaire de l'Algérie, résidence de l'Intendant divisionnaire et siége du 1er conseil de guerre et du conseil de révision.

Amirauté, arsenal et chantiers de constructions et de réparations.

Directions des fortifications et de l'artillerie, arsenal d'artillerie et parc de construction des équipages militaires.

Chef-lieu de département, — subdivision militaire, — direction divisionnaire des bureaux arabes.

Cour d'appel, Conseil de droit musulman, Tribunal de première instance, Justices de paix, Tribunal de commerce, tribunaux indigènes (mahakemas de cadis).

Académie universitaire, Ecole préparatoire de médecine et de pharmacie, Chaire d'arabe, École de droit musulman, Lycée, Ecole normale primaire, grand et petit séminaires, Écoles communales de garçons et de filles, Institutions privées pour les deux sexes, École ouverte par la Ligue de l'enseignement, Musée et Bibliothèques, Société des Beaux-arts, Société de climatologie, Société d'agriculture, Exposition permanente des produits algériens.

Eglise métropolitaine, églises paroissiales, couvents, temple protestant, synagogue, mosquées.

Trésorerie, — Direct. des postes, Inspect. télégraphique.

Observatoire (extra-muros), route d'El-Biar.

Banque de l'Algérie, succursale du Crédit foncier de

France, — comptoir central de la Société générale algérienne ;

Chambre de commerce, — direction de l'exploitation des Chemins de fer algériens, — agences des Messageries nationales maritimes, de la Compagnie Valéry frères, de la Compagnie de Navigation mixte, de la Société générale des transports maritimes à vapeur, — Docks.

Casernes d'infanterie, de cavalerie, d'artillerie et du génie, — pénitenciers militaires, — manutention et magasins militaires.

Hôpital militaire du Dey (*extra-muros*).

Prison civile pour les hommes, — maison de détention pour les femmes.

Théâtres, cafés-concerts, orphéon, jardin public, cercles.

Foire annuelle du 1er au 15 octobre.

Population (*ville et banlieue*) : — *Français*, 16.162 ; — *Israélites naturalisés Français*, 6.947 ; — *Espagnols*, 10.433 ; — *Italiens*, 2.455 ; — *Anglo-Maltais*, 1.573 ; — *Allemands*, 173 ; — *autres nationalités*, 646 ; — *Musulmans*, 10.519.

ALGER est bâtie en amphithéâtre sur les flancs d'un contre-fort du mont Bouzaréah : son sommet est sur une hauteur que couronne la Casbah ; sa base touche à la mer. A droite et à gauche s'étendent les vastes campagnes de Saint-Eugène et de Mustapha, que dominent les croupes mamelonnées du Sahel. — La ville est entourée de fortifications qui la protégent contre toute attaque du dehors. Le port, admirablement défendu par de puissantes batteries, et éclairé par un phare à feu fixe, a une superficie de 90 hectares : il peut contenir 40 bâtiments de guerre et 300 navires de commerce de 100 à 150 tonneaux.

La partie haute de la ville (*quartier de la Casbah*) a conservé, à peu de chose près, le cachet original qu'elle avait du temps des Turcs : Les rues y sont étroites, tortueuses et on n'y voit guère que des maisons mauresques. C'est là qu'habitent les Arabes, les Nègres et la presque totalité des Juifs. — La partie basse est toute française : la rue de la Marine, celles de Bab-el-Oued, de Bab-Azoun et de la Lyre sont larges, tirées au cordeau et bordées (la dernière surtout) d'élégantes maisons ; toutes ont des arcades ; elles forment avec la rue d'Isly, la rue Randon et le boulevard de la République, les artères principales de la ville. — Le boulevard de la République a près de deux kilomètres de long ; l'un de ses côtés, celui qui fait face à la mer, est bordé, en son milieu, d'habitations vraiment splendides.

Les places principales sont : celle du Gouvernement, d'où l'œil embrasse un immense panorama et que décore la statue équestre du duc d'Orléans, celle de Bab-el-Oued, aux pieds de laquelle est un établissement de bains de mer, celle de Chartres, où se tient le marché principal, celle de la Synagogue (place Randon), celle de la Lyre, celle du Théâtre et celle d'Isly, au centre de laquelle est la statue en pied du maréchal Bugeaud.

Parmi les principaux monuments, nous citerons : le palais du Gouverneur général, la cathédrale et l'archevêché, — la préfecture, — la mairie, — la bibliothèque et le musée, établis dans une maison mauresque d'une architecture intérieure remarquable ; le lycée ; — le temple protestant, la synagogue et la grande mosquée ; — l'hôtel du Trésor, des Postes et du Télégraphe ; l'hôtel de la Banque de l'Algérie ; le Théâtre.

Alger fut fondé, dit-on, par les compagnons d'Hercule ; les Romains, qui l'occupèrent plus tard, lui donnèrent le nom d'*Icosium* et en firent la capitale de la Mauritanie césarienne. Prise et détruite par les Vandales, puis, bientôt après réédifiée, elle devint, sous la domination arabe, un foyer de pirates. — L'Espagne s'étant émue de ce voisinage incommode, l'un de ses généraux, Pierre de Navarre, s'empara d'un des îlots qui avoisinent la place et y éleva une forteresse (*le Pégnon*) armée de puissantes batteries (1510).

Vers cette époque, un chef d'aventuriers, Baba-Aroudj, — dont les historiens du xvi⁰ siècle ont fait Barberousse, — se rendit maître d'Alger, puis de toutes les villes de l'intérieur, et fonda la Régence dont Kaïr-ed-Din, son frère et successeur, offrit la suzeraineté au sultan de Constantinople. L'armée fut dès lors exclusivement composée de Turcs et de renégats, habitués à vivre de brigandages, et Alger, érigée en capitale des Etats Barbaresques, devint le foyer de la piraterie — La Méditerranée, incessamment parcourue par ces écumeurs de mer, n'offrait aux navigateurs aucune sécurité et les puissances européennes tentèrent plus d'une fois, mais inutilement, de mettre ordre à cet état de choses. Alger semblait être imprenable ; chaque nouvelle guerre tournait à son profit et à sa gloire ; exemples :

Un général espagnol, Diégo de Véra, se présente avec 10.000 hommes et attaque la place ; après un combat de quelques heures, ses troupes se débandent et regagnent précipitamment leurs vaisseaux (1515). — Hugo de Moncade, vice-roi de Sicile, obéissant aux ordres de Charles-Quint, débarque avec 7,000 hommes (1518). A peine a-t-il pris position, qu'une tempête jette ses navires à la côte, et il est forcé de se retirer en abandonnant aux Turcs un matériel immense. — Plus tard, (1520), le Pégnon qui se dressait comme une menace perpétuelle devant les Algériens, est pris par la milice, malgré la défense héroïque de Martin de Vargas. — Jaloux de le venger, Charles-Quint se présenta devant la ville à la tête d'une armée de 24,000 hommes (1541) : il avait avec lui l'élite de ses troupes et ne doutait point de la victoire Cependant, une horrible tempête dispersa sa flotte et il dut fuir en toute hâte, après un combat désastreux.

La France fut plus heureuse que l'Espagne : le duc de Beaufort détruisit la marine algérienne (1665) ; — Duquesne (1682-1683), et après lui M. de Tourville (1685), canonnèrent Alger et la brûlèrent en partie ; — trois ans après, et pour punir une nouvelle insulte, le maréchal d'Estrées jeta dans la ville près de dix mille bombes (1688). — Ces représailles donnaient à notre honneur national une apparente satisfaction ; mais elles ne modifiaient en rien la situation : Alger était, en effet, aussitôt réédifiée, et les habitants continuaient leurs pilleries. Les Espagnols, qui avaient particulièrement à en souffrir, tentèrent un nouveau débarquement, sous les ordres du général O'Reilly (1774) ; cette fois encore ils furent défaits. Lord Exmouth les vengea plus tard (1816), en incendiant la marine algérienne ; mais il n'était point de retour à Londres, que les corsaires avaient une flotte nouvelle et ravageaient les côtes. — L'heure était proche, cependant, où le gouvernement français, à bout de patience, allait purger la Méditerranée.

A la suite de discussions soulevées par le dey Hussein, qui réclamait une somme de cinq millions pour solde définitif de fournitures de grains faites à la République française vers la fin du siècle dernier, notre Consul général près la Régence, M. Deval, fut brutalement et publiquement outragé : Hussein le frappa au visage avec un chasse-mouches (1827).

A la nouvelle de cette inqualifiable injure, le ministre des affaires étrangères enjoignit à M. Deval de cesser tout rapport officiel avec le Dey, puis prescrivit au capitaine Collet de se rendre à Alger avec six bâtiments de guerre et d'exiger une éclatante réparation.

Non-seulement Hussein repoussa dédaigneusement toutes les sommations que lui adressa le chef de l'escadre, mais encore il enjoignit au bey de Constantine de détruire de fond en comble le comptoir de La Calle et nos autres Etablissements de commerce.

A dater de ce moment, un blocus rigoureux fut établi devant Alger.

En 1829, on crut, sur de faux avis, que la milice désirait conserver la paix. M. de La Bretonnière, qui commandait alors l'escadre, reçut donc mission de se rendre auprès du Dey et d'entamer, s'il était possible, de nouvelles négociations. Hussein reçut le plénipotentiaire français en présence du consul de Sardaigne et parut vouloir se prêter à un accommodement; mais, après deux conférences successives, il rompit l'entretien et congédia notre ambassadeur. — M. de la Bretonnière regagna son vaisseau. Comme il quittait le port, toutes les batteries de la ville et du môle firent une décharge générale, et le navire la *Provence*, au grand mât duquel flottait le pavillon parlementaire, fut criblé de boulets.

Il fallut renoncer à toute idée de conciliation ; — la guerre, à laquelle on s'était de longue main préparé, fut enfin résolue. Le général de Bourmont, alors ministre de la guerre, fut nommé commandant en chef de l'armée expéditionnaire, et le vice-amiral Duperré reçut le commandement de la flotte. L'effectif de l'armée de terre s'élevait à 37.877 hommes de toutes armes ; l'armée navale comprenait 101 bâtiments de guerre, 27.000 marins et 400 bateaux marchands affectés aux transports.

La flotte partit de Toulon le 25 mai 1830 ; le 14 juin, l'armée débarquait à Sidi-Ferruch, battait, le 19, les contingents arabes réunis sur le plateau de Staouéli ; livrait, le 24, un nouveau combat et remportait une nouvelle victoire, puis, le 29, à l'aube du jour, marchait sur Alger, qu'elle investissait deux jours après. — Le 4 juillet, toutes les batteries de siége ouvraient leur feu.

La lutte fut courte : les canonniers turcs qui défendaient le Fort l'Empereur se conduisirent avec une incontestable bravoure ; mais, écrasés par la mitraille, ils renoncèrent à la lutte et firent sauter la citadelle. Hussein comprit alors qu'il était perdu, et il capitula. —

Le lendemain, 5 juillet, à midi précis, les troupes françaises entraient à Alger.

Ainsi disparut, après trois siècles d'existence, le gouvernement fondé par Barberousse.

ENVIRONS D'ALGER

COMMUNE DE MUSTAPHA (arrondissement d'Alger).

Europ. et Israél. natural. franç., 6,893; — Musulm., 268.

La commune de Mustapha comprend cinq sections : l'Agha, — le village d'Isly, — Mustapha-Intérieur, — Mustapha-Supérieur — et le Ruisseau.

L'*Agha* — à 2 kil. S. d'Alger ; — église ; maison centrale de femmes ; — ateliers de fonderie ; gare de chemin de fer ; — 2.456 hab.

Village d'Isly — à 2 kil. S. d'Alger, sur le coteau qui fait face à l'Agha ; — institutions privées de jeunes filles ; — 722 hab.

MUSTAPHA-INFÉRIEUR, — ch.-l. de la comm., au S. et à 3 kil. d'Alger ; — Mairie ; brig. de gendarm. ; églises ; écoles; hôpital civil, où sont traités les malades d'Alger ; caserne de cavalerie ; parc aux fourrages; champ de manœuvres ; établissement de bains de mer (*Tivoli*) ; abattoirs ; — 1.112 hab.

A 2 kil. de Mustapha-Inférieur, sur la route d'Alger à Kouba, est le *Jardin-d'Essai*, sur lequel débarquèrent, en 1541, les troupes de Charles-Quint. — Cet établissement, créé par l'Etat, en 1832, et qu'on désignait, il y a peu d'années encore, sous le nom de *Jardin d'acclimatation*, a été concédé, en 1867, à la Compagnie générale algérienne. Sa contenance est d'environ 80 hec., dont 58 en plaine et 22 en montagne. Outre les pépinières qu'on y forme, on y essaie, sur une grande échelle, l'introduction, l'acclimatation, la culture et l'exploitation de tous les végétaux utiles répartis sur la surface du globe. Le nombre des différentes espèces déjà introduites et cultivées dans ce jardin dépasse dix mille ; celles des espèces qui ont donné des résultats utiles sont multipliées et mises à la disposition des cultivateurs qui les achètent à prix réduits.

Ce magnifique jardin, dont l'un des côtés fait face à la mer, est ouvert chaque jour au public.

Mustapha-Supérieur — à 4 kil. d'Alger ; — église et presbytère ; brig. de gendarm. ; école normale primaire ; institution de demoiselles (*Sacré-Cœur*) ; orphelinat de filles ; Palais d'été du Gouverneur général ; — 679 hab.

Le *Ruisseau*. — Hameau situé sur les bords de l'*oued-Krenis*, à 3 kil. de Mustapha-Inférieur : — fabrique de poteries ; — 1.414 hab.

COMMUNE D'EL-BIAR (arrondissement d'Alger).

Europ. et Israél. natural. franç., 1,309 ; — Musulm., 317.

EL-BIAR, — ch.-l. de la comm., à 5 kil. S.-O. d'Alger, sur le Sahel, route de Douéra ; — mairie ; brigade de gendarmerie ; église ; écoles laïques et congréganistes ; pensionnat de demoiselles (*Sœurs de Saint-Joseph*) ; — maison de refuge pour les filles repenties (*Bon-Pasteur*). — Beau et riche village : 539 hab. ; — popul. en bloc, fermes isolées et gourbis, 1.087 hab.

COMMUNE DE LA BOUZARÉAH (arrondissement d'Alger).

Europ. et Israél. natural. franç., 682 ; — Musulm., 681.

BOUZARÉAH, — ch.-l. de la comm., à 6 kil. 1/2 N.-O. d'Alger, sur le revers supérieur de la montagne dont il porte le nom ; — mairie ; brig. de gendarmerie ; chapelle ; écoles de garçons et de filles ; — 52 habit. — Autour du groupe de maisons qui constitue le chef-lieu de la commune, villas, fermes et gourbis disséminés sur les flancs de la montagne ; 1,311 habit. — Bouzaréah est un des sites les plus pittoresques des environs d'Alger.

COMMUNE DE SAINT-EUGÈNE (arrondissement d'Alger).

Europ. et Israél. natural. franç., 1,338 ; — Musulm., 303.

SAINT-EUGÈNE, — ch.-l. de la comm., à 3 kil. N.-O. d'Alger, sur la route Malakoff, qui relie Alger à Sidi-Ferruch ; — mairie ; église ; séminaire des *Missions sahariennes* ; chapelle patronale de Notre-Dame-d'Afrique ; écoles ; poste de douaniers ; — entrepôt des poudres de commerce et de tabacs. — Jolies villas sur le bord de la mer. — 911 hab.

La commune comprend, outre le village de Saint Eugène :

1° *La vallée des Consuls*, — ainsi nommée parce que les consuls étrangers accrédités auprès du Dey y avaient établi, pour la plupart, leur résidence d'été. Elle est aujourd'hui peuplée de maisons de campagne ; — 247 hab. ;

2° *La Pointe-Pescade*, — village qui s'étend sur les flancs inférieurs du Bouzaréah, le long de la mer, à 6 kil. N. O. d'Alger et à 3 kil. de Saint-Eugène : — De cette pointe part un aqueduc jaugeant, par 24 heures, 300 mètres cubes d'eau destinée à alimenter les fontaines, bassins et abreuvoirs de la route ; — poste de douaniers ; — nombreuses villas ; — 483 hab.

COMMUNE DE BIRMANDREÏS (arrondissement d'Alger).

Europ. et Israél. natural. franç., 719 ; — Musulm., 229.

BIRMANDREÏS, — ch.-l. de la comm. ; — village à 8 kil. S. d'Alger, à l'extrémité du ravin de l'oued-Krenis, plus connu sous le nom de *Ravin de la Femme sauvage* ; — mairie ; église ; école ; eaux abondantes ; — 117 hab.

Autour du village, fermes, usines et moulins ; riches cultures et belles plantations ; — pop. éparse : 831 hab.

COMMUNE DE BIRKADEM (arrondissement d'Alger).

Europ. et Israél. natural. franç., 986 ; — Musulm. 1.075.

BIRKADEM, — ch.-l. de la comm., à 11 kil. S. d'Alger, sur la route d'Alger à Blidah ; — mairie ; église ; écoles ; atelier de condamnés militaires ; — 1.308 hab.

Birkadem s'est créé spontanément ; il a acquis une certaine importance qu'il doit à sa proximité d'Alger, ainsi qu'à la beauté de son site et à la fertilité de ses terres. Les habitations, groupées autour de l'église, ne sont pas très-nombreuses ; mais au dehors du village on trouve, éparpillées dans la campagne, une centaine de fermes qui présentent l'aspect le plus riant. — Le territoire, couvert d'arbres fruitiers et de vignes, produit en abondance des céréales et du tabac. Le marché d'Alger lui doit, en outre, une partie de ses approvisionnements légumineux.

Saoula. — à 2 kil. O. de Birkadem ; — village et fermes, 763 hab.

COMMUNE DE KOUBA (arrondissement d'Alger).

Europ. et Israél. natural. franç., 981 ; — Musulm., 358.

Kouba, — ch.-l. de la comm., à 8 kil. S.-E. d'Alger, sur un des plateaux du Sahel ; — mairie ; brig. de gendarm ; église ; grand et petit séminaires ; orphelinat de filles ; — 1.112 hab. (séminaristes compris).

Terrain sec et sablonneux ; — céréales, tabac, vignes, mûriers et oliviers. — Moulin à farine sur la rivière qui passe au pied du coteau ; briqueterie ; — pop. éparse, 668 hab.

COMMUNE D'HUSSEIN-DEY (arrondissement d'Alger).

Europ. et Israél. natural. franç., 1.618 ; — Musulm., 278.

Hussein-Dey, — ch.-l. de la comm., à 6 kil. S.-E. d'Alger ; — mairie ; chapelle et presbytère ; écoles et salle d'asile ; vastes magasins pour le service des tabacs ; verreries ; gare de chemin de fer ; polygone d'artillerie, sur le bord de la mer. — 1.123 hab.

Terres de premier choix, abondamment irriguées ; culture maraîchère et fruits ; — fermes et gourbis, 773 hab.

A L'EST D'ALGER

COMMUNE DE LA MAISON-CARRÉE (arrondissement d'Alger).

Europ. et Israél. natural. franç., 1.053 ; — Musulm., 640.

Maison-Carrée (la), — ch.-l. de la comm., à 12 kil. E. d'Alger, sur la rive droite de l'Harrach, que traverse un pont en pierres construit par les Turcs ; — mairie ; brig. de gendarm. ; écoles ; chapelle ; orphelinat indigène (garçons), sous la direction de l'Archevêque ; maison centrale, établie dans un vaste établissement crénelé où étaient autrefois casernés les janissaires ; stat. de ch. de fer ; marché important ; — 1.287 hab.

Territoire fertile : céréales, vignes, légumes. — Fermes et gourbis, 406 hab.

COMMUNE DE LA RASSAUTA (arrondissement d'Alger).

Europ. et Israél. natural. franç., 914 ; — Musulm., 945.

FORT-DE-L'EAU, — ch.-l. de la comm., à 18 kil. E. d'Alger, sur le bord de la mer ; — mairie ; église ; école et salle d'asile ; poste de douaniers. — Cultures maraîchères parfaitement entretenues ; — 558 hab.

La Rassauta, — à 2 kil. E. du Fort-de-l'Eau, sur un coteau au pied duquel coule le Hamiz ; — le territoire, d'une extrême fertilité, comprend un certain nombre de fermes dont les habitants se livrent à la culture des céréales et à l'élève du bétail ; — 124 hab.

La Maison Blanche, — ham. à 3 kil S.-O. de Fort-de-l'Eau, sur la route d'Alger au Fondouk ; — maisons et fermes, 268 hab.

Le Retour de la Chasse, — groupe de maisons, 47 hab.

Tentes et gourbis disséminés dans la commune, 862 hab.

COMMUNE D'AÏN-TAYA (arrondissement d'Alger).

Europ. et Israél. natural. franç., 1.026 ; — Musulm., 273.

AÏN-TAYA, — ch.-l. de la comm., à 28 kil. E. d'Alger ; — mairie ; église ; école ; — aux environs, maisons et fermes, — 347 hab.

Aïn-Krob, — ham. à 1 k. O. d'Aïn-Taya ; — 35 hab.

Aïn-Beïda, — à 1 kilom. E. d'Aïn-Taya ; — 55 hab.

Matifou, — ham. près du Cap et à 7 kilom. O. d'Aïn-Taya ; — fermes et isolés, 570 hab. — C'est sur l'emplacement de ce village que les Romains avaient construit la ville de *Rusgunia* ; — ruines nombreuses; carrières.

COMMUNE DE ROUÏBA (arrondissement d'Alger).

Europ. et Israél. natural. franç., 606 ; — Musulm., 1.055.

ROUÏBA, — ch.-l. de la comm., à 25 kil. E. d'Alger, sur la route d'Alger à Dellys ; — mairie ; église ; école ; —

chantiers extérieurs des prisons d'Alger et de la Maison-Carrée ; — 276 hab.

Céréales ; bestiaux ; belles plantations d'arbres. — Fermes, douars, tentes et gourbis, 1.385 hab.

COMMUNE DU FONDOUK (arrondissement d'Alger).

Europ. et Israél. natural. franç., 623 ; — Musulm., 2.834.

FONDOUK (LE), — ch.-l. de la comm., à 31 kil. E. d'Alger, à l'extrémité orientale de la Mitidja, sur la rive gauche du Hamiz ; — mairie ; brig. de gendarm. ; église ; école ; — 480 hab.

Sol fertile, abondamment irrigué ; — céréales et tabac ; belles plantations d'arbres.

Hamédi, — ham. à 6 kil. du Fondouk ; — 47 habitants.

Fermes et gourbis disséminés dans la commune ; — 2.930 hab.

COMMUNE DE St-PIERRE ET St-PAUL (arrondissement d'Alger).

Europ. et Israél. natural. franç., 210 ; — Musulm., 214.

La commune est formée de deux villages :

St-PIERRE, — ch.-l. de la comm., à 40 kil. S.-E. d'Alger ; — 130 hab. ;

St-Paul, — à 4 kil O. de St-Pierre ; — 294 hab.

Lors de la dernière insurrection, ces deux villages furent saccagés par les Kabyles.

COMMUNE DE LA RÉGHAÏA (arrondissement d'Alger).

Europ. et Israél. natural. franc., 299 ; — Musulm., 547.

RÉGHAÏA (LA) — ch.-l. de la comm., à 30 kil. E. d'Alger, sur la route d'Alger à Dellys ; — 120 hab.

Sol fertile ; céréales, tabac, vergers, orangeries ; — Fermes et tribus, 726 hab.

M'zera, — colonie de jeunes détenus indigènes et européens.

COMMUNE DE L'ALMA (arrondissement d'Alger).

Europ. et Israél. natural. franç., 1,204 ; — Musulm., 5.998.

ALMA (L') — ch.-l. de la comm., à 36 kil. E. d'Alger ;

— mairie ; justice de paix ; brig. de gendarm. ; ambulance civile ; écoles ; — 631 hab.

Le village de l'Alma a été le théâtre de deux brillants combats. En 1839, le 25 mai, 900 fantassins et 45 cavaliers, sous les ordres du commandant de La Torre, repoussèrent près de 6.000 arabes. — En 1871, le 20 avril, le colonel Fourchault, à la tête d'une colonne numériquement faible, composée de francs-tireurs, de mobilisés d'Alger et de troupes régulières, rencontra et défit les contingents kabyles qui, après avoir incendié les villages environnants, voulaient faire irruption dans la plaine.

Sainte-Marie du Corso, — ham. et fermes importantes, à 5 kil. E. de l'Alma ; — 74 hab.

Belle-Fontaine, — à 12 kil. E. de l'Alma, créé en 1872, sur l'emplacement d'un village habité par les Kabyles avant l'insurrection de 1871. — Fontaine, lavoir et abreuvoir alimentés par une source dont les eaux sont amenées par une conduite de 2 kil. de longueur ; — vignes, — bois de chauffage et chêne-liége — 200 hab. (Alsaciens et Lorrains).

Bled-Guitoun, — à 24 kil. E. de l'Alma ; — créé en 1872 ; — 162 hab.

Zaatra, — à 6 kil. N. de Bled-Guitoun ; créé en 1872.

Zamouri, — à 5 kil. N. de Zaatra ; — créé en 1872 ; en voie de peuplement.

Ces trois derniers villages sont reliés entre eux par une route carossable qui va de Bled-Guitoun à la mer.

Col des Beni-Aïcha, — village sur les routes d'Alger à Fort-National et d'Alger à Constantine, à 50 kil. E d'Alger et à 14 kil. de l'Alma ; — point d'intersection entre la plaine de la Mitidja et la vallée des Issers ; l'une des portes de la Kabylie ; — redoute ; brig de gendarmerie ; — gîte d'étape pour les troupes ; — relais des diligences et des rouliers. — Dévasté par les Kabyles, en 1871 ; aujourd'hui reconstruit ; — 96 hab.

Souk-el-Hadd, — à 6 kil. S. du Col des Beni-Aïcha ; — pays splendide, rappelant les plus beaux sites de France ; — Terres riches ; — eaux abondantes ; — nombreux oliviers greffés ; — créé en 1872 ; — 250 hab. venus de la Drôme.

Beni-Amram. — A 8 kil. S du Col. et à 2 kil. de Souk-el-Haâd ; — créé en 1872 : en voie de peuplement.

CIRCONSCRIPTION CANTONALE DES BENI-AÏCHA (arrond. d'Alger.)

Europ. et Israél. natural. franç., 21 ; — Musulm., 16.496.

PALESTRO, — ch.-l. de la circonscription (*voir plus bas*).

COMMUNE MIXTE DE PALESTRO (arrondissement d'Alger).

Europ. et Israél. natural. franç , 227 ; — Musulm., 13.

PALESTRO, — ch.-l. de comm. mixte et de la circonscription cantonale des Beni-Aïcha, village à 76 kil. S.-E. d'Alger, et à 26 kil. S. du Col des Beni-Aïcha; — mairie ; brig. de gendarm. ; église et presbytère ; école ; ambulance ; — 240 habit.

Au sortir du Col des Beni-Aïcha, la route départementale d'Alger à Constantine se dirige vers le sud en remontant le cours de l'Isser dont elle longe la rive gauche. De chaque côté de la route et sur le flanc des montagnes, s'étalent des villages kabyles bâtis en pierres et en tuiles et environnés de jardins complantés d'arbres fruitiers. La route, large aux environs du Col, se rétrécit peu à peu jusqu'à *Timizert*, où l'Isser coule entre deux bandes de rochers fortement escarpés et qui rappellent les gorges de *La Chiffa*.

A partir de Timizert, la route est taillée en corniche dans le roc vif, sur un parcours de 3 kilomètres, traverse un énorme rocher, creusé en tunnel sur une longueur de 80 mètres, et, de la rive gauche de l'Isser passe sur la rive droite, qu'elle longe jusqu'à Palestro. — Le village est assis à 1 kilom environ de la rivière, sur un des contre-forts de la montagne des Beni-Khalfoun.

Palestro restera tristement célèbre dans les annales de l'Algérie : En 1871, ce village fut attaqué par une nuée de Kabyles : ceux des habitants qui, du presbytère, où ils s'étaient d'abord réfugiés, avaient gagné la caserne de gendarmerie, se rendirent aux chefs indigènes, après une lutte héroïque, mais sous la condition expresse qu'ils seraient conduits à l'Alma et qu'ils conserveraient leurs armes. C'était compter sur la foi punique : 46 d'entre eux furent égorgés à leur sortie de la caserne (22 avril). — Ceux qui s'étaient barricadés dans la maison cantonnière soutinrent bravement le siège, un contre cent. Le combat dura *quinze heures*: à bout de munitions, sans vivres et sans eau, enveloppés par les flammes, ils déposèrent les armes. Un des chefs indigènes les recueillit dans son domicile. — Aussitôt après, Palestro fut incendié. Lorsque la colonne Fourchault arriva, après une marche de 17 heures, sur le théâtre de ces événements, elle ne trouva plus que des cadavres horriblement mutilés et des ruines fumantes. — Palestro a été reconstruit en 1872.

Bordj-Bouïra, — à 42 kil. S.-E. de Palestro, sur la route d'Alger à Constantine ; — ancien fort turc approprié en caravansérail et autour duquel on a construit quelques fermes ; — 53 hab.

COMMUNE DE BORDJ-MENAÏEL (arrondissement d'Alger).

Europ. et Israél. natural. franç., 192; — Musulm., 43.

BORDJ-MENAÏEL, — ch.-l. de la comm., et ch.-l. de la circonscription cantonale *des Issers*, à 69 kil. E. d'Alger, dans la vallée des Issers ; — ancien fort turc autour duquel se sont groupées un certain nombre de fermes ; — brig. de gendarm. ;— le village fut saccagé par les Kabyles, en 1871; il a été reconstruit et repeuplé l'année suivante, et il a reçu une augmentation de territoire. — Pays riche, complètement défriché, mais où le bois fait défaut ; eaux abondantes et de bonne qualité ; — 235 hab.

Issers (les), — caravansérail sur la route d'Alger à Dellys, à 3 kil. de Bordj-Menaïel.

Isserbourg, — à 6 kil. N.-O. de Bordj-Menaïel ; — village créé en 1872 ; — en voie de peuplement.

Isser-el-Ouïdan, — à 1 kil. d'Isserbourg, sur la rive gauche de l'Isser ; — groupe de fermes exploitées par des familles alsaciennes-lorraines ; — ham. créé en 1872; — 42 hab.

Cap Djinet, — village projeté sur le bord de la mer, en face du Cap.

Isserville, — à 10 kil. S.-O. de Bordj-Menaïel ; — village créé en 1872 ; — 380 hab.

Chabet-el-Ameur, — à 18 kil. S. du caravansérail des Issers, près de la route qui relie ce caravansérail à Dra-el-Mizan ; — créé en 1872 ; — en voie de peuplement.

Azib-Zamoun, — à 10 kil. E. de Bordj-Menaïel; — caravansérail, à l'embranchement des routes d'Alger à Dellys et d'Alger à Fort-National, par Tizi-Ouzou ; — groupes de fermes : 25 hab. ; — en voie d'agrandissement et de peuplement.

Camp du Maréchal, — à 9 kil. d'Azib-Zamoun, sur la route de Tizi-Ouzou. — Village en voie de peuplement.

CIRCONSCRIPTION CANTONALE DES ISSERS (arrondissement d'Alger).

Europ. et Israél. natural. franç , 48; — Musulm , 30,429.

BORDJ-MENAÏEL, — ch.-l. de la circonscription *(voir plus haut)*.

COMMUNE DE DELLYS (arrondissement d'Alger).

Commune : Europ. et Israél. natural. franç., 1.308; — Musulm., 9.442.
Circonscription cantonale: Musulm., 19.039.

DELLYS, — ch.-l. de comm. et de circonscrip. canton. ; — ville maritime, à 96 kil. Est d'Alger, mi-partie arabe, mi-partie française ; — mairie ; justice de paix ; brig. de gendar.; direct. de port.; église, presbytère, école prim., caserne, hôpital et magasins, direction des postes et télégraphe, cercle militaire, belle mosquée affectée au culte musulman — La ville française est des plus coquettes : rues larges, tirées au cordeau, jolie place complantée d'arbres ; la ville arabe a un aspect tout autre : — pop. (ville et banlieue) 2.681 hab.

Dellys — est le marché maritime de la région ouest de la grande Kabylie ; elle est placée au débouché des vallées de l'Isser et du Sebaou, qui pénètrent profondément dans le pays ; mais elle est séparée des plaines d'Aumale et des plateaux de l'intérieur par plusieurs chaînes de hautes montagnes. Sa valeur, comme point de transit, est à peu près nulle.

Dellys fut habitée par les Romains, sous le nom de *Rusucurrum*. — Elle fut occupée par l'armée française en 1844. — En 1871, elle fut bloquée par les Kabyles qui tentèrent, mais vainement, de s'en emparer dans la journée du 22 avril, et qui s'enfuirent à l'approche de la colonne commandée par le général Lallemand.

Takdempt, — à 5 kil. O. de Dellys, près du Sebaou (riv. dr.); village projeté.

Abboville, — à 12 kil. S.-O. de Dellys, près du Sebaou (riv. g.); en voie de peuplement.

Ben-N'choud, — à 11 kil. S. de Dellys, sur la route de Dellys à Alger ; — 113 hab.

Ouled-Khaddach, — à 13 kil. S. de Dellys ; village créé en 1872 ; — 87 hab.

Rébeval, — à 18 kil. S. de Dellys ; — incendié par les Kabyles en 1871 ; — aujourd'hui reconstruit et agrandi ; — 152 hab.

Ténine, — à 19 kil. à l'O. de Rebeval, sur la rive gauche du Sebaou ; — village projeté.

Dar-Beïda, — à 6 kil. S.-E de Rébeval ; — village projeté.

Ouled-Madjoub, — à 6 kil. S.-E de Dellys, sur la route muletière qui relie Dellys à Tizi-Ouzou ; — village projeté.

Azerou, — à 5 kil. des Ouled-Madjoub, même route ; — village projeté.

Taourga, — au S.-E. de Dellys, à 14 kil. d'Ouled-Madjoub et sur la même route ; — village projeté.

Les Salines, — à 4 kil. E. de Dellys ; — salines artificielles établies sur le bord de la mer et ferme importante.

La Zaouïa, — à 10 kil E. de Dellys, dans la tribu des Beni-Slyem, sur l'oued Breka, et près de la mer ; — village projeté.

Sidi-Khaled, — à 20 kil. E de Dellys, sur le bord de la mer ; — village projeté.

Zeffoun, — à 40 kil. E. de Dellys, sur le bord de la mer ; — village projeté.

Yacouren, — à 15 kil. S. de Zeffoun ; — village projeté.

Indigènes de la circonscription cantonale : 19 039 hab.

COMMUNE MIXTE DE TIZI-OUZOU (arrondissement d'Alger).

Europ. et Israél. natur. franç , 386 ; — Musulm , 17.

Tizi-Ouzou, — ch.-l. de l'arrond.-cercle et de la comm. ; — village et poste militaire en pleine Kabylie, à 105 kil. E. d'Alger, sur la route d'Alger à Fort-National ; — mairie ; justice de paix ; brig de gend. ; pavillon d'officiers, casernes d'infanterie et de cavalerie ; magasins et ateliers ; hôpital et ambulance. Au pied du monticule sur lequel le fort est assis, s'étend la ville française, construite en 1856. — Eglise, école de filles, salle d'asile ; fontaine, abreuvoir et lavoir publics ; rues larges, propres, bordées d'arbres ; maisons convenablement aménagées ; hôtel pour les voyageurs ; diligences ; bureau de poste ; — 403 hab.

Derrière la ville, et à une distance de 200 mètres, se trouve le village kabyle.

Tizi-Ouzou était autrefois le point le plus avancé de l'occupation romaine dans le Djurdjura, et les Turcs eux-mêmes n'avaient pas dépassé cette limite. Leur bordj, pillé et dévasté par les Kabyles, en 1830, fut relevé en 1854, pour recevoir une garnison française.

En 1871, dès les premiers jours de l'insurrection, les habitants de Tizi-Ouzou durent se retirer dans le fort, que défendaient 700 hommes environ. — Après avoir incendié le village, les Kabyles se ruèrent contre une des portes de la citadelle, y mirent le feu et tentèrent de pénétrer dans l'enceinte. Ils furent repoussés (18 avril). Deux jours après, un marabout se présenta comme parlementaire et somma la garnison de capituler. Il fut aussitôt éconduit et les hostilités recommencèrent.

Les Kabyles, au nombre de dix mille environ, investirent la place, creusèrent des tranchées et s'approchèrent si près des murailles qu'ils tiraient dans les créneaux. La garnison tint bon et déjoua par sa résistance toutes les tentatives des assaillants ; le 11 mai, apprenant que la colonne Lallemand marchait à son secours, elle fit une sortie, détruisit les travaux d'approche et acheva de disperser les contingents kabyles que le général Lallemand venait de battre sur le plateau de Bellana.

Takzept — au S.-E. de Tizi-Ouzou ; village projeté.

Indigènes du cercle. 42.399 hab.

COMMUNE MIXTE DE FORT-NATIONAL (arrond.-cercle de Tizi-Ouzou).

Commune : Europ. 187 ; — *Circonscription cantonale* : Musulm., 95.219.

FORT-NATIONAL, — ch.-l. de la comm., et de circonscrip. canton. et de subdivis. militaire, à 132 kil. d'Alger et à 27 kil. S.-E. de Tizi-Ouzou ; place de guerre construite par l'armée, sur le plateau central des Beni-Raten, et qui domine une partie du territoire ; la ville, protégée par une enceinte flanquée de dix-sept bastions, embrasse une superficie de 12 hectares. — Maison de commandement, pavillon d'officiers, casernes d'infant. et de caval., brig. de gendar. ; magasins de subsistances et autres, ateliers du génie, poste télégraphique et bureau de postes; infirmerie où les civils sont admis ; — 187 hab.

Les tribus kabyles qui habitent ce pâté de montagnes se glorifiaient d'échapper à la domination de la France et étaient devenues un foyer permanent d'insurrection. Déjà (1854), obéissant aux instigations d'un marabout, elles avaient pillé nos alliés, attaqué nos avant-postes et tenté d'incendier Dra-el-Mizan. Le maréchal Randon, alors gouverneur général, attendait pour venger ces insultes, que la guerre d'Orient fût terminée Il prépara de longue main l'expédition ; puis, quand l'heure eut sonné où il pouvait agir, il se mit en marche (mai 1857.).

Le corps expéditionnaire, formé des troupes régulières et de quelques goums arabes, comprenait trois divisions et deux colonnes d'observation, soit près de 35.000 hommes. La première division était commandée par le général Renault, la seconde par le général Mac-Mahon, la troisième par le général Jusuf. Pour bien comprendre les difficultés que présentait l'expédition, il faut se rappeler que les villages kabyles sont édifiés, pour la plupart, au sommet des montagnes, protégés par des obstacles naturels et défendus par la population la plus belliqueuse de l'Algérie. Le maréchal Randon triompha, cependant, de tous ces obstacles. Les troupes, habilement dirigées et vaillamment conduites, escaladèrent, sous un feu continuel, des positions qui semblaient inabordables, poursuivirent l'ennemi dans ses derniers retranchements, prirent d'assaut chaque village et, après soixante jours de combat, forcèrent toutes les tribus à demander l'aman. — La Kabylie entière déposa les armes. Mais il fallait assurer notre domination ; des routes furent percées dans la montagne, et le Fort fut rapidement édifié.

En 1871, Fort-National, que défendaient 472 hommes seulement, fut investi et assiégé par les Kabyles. — Après avoir incendié l'Ecole des arts-et-métiers et les maisons de la banlieue (17 avril), les insurgés cernent la place, creusent des tranchées et parviennent jusqu'au pied des murailles. Le 26, un parlementaire somme la troupe de capituler : on le renvoie sans daigner lui répondre ; — le

12 mai, la garnison opère une sortie, bouleverse les travaux et va brûler les villages les plus rapprochés ; — le 21 mai, au milieu de la nuit, les assiégeants dressent des échelles contre les remparts et tentent l'escalade : les assiégés tirent à bout portant, culbutent les échelles et infligent à l'ennemi des pertes énormes. — A dater de ce jour les Kabyles renoncent à une attaque de vive force et se bornent à resserrer le blocus. — Le 16 juin, les colonnes Cérez et Lallemand, qui avaient fait leur jonction, arrivaient à Tizi-Ouzou, marchaient de là sur Fort-National et, après un rude combat, rejetaient les assiégeants dans leurs montagnes.

Le siége avait duré deux mois : depuis le 2 mai, la garnison était réduite à manger du cheval et du mulet.

CIRCONSCRIPTION CANTONALE DE MEKLA.

MEKLA, — ch.-l. de circonscrip. canton., sur la rive gauche du Sebaou, au N.-E. de Fort-National ; — poste stratégique. — Indigènes de la circonscrip., 49.671 hab.

COMMUNE MIXTE DE DRA-EL-MIZAN (arrond.-cercle de Tizi-Ouzou).

Commune : Europ. et Israél. natural. franç., 461 ; — Musulm., 102.
Circonscription cantonale : Musulm., 29.187.

DRA-EL-MIZAN, — ch.-l. de la comm. et de circonscrip. cant. ; — village et poste militaire, à 98 kil. E. d'Alger, 35 kil. S.-O. de Tizi-Ouzou et 56 kil. S.-O. de Fort-National. — Mairie ; brig. de gendarm. ; église et presbytère ; école ; — peu de cultures ; moulins à huile et à blé.

Fut attaqué et pillé, en 1871, par les Kabyles : — Les habitants avaient établi des barricades à l'abri desquelles ils purent résister pendant quelques heures, mais les assaillants ayant opéré un mouvement tournant, la population dut se retirer dans le fort (20 avril). — A peine le village était-il évacué, que les insurgés l'envahissaient, pillaient les maisons et incendiaient les édifices publics et les habitations particulières. — Le fort, investi aussitôt après par les contingents kabyles, fut débloqué le 4 juin par la colonne Cérez.

Dra-el-Mizan a été reconstruit et agrandi en 1872.

Bou Thaïma, — à 4 kil. N.-O. de Dra-el-Mizan ; — villg. projeté.

Aomar, — à 10 kil. S.-O. de Dra-el-Mizan ; — village projeté.

Aïn Zaouïa, — à 3 kil. E. de Dra-el-Mizan ; — village projeté.

Bordj Boghni, — à 5 kil. E. de Dra-el-Mizan ; — fermes ; moulin à huile et moulin à farine ; — pillé par les Kabyles en 1871.

COMMUNE D'AUMALE (arrondissement d'Alger).
Europ. et Israél. natur. franç., 1.592 ; — Musulm., 3.506.

Aumale, — ch.-l. de la comm. ; — ville et poste militaire, à 123 kil. d'Alger, entre Sétif et Médéah ; — mairie ; justice de paix ; brig de gendarm. ; église ; casernes d'inf. et de cav. ; vastes magasins ; hôp. mil. ; télégraphe et direct. des postes ; — europ. : 1.404 hab.

Cultures, céréales et vignes ; pierre à chaux, plâtre, terre à briques ; nombreux moulins à farine qui desservent les tribus environnantes ; — marché arabe tous les dimanches.

Aumale est essentiellement une position militaire ; les Romains y fondèrent un établissement (*Auzia*) ; les Turcs y construisirent un fort (*Sour-Ghozlan*).

Les Trembles, — hameau à 13 kil. N. d'Aumale } 188 europ.
Bir Rabalou, — village à 19 kil. N. d'Aumale }

El Maghoun, — Caravans. à 21 kil. N.-E. d'Aumale.

El Esnan, — caravans. à 37 kil. N.-E. d'Aumale.

Beni Mansour, — poste militaire et bureau arabe, situé au pied du Djurjura, sur la limite Est des provinces d'Alger et de Constantine, à 74 kil. N.-E. d'Aumale. — En face, et sur la rive gauche de l'oued Sahel, magnifique forêt d'oliviers. Les quelques maisons qui s'élevaient autour du bordj, en 1871, ont été incendiées par les kabyles. Aujourd'hui le poste est rétabli ; — Fermes aux environs et chantiers, 96 hab.

Ces trois dernières localités sont situées sur la route d'Alger à Constantine et sur celle d'Aumale à Bougie.

COMMUNE DE L'ARBA (arrondissement d'Alger.)
Commune : Europ. et Israél. natural. franç., 1.577 ; — Musulm., 1.949.
Circonscription cantonale : Europ., 39 ; — Musulm., 6.912.

Arba (L'), — ch.-l. de la comm. et de circonscript. canton. ; — village à 30 kil. S. d'Alger ; — mairie, brig. de gendarm., église, école, médecin de colonisation. — Rues et places publiques bordées d'arbres. — 1.295 hab.

Orangeries importantes, riches cultures en céréales et en tabacs, arrosées par l'oued Djemmah. — Beaux moulins à farine et distilleries. — On a découvert dans la circonscription plusieurs mines métallifères.

Rivet, — village à 10 kil. N.-E. de l'Arba ; — chapelle ; presbytère ; école ; — 282 europ.

Saccamodi, — groupe de maisons sur la route d'Aumale, à 23 kil. S.-E. de l'Arba.

CIRCONSCRIPTION CANTONALE DE TABLAT.

Europ. et Israél. natural. franç., 40 ; — Musulm., 31.566.

TABLAT, — ch.-l. de la circonscript., à 39 kil. S.-E. de l'Arba et à 48 kil. N. d'Aumale ; — brig. de gendarm.— Point stratégique ; village projeté.

AU SUD D'ALGER.

COMMUNE DE SIDI-MOUSSA (arrondissement d'Alger).

Europ. et Israél. natural. franç., 581 ; — Musulm., 1.308.

SIDI-MOUSSA, — ch.-l. de la comm., village à 23 kil. S. d'Alger ; — mairie ; église ; école ; — 143 hab.

Fermes nombreuses autour du village. — Céréales, vignes.

COMMUNE DE ROVIGO (arrondissement d'Alger).

Europ. et Israél. natural. franç., 428 ; — Musulm., 1.471.

ROVIGO, — ch.-l. de la comm., village à 31 kil. S. d'Alger ; — mairie ; église ; écoles, salle d'asile. — Moulins et distilleries ; — 226 hab.

Orangeries, céréales, bétail, cultures industrielles. — Carrières de plâtre et carrières de sable siliceux propre à la fabrication du verre et de la porcelaine.

Hammam-Mélouan, — à 7 kil. O. de Rovigo ; — sources thermales (voir p. 40).

COMMUNE DE CHEBLI (arrondissement d'Alger).

Europ. et Israél. natural. franç., 1.335; — Musulm., 2.853.

CHEBLI, — ch.-l. de la comm., village à 38 kil. S. d'Alger ; — mairie, chapelle, école ; — 416 hab.

Birtouta, — ham. à 9 kil. N. de Chébli ; — 226 hab.

Sur tout le territoire de la commune, céréales, tabacs, oliviers ; belles plantations de mûriers et de platanes.

COMMUNE DE BOUFARIK (arrondissement d'Alger).

Europ. et Israél. natural., franç., 3.233; — Musulm., 1.964.

BOUFARIK, — ch.-l. de la comm., ville à 37 kil. S.-O. d'Alger et à 14 kil. de Blidah, sur la route qui relie ces deux villes. — Mairie, justice de paix, gendarmerie, église, direction des postes, télégraphe, maison d'apprentissage pour les orphelins, école de garçons, école de filles et asile; plantations publiques bien entretenues, jardins magnifiques, gare de chemin de fer ; — 2.588 hab.

Cultures principales : céréales, tabac, vignes, oliviers, mûriers et orangers. — Sol d'une fertilité rare ; eaux abondantes : un canal de dérivation amène une partie des eaux de l'Harrach sur divers points de la commune, et un autre les eaux de l'oued Bou-Chemala jusqu'à Boufarik même. — Marché arabe très important tous les lundis ; il est abondamment fourni de bestiaux de boucherie et de bêtes de travail.

Boufarik fut occupé en 1832 par le général d'Erlon, qui y établit un camp retranché ; c'était à cette époque, « un humide bocage, entouré de marais aux exhalaisons malsaines ». Les premiers colons qui s'y établirent furent tous enlevés par les fièvres, et si persistante fut l'insalubrité que la ville passa longtemps pour un foyer d'infection. De nouveaux colons vinrent, cependant, qui achevèrent l'œuvre de leurs devanciers ; les terres furent profondément fouillées, le sol se couvrit de nombreuses plantations, des routes furent ouvertes, l'eau circula partout, et la commune de Boufarik est aujourd'hui l'une des plus salubres et des plus fertiles de l'Algérie.

Bouïnan, — village à 16 kil. S.-E. de Boufarik; — 682 hab.

Quatre-Chemins, — Maisons et fermes, à 7 kil. N. de Boufarik.

COMMUNE DE SOUMA (arrondissement d'Alger).

Europ. et Israél. natural. franç., 510; — Musulm., 1.731.

Souma, — ch.-l. de la comm., village à 41 kil. S.-O. d'Alger et à 9 kil. de Blidah. — Mairie; église; école mixte; fontaine, lavoir et abreuvoir; — 481 hab.

Sol fertile; céréales, tabac, vigne, oliviers et mûriers; beaux vergers; vaste orangerie. — Les eaux d'irrigation, relativement abondantes, proviennent de l'Oued-bou Chemala et sont amenées au moyen d'un canal d'irrigation; il a été construit sur ce canal deux moulins à farine.

Souma-les-Mines, — à 4 kil. N. de Souma. — Exploitation de minerai de fer.

COMMUNE DE BLIDAH (arrondissement d'Alger).

Commune: Europ. et Israél. natural. franç., 7.128; — Musulm., 8.137.
Circonscription cantonale: Europ., 33; — Musulm., 5.251.

Blidah, — ch.-l. de la comm. et de circonscription cantonale; — ville à 50 kil. S.-O. d'Alger, au pied de l'Atlas; mairie, tribunal de 1re instance, justice de paix, conseil de guerre; gendarmerie, postes et télégraphe; église, temple protestant, écoles de garçons et de filles tenues par les congréganistes, institutions laïques, école protestante; casernes d'infanterie et de cavalerie, haras, dépôt d'étalons; gare de chemin de fer.

Rues larges et bien aérées, théâtre, jolies promenades, hôtels nombreux et confortables; foire du 15 au 20 août de chaque année; marché arabe tous les vendredis; deux marchés journaliers; ville et banlieue, 9.728 hab.

Les Européens de la ville sont généralement commerçants; il en est de même des indigènes, pour la plupart Israélites Dans la banlieue, spécialement occupée par les Espagnols, l'habitant s'adonne aux cultures maraîchères. Il apporte ses produits non-seulement à Blidah et dans les villages où les grands travaux et les difficultés des irrigations entravent le jardinage, mais il les exporte encore dans les villes voisines, notamment à Médéah.

L'arboriculture prend dans la banlieue de très grands développements ; on plante chaque année une quantité considérable d'arbres fruitiers, mais l'oranger est l'objet de soins plus particuliers et constitue une industrie spéciale : l'exportation des oranges.

La ville est abondamment pourvue de fontaines, abreuvoirs, bornes fontaines et de lavoirs ; mais le système d'aménagement des eaux d'alimentation laisse à désirer. Il existe sur le canal de dérivation de l'Oued-el-Kebir cinq moulins à farine très importants : ils constituent l'industrie la plus active et la plus riche de la localité.

Blidah fut, sous la domination romaine, une station militaire ; plus tard, elle fut occupée par les Turcs. Un tremblement de terre la détruisit de fond en comble (1825), mais elle fut bientôt après rebâtie. — Durant la première période de la guerre d'occupation, les Blidiotes combattirent plusieurs fois contre l'armée française ; ils attaquèrent (26 juillet 1830) le corps expéditionnaire que commandait M. de Bourmont ; soutinrent contre les troupes du maréchal Clauzel (19 novembre suivant) un rude combat, ensuite duquel tous les jardins furent dévastés ; entrèrent, plus tard, dans les coalitions ourdies par les lieutenants d'Abd-el-Kader et furent cruellement châtiés, en 1832, par le duc de Rovigo, et, en 1837, par le comte de Damrémont — Le traité de la Tafna mit fin à ces guerres continuelles : Blidah fut cédée à la France, et le maréchal Valée en prit définitivement possession (3 mai 1838).

Montpensier, — village à 2 kil. N. de Blidah ; — 238 hab.

Beni-Méred, — village à 6 kil. N. de Blidah ; — 468 hab.

Sur la place du village, une colonne monumentale rappelle un des plus glorieux souvenirs de l'histoire de l'Algérie : vingt-deux hommes, commandés par le sergent Blandan, furent attaqués par plus de 300 arabes et, plutôt que de se rendre, se firent tuer jusqu'au dernier.

Dalmatie, — village à 4 kil N.-E. de Blidah ; 604 hab.

Joinville, — village à 2 kil. N. O de Blidah ; 641 hab.

COMMUNE DE MÉDÉAH (arrondissement d'Alger).

Europ. et Israél. natural. franç., 3.439 ; — Musulm , 5.986.

MÉDÉAH, — ch.-l. de la comm. et de subdiv. militaire, à 91 kil. S.-O. d'Alger, et à 42 kil. de Blidah. — Résidence d'un général de brigade ; mairie ; justice de paix ; brig. de gendarm. ; église et presbytère ; écoles pour les garçons et pour les filles, salle d'asile ; caserne d'infanterie, quartier de cavalerie ; cercle militaire où les employés civils sont admis ; magasins de subsistances et autres ; hôpital ; télégraphe, bureau de postes. — Rues larges et propres ; jolies habitations ; places complantées d'arbres ; fontaines ; marché arabe tous les vendredis ; air salubre, climat tempéré. — En somme, une des plus jolies villes de l'Algérie. — 2.776 hab. europ. (ville et banlieue).

Le territoire est fertile ; il produit en abondance : les céréales et la vigne, qui donne un vin délicieux ; des fruits justement estimés. — La route qui conduit de Blidah à Médéah a été faite par les zouaves, longe et contourne les gorges de la Chiffa, et rappelle d'une façon saisissante, la route difficile de la grande Chartreuse. C'est une des plus curieuses excursions qu'il soit donné de faire.

Médéah était sous les Romains un poste militaire ; elle fut, sous les Turcs, la capitale d'une province, celle de Tittery. — Le dernier de ses Beys, Bou-Mezrag, nous offrit ses services, le lendemain même de la prise d'Alger; peu de temps après, il trahit notre cause, et le général Clauzel dut se rendre à Médéah, à la tête d'un corps d'armée, pour imposer aux habitants un chef de son choix, Mustapha ben Omar. La substitution se fit sans coup férir, mais après quelques mois de séjour à Blidah, où on l'avait interné, Oulid bou Mezrag, fils du Bey déchu, obtint l'autorisation de rentrer dans sa famille. Or, il cachait sous une apparente simplicité une grande ambition : il intéressa les tribus voisines à sa personne et à sa cause et rallia promptement à lui les Arabes les plus influents. L'autorité de Ben Omar, sans racines dans le pays, fut ouvertement méconnue et le général Berthezène, qui avait succédé au général Clauzel, marcha au secours du Bey dont la personne était sérieusement menacée. Il partit d'Alger le 25 juin 1831, à la tête de 4.500 hommes ; le 30, il entrait à Médéah, d'où Bou Mezrag s'était précipitamment enfui.

Les citadins, pour la plupart gens d'ordre et paisibles, accueillirent avec joie l'armée française qui les débarassait d'un personnage incommode, et, dans le but de prévenir une nouvelle insurrection, ils engagèrent le général à organiser l'administration de la province et à laisser garnison dans la ville ; mais au lieu de se rendre à leur avis, M. de Berthezène se lança à la poursuite de Bou-Mezrag, et poussa jusqu'au plateau d'Aouarat, brûlant les moissons et abattant les arbres ; après quoi, il revint à Médéah, suivi de près par les Arabes. — La ville, joyeuse la veille, était dans la consternation. Les habitants se demandaient avec effroi dans quel but on ruinait la province ; ils redoutaient, surtout, de passer aux yeux de leurs compatriotes pour des hommes sans courage et sans foi et s'attendaient à subir de terribles représailles, Ben-Omar se fit leur interprète : il supplia le général de laisser dans la ville un ou deux bataillons, afin de protéger ses partisans contre les vengeances de Bou-Mezrag ; mais le général, qui se sentait lui-même fortement compromis et songeait au retour, répondit à ces supplications par un refus catégorique : il avait, disait-il, besoin de tous ces hommes pour opérer sa retraite et tenir tête à l'ennemi. Le Cheikh n'insista point; il déclara seulement qu'il lui était impossible de rester à Médéah après le départ de nos troupes, et demanda, pour ses amis et lui, l'autorisation de suivre l'armée française ; M. de Berthezène y consentit et ordonna la retraite (2 juillet). Bou-Merzag alla l'attendre au col du Ténia.

Médéah, un instant abandonnée à elle-même, reconnut plus tard l'autorité du Bey de Constantine, puis celle d'Abd-el-Kader : puis, enfin, celle de la France ; elle fut prise par le duc d'Aumale (1840) et, peu de temps après, placée sous le commandement de ce général.

Damiette, — village à 4 kil. S.-E. de Médéah ; — 358 hab.

Lodi, — village à 4 kil. N.-O. de Médéah ; — 305 hab.

COMMUNE DE BERROUAGHIA (arrondissement d'Alger).

Europ. et Israél. natural. franç., 197 ; — Musulm., 27.

BERROUAGHIA, — ch.-l. de la comm., village à 123 kil. S. d'Alger et à 52 kil. S. de Médéah. — Mairie ; chapelle ; école ; eaux thermales ; — 224 hab.

COMMUNE DE BOGHAR (arrondissement d'Alger).

Europ. et Israél. natural. franç., 399 ; — Musulm., 1.160.

BOGHAR, — ch.-l. de la comm., village à 166 kil. S. d'Alger et à 80 kil. de Médéah, à droite de la route de Laghouat. — Poste essentiellement militaire ; bureau arabe ;

casernes ; église ; écoles de garçons et de filles, salle d'asile; direction des postes. — Sources abondantes, jardins bien cultivés, sapins, thuyas et genévriers d'une magnifique venue. Un marché, qui se tiendra tous les jeudis sur la place du village, vient d'être nouvellement créé. — 188 hab.

Boghar fut une colonie romaine (*Castellum mauritanum*). — Abd-el-Kader, incessamment poursuivi par les troupes françaises, en fit une de ses places d'armes ; détruite en partie par le général Baraguay-d'Hilliers (mai 1841), elle fut occupée définitivement par le maréchal Bugeaud, qui la considérait comme point stratégique important.

COMMUNE DE BOGHARI (arrondissement d'Alger).

Europ. et Israél. natural. franç., 264 ; — Musulm., 852.

Cette commune comprend : 1° Le village routier de *Boghari* ; 2° le ksar *Bou Khari*, dont le nom rappelle celui de la famille indigène qui a fondé ce ksar, en 1822, avec l'autorisation du dey d'Alger. — Elle est séparée de la commune de Boghar par le cours du Chéliff.

BOGHARI, — ch.-l. de comm. et de circonscrip. canton.; — village routier, sur la route nationale d'Alger à Laghouat, à 167 kil. S. d'Alger et à 87 kil. de Médéah. — Groupe de maisons ; caserne de gendarm. ; ancien caravansérail, aujourd'hui converti en magasin d'approvisionnements militaires. — 264 hab.

Bou Khari, — ville arabe, assise sur une éminence, à 1.500 mètres environ du village qu'elle domine. C'est une petite ville industrielle et commerçante, pleine de vie. — 852 hab.

« A côté de la petite boutique du cordonnier, au dedans de laquelle on voit appendues toutes sortes de chaussures et d'objets en maroquinerie, se place le magasin plus large, plus spacieux, plus élégant du marchand de châles, de foulards, de burnous, de ceintures et de petits riens de fantaisie. — Ici c'est un juif, à la fois épicier, quincaillier et mercier qui, derrière son comptoir, détaille sa marchandise. Là, assis au milieu de ses dattes, de ses figues, le mozabite fruitier attend patiemment les acheteurs. — Dans le fond de cette petite boutique obscure et émergeant du sol, l'armurier indigène, auprès de son enclume, confectionne ses poignards, ses yatagans et ses fusils aux longs canons richement ciselés ; à deux pas de distance se trouvent entremêlés un fondouk encombré d'ânes, de mulets, de chevaux, un bazar, un café maure où les nombreux chalands assis sur des nattes et pressés les uns sur les autres savourent à petits traits leur tasse de café, que le kaouadji a peine à servir.

» Dans les rues roides, non pavées, étroites et tortueuses, et qui rappellent un peu les hauts quartiers de la Casbah d'Alger, il y a tout un peuple qui va, qui vient, qui se heurte et se coudoie à chaque instant, des Arabes coiffés de hauts chapeaux de paille aux larges bords ; des nègres poussant devant eux les agiles et intelligents bourricots qui, chargés de pierres, trottinent en montant et en descendant au milieu de cette cohue ; de robustes négresses accroupies devant des pyramides de pains ronds qu'elles offrent aux passants ; des femmes indigènes aux bras et aux jambes chargés, plutôt qu'ornés, de pesants bracelets, et qui se drapent nonchalamment dans leur haïch ; enfin des cavaliers alertes dominent cette masse vivante au sein de laquelle ils ont de la peine à se frayer un passage. Tels sont les acteurs qui animent cette petite ville qui, malgré les maisons européennes de quelques débitants européens, a conservé tout son cachet original.

» Il se tient tous les lundis sur la place du village européen, en face de la gendarmerie, un marché fort important et très fréquenté, dont la laine et les bestiaux forment les principaux objets de transaction.

» On sait que l'exportation de ces bestiaux et de ces laines devient de jour en jour plus considérable sur le littoral méditerranéen ; mais ce qu'on ignore, peut-être, c'est que les laines renommées de Ségovie tirent leur valeur de nos lainiers africains.

» A l'époque de la domination romaine et sous l'empire de Claude, Collumelle, riche fermier et oncle du célèbre écrivain agronome du même nom, frappé de la blancheur et de l'éclat de la laine des moutons venus de nos parages, conçut le projet d'acclimater ces animaux et d'en établir la race en Espagne. En conséquence, il croisa des béliers africains avec des brebis espagnoles, et il obtint des produits qui offrent le soyeux et le délicat de la toison maternelle, la blancheur et les qualités de la laine du père.

« Cette réussite ne devait porter ses fruits que sous Don Pedro IV, et plus tard sous le cardinal Ximénès ; en effet, le premier profita de sa bonne intelligence avec un prince maure, et le second, des succès obtenus sur les côtes de Barbarie par les troupes de Ferdinand, pour en exporter, à diverses époques, des brebis et des béliers de la plus belle espèce, qui furent principalement parqués à Ségovie, où ils sont restés acclimatés. » (E. FROMENTIN.)

Taguin, — ancienne redoute en pierres sèches, aujourd'hui démentelée, et dont le nom rappelle un des faits glorieux de l'armée d'Afrique : — C'est aux environs de cette redoute qu'Abd-el-Kader, fuyant devant nos colones (1843), avait laissé sa « *smala* », c'est-à-dire sa famille, ses principaux lieutenants, les marabouts attachés à sa cause et une partie de ses réguliers. — Sur l'ordre du général Bugeaud, le duc d'Aumale partit de Boghar avec 1.300 fantassins et 600 chevaux ; le 14 mai, après cinq jours de marche forcée, il se trouvait, avec sa cavalerie, en face du campement. Les Arabes, pris à l'improviste, coururent aux armes ; mais le duc d'Aumale ne leur laissa point le temps de se rallier : sans attendre les zouaves et l'artillerie qui le suivaient à deux heures de distance, il prend le commandement des chasseurs d'Afrique, donne à Jusuf le commandement des spahis et, un contre dix, attaque les réguliers. Une heure après, 4.000 prisonniers, le trésor de l'Emir, ses tentes et ses drapeaux étaient au pouvoir de nos troupes.

Djelfa, — village à 326 kil. S. d'Alger, sur la route de Laghouat. — Maison de commandement, bureau arabe, brigade de gendarmerie ; — céréales. — L'Administration de la guerre y possède un beau moulin à deux tournants qui moud les grains destinés à l'alimentation de la population européenne de Djelfa et de Laghouat, et des troupes stationnaires dans ces deux cercles.

Laghouat, — ville, poste militaire et oasis, à 446 kil. S. d'Alger, au bord du désert. — La ville est construite sur un chaînon rocheux qui divise l'oasis en deux parties : — l'oasis *Nord* et l'oasis *Sud*, embrassant ensemble une superficie de 200 hectares. A l'Ouest du chaînon se dresse le fort *Bouskarin* ; à l'Est, le fort *Morand*. — Les jardins, peuplés d'arbres fruitiers, et principalement de dattiers, sont arrosés par l'oued *M'zi*, un des confluents de l'oued *Djedi* (voy. p. 34) : le gouvernement s'occupe d'augmenter le volume de ces eaux à l'aide d'un barrage de dérivation.

La ville française est régulièrement bâtie : mairie, brigade de gendarmerie, bureau arabe ; — caserne, hôtel du commandant supérieur, pavillon des officiers, cercle militaire ; magasins ; église, écoles pour les garçons et pour les filles ; jardin d'expérimentation ; bureau de poste ; auberge pour les voyageurs. — Laghouat est une des stations où s'arrêtent les caravanes ; il s'y fait un commerce d'échange assez considérable entre les gens du Tell et les gens du Sahara. — Europ., 411 hab. ; indig., 3.249.

Laghouat fut occupée par l'armée française en décembre 1852. Un de nos anciens khalifas, Mohammed-ben-Abdallah, s'était détaché de notre cause sur l'ordre exprès qui lui en avait été donné par quelques fanatiques, venus de la Mecque. Créé ou reconnu par eux chérif d'Ouargla, l'ambitieux marabout se présenta comme le successeur d'Abd-el Kader, recruta quelques hommes, puis attaqua les tribus qui avoisinent Laghouat et qui reconnaissaient l'autorité de la France. L'agitation gagna de proche en proche, jusqu'aux limites du Tell ; elle pouvait s'étendre encore : le gouverneur général se hâta de l'étouffer. — Deux colonnes partirent, l'une de la province d'Alger, sous les ordres du général Jusuf, l'autre de la province d'Oran, sous les ordres du général Pelissier. Le chérif, placé entre les deux colonnes et désespérant de franchir le cercle où il était enfermé, se jeta dans Laghouat.

Le plateau de Sidi-Aïssa domine la ville. De ce point élevé, l'artillerie pouvait aisément foudroyer la place, dont la défense consistait en trois grandes tours, reliées entre elles par des courtines. Dès son arrivée (9 décembre 1852), le général Pelissier fit enlever cette position qu'on garnit de canons. Jusuf se porta à l'est, prêt à donner l'assaut au signal convenu, et la cavalerie enveloppa l'oasis pour couper la retraite aux fuyards. — A l'heure désignée, la batterie de Sidi-Aïssa commence le feu : les murailles tremblent, puis s'écroulent : la brèche est ouverte. Aussitôt deux colonnes d'attaque s'élancent au pas de course et pénètrent dans la ville. De son côté, la troupe du général Jusuf escalade le mur d'enceinte et chasse devant elle la troupe ennemie. Les Arabes se jettent alors dans les maisons, et la lutte continue d'homme à homme, à l'arme blanche ; bientôt les rues sont inondées de sang et pavées de cadavres. La population, presqu'entière fut massacrée : quelques cavaliers, et parmi eux Ben-Abdallah, parvinrent seuls à s'échapper. — La résistance était vaincue, mais le péril pouvait renaître : — l'occupation permanente de Laghouat fut décidée.

AU SUD-OUEST D'ALGER.

COMMUNE DE OUED-EL-ALEUG (arrondissement d'Alger).

Europ. et Israél. natural. franç., 780 ; — Musulm., 2.013.

OUED-EL-ALEUG, — ch.-l. de la comm., village à 50 kil. au S.-O. d'Alger, par Boufarik et à 10 kil. de Blidah ; — mairie, chapelle, école et salle d'asile ; bureau de poste ; — 321 hab.

Terres fertiles ; céréales, tabacs ; belles plantations d'arbres ; oliviers, mûriers et orangers ; fermes nombreuses.

COMMUNE DE LA CHIFFA (arrondissement d'Alger).

Europ. et Israél. natural. franç., 493 ; — Musulm., 1.037.

CHIFFA (LA), — ch.-l. de la comm., village à 58 k. S.-O. d'Alger ; — mairie, chapelle, école ; — stat. de chem. de fer ; — 276 hab.

Détruit en partie par un tremblement de terre (2 janvier 1867) et reconstruit la même année. — Céréales, vignes, tabac ; belles et nombreuses plantations.

COMMUNE DE MOUZAÏAVILLE (arrondissement d'Alger).

Europ. et Israél. natural. franç., 1.703 ; — Musulm., 2.339.

MOUZAÏAVILLE, — ch.-l. de la comm., village à 62 kil. S.-O d'Alger. — Maison commune, brig. de gendarm., chapelle, école, bureau de poste, stat. de chem. de fer ; — 1.066 hab.

Terres fertiles irriguées par l'oued Haâd et l'oued Chamli ; jardins et vergers ; céréales et fruits ; belles plantations d'arbres. — Marché arabe tous les samedis. — Détruit en partie, en 1867, par un tremblement de terre et reconstruit la même année.

Bou-Roumi, — village à 4 kil. O. de Mouzaïaville; — 76 hab.

El-Affroun, — village à 6 kil. O. de Mouzaïaville. — Station de chem. de fer; — 612 hab.

Ces deux villages ont été également détruits en partie par le tremblement de terre, en 1867.

COMMUNE D'AMEUR-EL-AÏN (arrondissement d'Alger).
Europ. et Israél. natural. franç., 338; — Musulm., 847.

AMEUR-EL-AÏN, — ch.-l. de la comm., village à 74 kil. S.-O. d'Alger; — mairie, chapelle, écoles; — belles plantations d'arbres le long des avenues; — 229 hab.

COMMUNE DE MARENGO (arrondissement d'Alger).
Commune : Europ. et Israél. natural. franç., 1.258; — Musulm., 1.886.
Circonscription cantonale: Europ., 44; — Musulm., 4.256.

MARENGO, — ch.-l. de la comm. et de circonscription cantonale; — à 88 kil. S.-O. d'Alger, par Blidah, à 28 kil. de Cherchell, sur la route qui relie ces deux villes; maison commune, justice de paix, gendarmerie; chapelle, écoles de garçons et de filles; bur. de poste, hôpital. — Fontaine, lavoir, abreuvoir publics, alimentés par les eaux de l'O.-Meurad, qu'amène un canal de dérivation. — Terres fertiles, céréales, vignes, arbres fruitiers. — Moulin à deux tournants; marché arabe important tous les mercredis. — 699 hab.

Bourkika, — village à 6 kil. E. de Marengo; — 307 hab.

Montebello, — village à 15 kil. N.-E. de Marengo; — 70 hab.

Tipaza, — village sur le bord de la mer, à 15 kil. N.-E. de Marengo; — 182 hab.

Nador, — à 5 kil. N. de Marengo; — village créé en 1872.

Bou-Yersen, — à 4 kil. N.-O. de Marengo; — village créé en 1872.

El-Fedjana, — à 12 kil. O. de Marengo; — village créé en 1872.

El-Meurad, — à 4 kil. S. de Marengo; — village créé en 1872.

A L'OUEST D'ALGER

COMMUNE DE CHÉRAGAS (arrondissement d'Alger).

Europ. et Israél. natural. franç., 1,919; — Musulm., 667.

CHÉRAGAS, — ch.-l. de la comm. ; — village à 12 kil. O. d'Alger, à l'entrée de la plaine de Staouéli, sur la route d'Alger à Koléah ; mairie, gendarmerie, église, écoles de garçons et de filles, jardin public ; eaux abondantes, fontaine, lavoir et abreuvoir publics. — Terres fertiles : blé, orge, maïs, tabacs, coton, plantes odoriférantes, plantations d'orangers. — Deux distilleries pour les essences ; moulin à farine et moulin à huile ; fabrication en grand de crin végétal ; fromages estimés ; riche village. (Village et banlieue), 1,240 hab.

Guyotville, — village et fermes, sur le bord de la mer, à 7 kil. N.-O. de Chéragas ; — 502 hab.

Sidi-Ferruch, — à 12 kil, O. de Chéragas ; — village et fermes, — 51 hab.

Sidi-Ferruch est un des points stratégiques à la côte. (*Voy. p. 9*). Un fort, admirablement approprié aux besoins de la défense et armé de puissantes batteries, le protége contre toute attaque.

C'est à Sidi-Ferruch que l'armée française débarqua lorsqu'elle vint, en 1830, faire la conquête d'Alger. — A l'extrémité septentrionale de la presqu'île, sur le point culminant d'une colline, s'élevait alors une tour carrée, désignée par les Espagnols sous le nom de *Torre chica* (petite tour). On croyait cette position bien défendue ; mais au lieu d'établir sur le monticule un système de fortifications armées d'artillerie, les arabes s'étaient groupés dans le camp de la Yasma, à un kilomètre du littoral, derrière deux redoutes qui défendaient le chemin d'Alger. Cette faute permit à la flotte de pénétrer sans encombre dans la rade de Sidi-Ferruch.

Le débarquement eut lieu le 14 juin : il commença au lever du soleil, les brigades se suivant par numéros d'ordre. Dès qu'elles eurent abordé la plage, les troupes d'infanterie se formèrent en colonne et se portèrent en avant, tandis que la compagnie de mineurs allait prendre possession de la tour *Torre chica*, abandonnée la nuit précédente par la garnison turque.

Les Algériens commencèrent le feu, et leur artillerie causa tout d'abord quelque désordre. Il fallait la réduire : la première division (général Berthezène) se porta rapidement sur les redoutes et les enleva ; les Turcs, culbutés sur tous les points, s'enfuirent vers le plateau de *Staouéli*, laissant au pouvoir des vainqueurs onze canons et deux mortiers. — Notre perte se bornait à 35 hommes tués ou blessés.

Staouéli, — village et fermes à 11 kil. S.-O. de Chéragas. — 203 hab.

C'est sur l'emplacement de ce village que les Arabes s'étaient retranchés après le débarquement des troupes françaises. Leur chef, Ibrahim Agha, ayant été rejoint par les beys de Constantine et d'Oran, le dey lui donna l'ordre d'engager immédiatement la bataille.

Le 19 juin, cinquante mille Arabes s'ébranlèrent au signal donné ; les tirailleurs ouvraient la marche ; derrière eux suivaient deux colonnes profondes commandées, l'une par Ibrahim, l'autre par le bey de Constantine. — La première marchait contre la division Berthezène, la seconde contre la division Loverdo. Les tirailleurs devaient s'étendre à droite et à gauche et tourner l'armée française.

La bataille commença : les Turcs assaillirent la première division avec une telle impétuosité qu'ils pénétrèrent dans le redan occupé par la grande garde, puis se jetèrent sur une redoute que defendait un bataillon du 28ᵉ. Pris à l'improviste, ce bataillon céda ; mais rallié presque aussitôt par le général Clouet, il chargea vigoureusement l'ennemi et reprit ses positions. — A la droite et au centre, l'engagement fut vif, mais très court ; ordre avait été donné aux généraux français de ne commencer le feu qu'au moment même où les Arabes seraient à portée du fusil ; cet ordre fut ponctuellement exécuté : quand les troupes algériennes se présentèrent, elles furent reçues par un feu roulant de mousqueterie qui joncha le terrain de blessés et de morts. A trois fois différentes, cavaliers et fantassins se ruèrent avec furie contre les lignes françaises ; chaque fois ils durent se replier en désordre. — Comme ils allaient tenter une dernière attaque, le général en chef prit l'offensive : les tambours battirent la charge, et les divisions Berthezène et Loverdo s'élancèrent en avant.

Dès ce moment, la bataille était gagnée ; les Arabes, poursuivis à la baïonnette, décimés par la mitraille, abandonnèrent successivement leurs positions ; moins d'une heure après, le camp de Staouéli était occupé par les Français. On y trouva treize pièces d'artillerie, deux mortiers à barbette, des magasins parfaitement approvisionnés, cent chameaux et 400 tentes.

La Trappe, — couvent de Trappistes (Abbaye) ; — 234 hab.

Zéralda, — village et fermes, à 14 kil. S.-O. de Chéragas ; — 217 hab.

COMMUNE DE DELY-IBRAHIM (arrondissement d'Alger).

Europ. et Israél. natural. franç., 827 ; — Musulm., 135.

DELY-IBRAHIM, — ch.-l. de la comm. ; village à 11 kil. S.-O. d'Alger ; — mairie, église et presbytère, temple protestant, école mixte. — Eaux abondantes ; sol très propre à la culture des céréales, du tabac, à la production des fourrages et à l'élève du bétail ; la vigne y réussit parfaitement et produit un vin estimé. — 457 hab.

El-Achour, — village et fermes, à 3 kil. S. de Dély-Ibrahim ; — 265 hab.

Ouled-Fayet, — village et fermes, à 6 kil. S.-O. de Dély Ibrahim ; — 248 hab.

COMMUNE DE DRARIAH (arrondissement d'Alger).

Europ. et Israél. natural. franç., 404 ; — Musulm., 425.

DRARIAH, — ch.-l. de la comm., village à 16 kil. S.-O. d'Alger ; — mairie, église, presbytère, école mixte, fontaine et lavoir publics ; — terres excellentes ; céréales, tabac, vignes qui donnent d'excellent vin ; fourrages ; élève du bétail. — Village des plus prospères ; — 409 hab.

Kaddous, — village arabe, annexe de Drariah ; — 420 hab.

COMMUNE DE DOUERA (arrondissement d'Alger).

Europ. et Israél. natural. franç., 2.320 ; — Musulm., 1.213.

DOUÉRA, — ch.-l. de la comm., ville à 23 kil. S.-O. d'Alger ; — mairie, justice de paix, gendarmerie, église, temple protestant, école primaire pour les garçons, école communale de filles, salle d'asile, hôpital contenant 200 lits, hospice pour les vieillards et incurables, pénitencier militaire. — Terres fertiles, eaux saines et abondantes, céréales, bétail, tabac, vignes. — Usine à vapeur à trois tournants pour les farines ; moulin à vent ; — 1,839 hab.

Baba-Hassen, — village à 5 kil. N. de Douéra ; — 165 hab.
Crescia, — village à 3 kil. N.-E. de Douéra ; 156 hab.
Sainte-Amélie, — village à 7 kil. N. O de Douéra ; — 179 hab.
Saint-Ferdinand,
Ouled-Mendil, } ham., annexes de Douéra ; — 227 hab.
Saint-Jules,

COMMUNE DE MAHELMA (arrondissement d'Alger).

Europ. et Israél. natural. franç., 417 ; — Musulm., 389.

MAHELMA, — ch.-l. de la comm., village à 34 kil. S.-O. d'Alger ; — maison comm., chapelle, école mixte et salle d'asile ; fontaine et lavoir. — Sol fertile ; céréales, vignes. — Les habitants, agriculteurs par excellence, se livrent également à l'élève du bétail et font du crin végétal ; — 627 hab.

COMMUNE DE KOLEAH (arrondissement d'Alger).

Europ. et Israél. natural. franç., 2.149 ; — Musulm., 1.804.

KOLÉAH, — ch.-l. de la comm. ; ville sur un coteau du Sahel, en face de Blidah, à 38 kil. S.-O d'Alger. — Mairie, justice de paix, gendarmerie ; église, écoles primaires pour les deux sexes, salle d'asile. Maisons coquettes avec cours, jardins complantés d'arbres ; eaux abondantes, fontaines et bassins ; diligences ; bureau de poste ; hôtel pour les voyageurs ; — au S.-O., sur un mamelon, camp et hôpital militaire, pavillon d'officiers, cercle et bibliothèque, magasin de subsistances et autres ; jardin spécial aux officiers et admirablement bien entretenu ; eaux abondantes. — Le territoire est des plus fertiles ; céréales et vignes, oranges, limons, citrons et autres fruits. — Marché arabe tous les vendredis. — Moulin. (Ville et banlieue) 3.293 hab.

Koléah jouissait autrefois d'une certaine réputation; c'était la résidence d'une famille puissante, celle des Embarek, dont le fondateur fut un marabout vénéré. Les Embarek étaient chefs des Hadjoutes ; durant les premières années de l'occupation, il nous firent une guerre implacable.

Fouka, — village à 4 kil. N. de Koléah ; — 352 hab.

Douaouda, — village à 4 kil. N.-E. de Koléah ; — 308 hab.

COMMUNE DE CASTIGLIONE (arrondissement d'Alger).

Europ. et Israél. natural. franç., 729 ; — Musulm , 180.

CASTIGLIONE, — ch.-l. de la comm. ; village à 45 kil. S.-O. d'Alger, sur un plateau en face de la mer. — Mairie, école de garçons et école de filles, chapelle, fontaine, lavoir et abreuvoir. — Sol d'une extrême fertilité ; céréales, coton, tabac, vignes et oliviers. — Centre agricole des plus prospères ; — 451 hab.

Tefeschoun, — village et fermes, à 4 kil. S. de Castiglione ; céréales, vignes ; — 256 hab.

Bérard, — village habité par des pêcheurs, et fermes, à 10 kil. S.-O. de Castiglione ; — 202 hab.

COMMUNE D'ATTATBA (arrondissement d'Alger).

Europ. et Israél. natural. franç., 222 ; — Musulm., 1.000.

ATTATBA, — ch.-l. de la comm.; village à 44 kil. N.-O. d'Alger, sur la route de Koléah à Marengo ; — mairie ; école ; — fontaines et abreuvoirs ; — céréales ; coton ; vignes ; — 131 hab.

Le village est construit sur l'emplacement d'une ancienne ville romaine ; — on y trouve de nombreux vestiges d'antiquité, et plus particulièrement des tombeaux, (*Dolmens*).

COMMUNE DE CHERCHELL (arrondissement d'Alger).

Europ. et Israél. natural. franç., 1.631 ; — Musulm., 3.983.

CHERCHELL, — ch.-l. de la comm., ch.-l. de circonscrip. canton. ; ville maritime, à 113 kil. O. d'Alger et à 68 kil. N.-O. de Blidah. Elle se compose, en grande partie, de gens retirés de fonctions publiques, de rentiers, de petits commerçants et indutriels. — Mairie, justice de paix, gendarm., bureau arabe, église, temple protestant, école de garçons et écoles de filles, musée riche en antiquités ; — caserne, magasins de subsistances et autres ; cercle militaire, hôpital ; station d'étalons ; promenades et places complantées d'arbres ; — eaux abondantes, campagnes fertiles, céréales, vignes. — Ville et banlieue, 5.028 hab.

Cherchell est le marché maritime d'une partie de la Mitidja et de la vallée du haut Chéliff, et l'entrepôt de Milianah et de Teniet-el-Haâd.

Sous l'occupation romaine, Cherchell, l'ancienne *Julia Cæsarea*, fut une ville très importante ; des fouilles récentes ont mis à jour une multitude d'objets qui témoignent de sa grandeur passée. Détruite par les Barbares, relevée par Théodose, puis ruinée par les Vandales, elle reprit quelque importance sous les Grecs byzantins. Au moyen-âge, les négociants italiens allaient y acheter des cuirs, des fruits secs, de la cire et du blé. En 1492, après la chute de Grenade, elle fut repeuplée par des Maures andalous qui introduisirent dans le pays la culture du mûrier, et s'y livrèrent à l'éducation des vers à soie, ainsi qu'à la fabrication du fer et de l'acier ; les Turcs d'Alger, jaloux de leur prospérité, entravèrent leur commerce et appauvrirent la colonie.

Cherchell fut occupée par l'armée française le 13 mars 1840, sur l'ordre du maréchal Valée.

En 1871, elle fut attaquée et bloquée par les insurgés arabes ; — l'investissement dura 40 jours.

Novi, — village à 7 kil. O. de Cherchell ; — 339 hab.

Zurich, — village à 14 kil. S.-E. de Cherchell ; — 247 hab.

Ces deux villages ont été pillés par les Arabes, en 1871.

Oued Sept, — à 24 kil. O. de Cherchel ; village créé en 1872.

Gourayas, — à 35 kil. O. de Cherchell ; village projeté.

COMMUNE DE TÉNÈS (arrondissement d'Alger).

Europ. et Israêl. natural. franç., 1.453 ; — Musulm., 2.126.

TÉNÈS, — ch.-l. de la comm. et ch.-l. de circonscript. canton.; — ville et port maritime à 222 kil. O. d'Alger, par Koléah, et à 53 kil. N. d'Orléansville.— Elle est bornée au N. par une falaise à pic qui la sépare de la mer, et à l'E., par une étroite vallée où coule l'Oued-el-Allah. — Mairie, justice de paix, gendarmerie, bureau arabe ; église, école de garçons, écoles de filles et salle d'asile ; — casernes, magasins et hôpital, cercle militaire où les fonctionnaires civils sont admis ; — jolies maisons et belle place complantée d'arbres ; — réservoirs servant de château-d'eau, fontaines nombreuses ; — télégraphe et postes ; marché aux bestiaux tous les jeudis ; — 1.493 hab.

Ténès, placée à l'entrée du col par lequel la vallée centrale du Chéliff communique à la mer, est l'entrepôt naturel d'Orléansville, l'un des plus riches marchés de l'Algérie, et de Tiaret ; elle a aujourd'hui une assez grande valeur stratégique comme dépôt d'approvisionnements de l'armée ; les ressources agricoles et les richesses minérales de son territoire, son heureuse position comme ville de transit, lui assurent un bel avenir colonial.

Ténès (*Cartenna*) fut une colonie romaine ; les ruines qui, naguère, couvraient le sol, accusent une certaine importance. — Elle fut réédifiée, en 1843, par ordre du général Bugeaud.

Ténès (*vieux*), — ville arabe, à 1 kil. de la mer et au S. de la nouvelle ville, 736 hab.

COMMUNE DE MONTENOTTE (arrondissement d'Alger).

Europ. et Israél. natural. franç., 310 ; — Musulm., 2.497.

Montenotte, — ch.-l. de la comm., village à 7 kil. S. de Ténès, sur la route d'Orléansville à Ténès ; — mairie, gendarm., église, école ;— sol fertile, irrigué par les eaux de l'Oued-Allala ; céréales, vignes et tabac ; belles plantations d'arbres fruitiers, nombreux plants d'oliviers greffés et en plein rapport. — 319 hab.

COMMUNE DE MILIANAH (arrondissement de Milianah).

Europ. et Israél. natural. franç., 3.083 ; — Musulm.; 3.191.

Milianah, — ch.-l. de l'arrondissement et de commune, sur la route d'Alger à Orléansville, à 125 kil. S.-O. d'Alger et à 70 kil. de Blidah. — Sous-Préfecture, résidence d'un général de brigade ; — mairie, justice de paix, gendarmerie, bureau arabe, église et presbytère, collége communal, écoles de garçons et de filles, écoles arabe et israélite ; — casernes d'infanterie et de cavalerie, magasins de subsistances et autres, cercle militaire ; — télégraphe et bureau de poste ; — marché arabe tous les vendredis ; — 3.142 hab.

La ville est bâtie sur un rocher, à 900 mètres, environ, au-dessus du niveau de la mer ; les rues sont larges et propres, les habitations commodes, les boulevards et la rue principale, complantés d'arbres de haute venue. Les eaux abondent et transforment les abords de la ville en jardins délicieux.

La campagne est des plus fertiles. Céréales, vignes, plantes sarclées et légumineuses ; fruits de toute sorte et de qualité supérieure. — La montagne du Zakkar, qui domine la place, est riche en marbre blanc et en cuivre.

Milianah fut une colonie romaine ; plus tard, elle appartint aux rois de Tlemcen, puis aux Turcs ; l'empereur du Maroc en revendiqua la possession en 1830, et y envoya un de ses officiers qui dut promptement en déguerpir. Abd-el-Kader y installa son frère en qualité de Bey (1837) ; mais son règne fut éphémère ; une colonne française s'empara de la ville peu de temps après (1840) et s'y maintint, malgré les attaques multipliées de l'Emir.

COMMUNE DE BOU-MEDFA (arrondissement de Milianah).

Europ. et Israél. natural. franç., 272 ; — Musulm. 261.

Bou-Medfa, — ch.-l. de la comm. ; ham. à 190 kil. S.-O. d'Alger et à 14 kil. E. de Vesoul-Bénian ; — mairie, gendarm., église, école mixte ; stat. de chem. de fer. — Cultures : céréales et vignes. — 200 hab.

COMMUNE DE VESOUL-BÉNIAN (arrondissement de Milianah).

Europ. et Israél. natural. franç., 249 ; — Musulm., 55.

Vesoul-Bénian, — ch.-l. de la comm. à 23 kil. N.-E. de Milianah, et à 97 kil. d'Alger ; — mairie, église, école mixte ; — eaux abondantes, fontaines, puits, abreuvoir et lavoir ; stat. de chem. de fer ; — céréales, vignes ; — élève du bétail. — 250 hab.

COMMUNE D'AÏN-SULTAN (arrondissement de Milianah).

Europ. et Israél. natural. franç., 189 ; — Musulm., 333.

Aïn-Sultan, —ch.-l. de la comm.; village à 17 kil. S.-E. de Milianah ; — mairie, église, écoles; fontaines, lavoir publics, canal de déssèchement; — terres riches, parfaitement cultivées. — 176 hab.

COMMUNE D'AFFREVILLE (arrondissement de Milianah).

Europ. et Israél. natural. franç., 571 ; — Musulm., 749.

Affreville, — ch.-l. de la comm. ; village à 9 kil. de Milianah, sur les rives de l'Oued-Boutan, au bord de la plaine du Chéliff, — mairie, gendarmerie, chapelle, école ; gare de premier ordre, remise pour les machines ; station de correspondance du chemin de fer pour Milianah et Teniet-el-Haâd. — Céréales, vignes; — marché arabe tous les jeudis. — 584 hab.

Affreville, ainsi nommé en mémoire de Mgr Affre, archevêque de Paris, tué aux journées de juin 1848, a été bâti sur l'emplacement de l'ancienne cité romaine *Colonia augusta*.

Lavarande, — village à 5 kil. O. d'Affreville, stat. de ch. de f.; — 146 hab.

Pont du Chéliff, — village projeté à 21 k. O. d'Affreville.

COMMUNE DE TENIET-EL-HAAD (arrondissement de Milianah).

Europ. et Israél. natural. franç., 719; — Musulm., 247.

Teniet-el-Haad, — ch.-l. de la comm. ; ville et poste militaire, à 199 kil. S.-O. d'Alger et à 72 kil. S.-O. de Milianah. — Mairie, gendarmerie, bureau arabe, casernes d'infanterie et de cavalerie ; pavillon d'officiers ; magasins de subsistances et autres ; hôpital et ambulance ; église, écoles de garçons et de filles, salle d'asile ; bureau de poste. — Céréales ; belles plantations d'arbres fruitiers. — Marché arabe important. — 807 hab.

A 2 kil. O., magnifique forêt de cèdres de 3.000 hectares d'étendue et où coule une source ferrugineuse dont les eaux ont une parfaite analogie avec celles de Spa.

COMMUNE DE DUPERRÉ (arrondissement de Milianah).

Europ. et Israél. natural. franç., 460; — Musulm., 404.

Duperré, — ch.-l. de la comm. ; à 33 kil. O. de Milianah, sur la route de cette ville à Orléansville, dans la vallée du Chéliff. — Mairie, brig. de gendarmerie, écoles mixte ; — rues droites et larges, habitations propres, jardins complantés d'arbres fruitiers. — Terres de bonne qualité ; céréales. — Station de chemin de fer. — 460 hab.

Aïn-Defla, — village projeté, à 15 kil. S. de Duperré.

Oued Rouina, — village à 15 kil. O. de Duperré; — stat. de ch. de fer. — Créé par la Société générale algérienne.

Oued Fodda, — village en voie de peuplement, à 41 kil. O. de Duperré ; — bois et fourrages; stat. de ch. de fer. — Créé par la Société générale algérienne.

COMMUNE D'ORLEANSVILLE (arrondissement de Milianah).

Europ. et Israél. natural. franç., 2.238; — Musulm., 983.

Orléansville, — ch.-l. de la comm., ch.-l. de subdiv. militaire, à 208 kil. S.-O d'Alger, à 97 kil. O. de Milianah et à 53 kil. de Ténès, sur la rive gauche du Chéliff. — Résidence d'un général de brigade ; — mairie, justice de paix, gendarmerie, église et presbytère, écoles comm. de garçons et de filles, salle d'asile ; casernes d'infanterie et de cavalerie, magasins, vaste hôpital, cercle militaire, bureau arabe. — Rues larges, jolies maisons, théâtre, cercle civil ; — pépinière près de la ville ; postes et télégraphe, station de chemin de fer : la voie ferrée côtoie, au Sud, le mur d'enceinte ; la gare est au S.-E., en dehors de la ville, à 300 mètres environ des murs. Cette gare, point central de la ligne d'Alger à Oran, a une certaine importance comme dépôt de machines et de matériel d'exploitation. — Marché arabe tous les dimanches ; plus de dix mille indigènes y viennent échanger leurs produits. — 1.695 hab.

Le pays est entièrement dénudé ; le service des forêts a donc fait, hors et près de la ville, quelques plantations de pins d'alep et de caroubiers, dont les massifs procurent aux habitants un peu d'ombre et de fraîcheur.

Des eaux abondantes, prises dans le lit du Thizaout, à 3 kil. au S., arrivent en ville par deux conduites construites par le service du génie. Malheureusement, ces eaux sont de mauvaise qualité. Elles servent à l'irrigation des plantes, *intrà* et *extrà-muros*, au nettoiement des ruisseaux, à l'arrosage des rues et alimentent un lavoir public, un abreuvoir et quelques bornes-fontaines.

Orléansville a longtemps manqué d'eau potable : mais en creusant un puits au-dessus de la pépinière communale, on a récemment découvert une rivière souterraine dont les eaux sont excellentes et qui va se perdre dans le Chéliff ; — Ces eaux sont amenées à Orléansville à l'aide de deux appareils hydrauliques et en quantité suffisante pour suffire à la consommation des habitants et aux besoins du chemin de fer.

Pontéba, — village sur la rive gauche du Chéliff. — Eglise et école mixte ; — stat. de chem. de fer ; puits, abreuvoir et lavoir publics. — Céréales et vignes ; — 204 hab.

Ferme (La), village à 600 m. d'Orléansville, sur la rive droite du Chéliff, qu'on traverse sur un pont américain ; population europ., — 357 hab. — Fermes.

Malakoff (Oued-Sly), — à 15 kil. O. d'Orléansville ; — stat. de ch. de fer ; mines. — Village créé par la Société générale algérienne ; — 28 hab.

Oued Merdja, — à 34 kil. O. d'Orléansville ; — stat. de ch. de fer. — Village projeté, sur l'un des points de la limite Ouest du département d'Alger.

DÉPARTEMENT D'ORAN.

Le département d'Oran occupe la partie occidentale de l'Algérie. Il est borné au Nord par la Méditerranée, à l'Est par le département d'Alger, à l'Ouest par l'empire du Maroc et au Sud par le désert. La superficie de son territoire *colonisable* (Tell et partie des Hauts-Plateaux) embrasse 38.200 kil. carrés, soit 3.820.000 hectares. — Il est divisé en deux arrondissements : celui d'*Oran* et celui de *Mostaganem* ; — la division militaire comprend trois subdivisions : *Oran*, *Mascara*, *Tlemcen*.

Le chiffre de sa population, troupes non comprises, s'élève à 513.492 habitants, savoir :

Français	37.111
Israélites naturalisés	14.618
Espagnols	37.658
Italiens	2.844
Anglo-Maltais	236
Allemands	1.859
Autres nationalités	4.836
Musulmans	411.874
Population en bloc	2.456
Total égal	513.492

Le caractère constitutif de cette partie du territoire algérien est le peu de profondeur du Tell (vingt lieues en moyenne).

Les montagnes qui bordent la côte sont généralement peu élevées ; ce sont : le *Dahra*, entre Ténès et l'embouchure du Chéliff ; — le *Karkar* (montagne des Lions), entre Arzew et Oran ; — le *Mediouna*, entre Oran et la Tafna ; leur altitude varie entre 600 et 900 mètres. A l'intérieur, ce sont les masses qui s'étendent, de l'Ouest à l'Est, sur la crête du Tell et dominent les basses plaines ; — les chaînes qui se prolongent entre Tlemcen et Sebdou ; — puis au Sud, le *Djebel-Amour* (voy. p. 26).

Les principales rivières sont : Dans le Tell, la *Tafna*, la *Macta*, le *Sig*, l'*Habra*, le *Chéliff* et la *Mina* (voy. p. 28) ; — dans le Sahara, l'*Oued Djedi*, l'*Oued el Namous*, l'*Oued bou Semgroun*, etc. (voy. p. 63).

Le pays est riche ; il a pour principales productions : les céréales, le bétail, les laines, le coton ; — les vins (ceux de Mascara sont estimés) ; le sel, — l'alfa (voy. p. 87 et à l'appendice, *Industrie*) qui abonde sur les Hauts-Plateaux et dans le Sahara, et dont l'exploitation a pris depuis quelques années un développement considérable ; — les marbres ; enfin, les minerais de plomb, de fer et de cuivre, etc., dont les gisements, aujourd'hui reconnus, seront prochainement exploités.

COMMUNE D'ORAN.

Europ. et Israél. natural. franç., 36.488 ; — Musulm., 4.186.

Cette commune comprend : 1° *Oran*, ville ; 21.530 hab. ; — 2° *Karguentah*, faubourg, 10.039 hab. ; — 3° *Saint-Antoine*, faubourg, 8.446 hab. : soit pour la ville et les faubours, 40.015 hab. ; — 4° *La Sénia*, village, 659 hab.

ORAN, — ville, place forte de 1re classe et port de commerce, à 420 kil. O. d'Alger par le chemin de fer ; ch.-l. du département, ch.-l. de comm. et de circonscrip. canton ;

Ch.-l. de division militaire et de subdivision, Direction d'artillerie et de génie, Intendance divisionnaire, Direction divisionnaire des bureaux arabes ;

Siége épiscopal, suffragant d'Alger ;

Tribunal de 1re instance, Justice de paix, Tribunal et Chambre de commerce, Siége de conseil de guerre et de conseil de révision.

Résidence des Consuls étrangers.

Collége communal, Chaire d'arabe, grand et petit Séminaires, Ecoles communales de garçons et de filles, institutions privées pour les deux sexes, salles d'asile.

Eglise cathédrale, églises paroissiales, couvents, temple protestant, synagogue, mosquée.

Trésorerie, Postes, Télégraphe, succursale de la Banque d'Algérie. — Agences des Messageries maritimes.

Casernes d'infanterie, de cavalerie, d'artillerie, de génie ; — manutention, magasins militaires.

Hôpital civil, hôpital militaire, prison civile et militaire.

Théâtre, cafés-concerts, jardin public.

Population (*ville et faubourgs*) : *Français*, 10.043 ;— *Israélites naturalisés français*, 7.622 ;— *Espagnols*, 16.064; — *Italiens*, 989 ; — *Anglo-Maltais*, 88 ; — *Allemands*, 81 ; — *Autres nationalités*, 987 ; — *Musulmans*, 4.181.

Oran est assise au fond d'un ravin, autrefois couvert de jardins, et au pied d'une haute montagne que dominent les forts Santa-Cruz et Saint-Grégoire. Elle s'élève, de la mer au plateau autour duquel elle se développe, en suivant, de l'Ouest à l'Est, une ligne courbe fortement inclinée, et se trouve divisée par un ravin en deux parties à peu près égales qui communiquent de plain-pied au moyen d'un terrassement. — Le centre de la ville (quartier de la préfecture) se relie à la partie haute par la rue des Jardins et la rue Philippe. La place de la Révolution domine, vers l'Est, le quartier de Karguentah ou de la mosquée.

Le port, qui, depuis plusieurs années, a été l'objet de travaux importants, mais dont l'entrée est restée toujours difficile, offre aux navires d'un fort tonnage un mouillage convenable dans le nouveau bassin, situé dans la direction S.-E. du fort Lamoune.

La gare du chemin de fer est située sur le plateau St-Michel, au S.-E. du quartier Karguentah, et à 1.500 mètres environ du centre de la ville: c'est le point de départ et d'arrivée des voyageurs ; — mais la voie ferrée se continue vers l'Est en décrivant une courbe, passe sous les falaises de l'ancienne Medersa, traverse la pointe Ste-Thérèse en passant sous le fort, au moyen d'un tunnel, et débouche sur le quai, où est établie provisoirement la gare des marchandises.

Les rues sont généralement larges, les places spacieuses, les maisons élégantes et bien aérées : la promenade de Létang, qu'ombragent des arbres de haute venue, est une des plus belles qui existent, même en Europe. — Hôtels nombreux et bien tenus. — La population européenne, composée plus particulièrement d'Espagnols, est active, laborieuse, pleine d'entrain. — On cite comme monuments principaux : le Château-Neuf, résidence du général de division, l'Hôtel de la Préfecture, la grande mosquée de la rue Philippe, l'église catholique et les casernes.

Oran, dont l'origine remonte à la plus haute antiquité, fut habitée par les Romains *(Unica colonia)*, puis, successivement, par les Vandales, les Berbères, les Arabes et les Turcs. — Elle fut conquise (18 mars 1509) par les Espagnols, que le cardinal Ximénès conduisait en personne. — En 1708, elle retomba au pouvoir des Turcs. — En 1732, elle fut reprise par le comte de Mortemar, grand d'Espagne au service de Philippe V. — En 1790, un effroyable tremblement de terre, qui détruisit presque entièrement la ville et écrasa une partie de la garnison sous les ruines des casernes, décida les Espagnols à évacuer la place et à l'abandonner aux Turcs.

En 1830, après la prise d'Alger, le Bey d'Oran fit prévenir le général de Bourmont qu'il était prêt à reconnaître l'autorité française et à abandonner la ville.

Quelques mois après, sur l'ordre du général Clauzel, le général Damrémont vint occuper Oran (3 janvier 1831), et nos troupes s'y maintinrent malgré les attaques incessantes des tribus voisines, ralliées, pour la plupart, à la cause d'Abd-el-Kader. — Oran passe, à bon droit, pour une des villes les plus florissantes de l'Algérie.

La Sénia, — village à 5 kil. 1/2 E. d'Oran ; — 659 hab.

AU NORD-EST D'ORAN.

COMMUNE D'ASSI-BEN-OKBA (arrondissement d'Oran).

Europ. et Israél. natural. franç., 242 ; — Musulm., 307.

Assi-ben-Okba, — ch.-l. de la comm. ; village à 21 kil. E. d'Oran, sur la route d'Oran à Mostaganem ; — mairie, église, école pour les filles et salle d'asile ; — céréales, légumes, vignes ; — 246 hab.

COMMUNE DE SAINT-CLOUD (arrondissement d'Oran).

Europ. et Israél. natural. franç., 1.293 ; — Musulm , 605.

Saint-Cloud, — ch.-l. de la comm. et de circonscrip. canton.; village à 28 kil. N.-E. d'Oran et à 16 kil. d'Arzew, sur la route qui relie ces deux villes ; — mairie, justice de paix, gendarmerie, bureau de poste, église, presbytère, écoles de garçons et de filles, salle d'asile ; fontaines, lavoir et abreuvoir alimentés par des sources dont les eaux sont aménagées ; — céréales, cultures maraîchères, vignes, belles plantations d'essences diverses ; — élevage du bétail, plus particulièrement de l'espèce ovine ; fourrages ; — 1.090 hab.

Mefessour, — village à 5 kil. E. de St-Cloud ; — 253 hab.

Christel, — village arabe à 10 kil. O. de St-Cloud ; — 555 hab.

COMMUNE DE KLÉBER (arrondissement d'Oran).

Europ. et Israél. natural. franç., 230 ; — Musulm., 32.

Kléber, — ch.-l. de la comm. ; à 35 kil. N.-E. d'Oran ; — mairie, église et presbytère, école mixte ; — céréales et cultures sarclées ; — mines ; — 262 hab.

COMMUNE D'ARZEW (arrondissement d'Oran).

Europ. et Israél. natural. franç. 2,187 ; — Musulm., 2,311.

Arzew, — ville et port maritime, à 43 kil. N.-E. d'Oran ; — ch.-l. de comm. ; — Mairie, gendarmerie, église, écoles de garçons et de filles, salle d'asile ; — caserne, pavillon d'officiers, ambulance ; — sol fertile, propre à la culture des céréales, du tabac, de la vigne et du coton ; — 1.578 hab.

Arzew occupe une situation exceptionnellement bonne, et, tôt ou tard, elle prendra le rang qu'elle doit occuper. Nous citerons à l'appui de nos dires l'opinion d'un homme dont on ne récusera point la compétence : « La rade d'Arzew, dit M. Lieussou, est la meilleure des côtes d'Algérie, celle du moins qu'on peut le plus facilement approprier aux besoins d'un grand commerce. Elle a derrière elle les riches vallées du Sig, de l'Habra, de la Mina et du Chéliff; elle est l'entrepôt naturel de Relizane, de Mascara et de Sidi-bel-Abbès. Elle communique avec le Sahara oranais par Mascara, Saïda et Géryville, plus facilement que tout autre point de la côte; elle paraît naturellement appelée à centraliser le commerce d'exportation des immenses plaines qui l'entourent et le transit qui s'établira, par le Sahara oranais, entre l'Europe et l'intérieur de l'Afrique. »

Les habitants ont longtemps souffert du manque d'eau potable; aussi, il y a moins de dix ans, la ville était elle à peu près abandonnée. Aujourd'hui, il en est différemment : les sources et les eaux pluviales recueillies dans les ravins de Ste-Léonie et de Guessiba sont emmagasinées dans d'immenses galeries souterraines, et amenées à Arzew au moyen d'une conduite en ciment qui n'a pas moins de 12 kil. de longueur.

Arzew fut occupée par les Romains, sous le nom d'*Arsenaria*; elle fut détruite par les Arabes, lors de leur invasion en Afrique, puis relevée par les rois de Tlemcen. Sous les Turcs, sa rade fut le principal port d'exportation de la province. Pendant la guerre d'Espagne, il en est parti plus de 300 navires par an, chargés de grains et de bestiaux pour l'armée anglaise ; en 1831, plus de 100 navires vinrent s'y charger d'orge et de blé, — Le général Desmichels s'en empara le 4 juillet 1832 ; mais aux termes du traité qu'il conclut avec l'Émir (26 février 1834), la ville fut replacée sous l'autorité du chef arabe. Peu après, la guerre recommença ; Arzew fut de nouveau occupée par nos troupes, puis fut définitivement acquise à la France par le traité de la Tafna (30 mai 1837).

Ste Léonie, — village à 3 kil. S.-O. d'Arzew ; — 219 hab.

Damesme, — ham. à 4 kil. S.-E. d'Arzew ; — 117 hab.

St Leu, — ham. à 6 kil. S.-E. d'Arzew ; — 175 hab.

Port aux Poules, — ham. à 12 kil. S.-E. d'Arzew ; — 102 hab.

A L'EST D'ORAN

COMMUNE D'ASSI-BOU-NIF (arrondissement d'Oran).

Europ. et Israél. natural. franç., 290; — Musulm., 29.

Assi-bou-Nif, — ch.-l. de la comm.; village à 15 kil. E.

d'Oran ; — église, mairie, école et salle d'asile ; — céréales et arbres fruitiers ; point d'eau courante ; — 319 hab.

COMMUNE D'ASSI-AMEUR (arrondissement d'Oran).
Europ. et Israél. natur. franç., 228 ; — Musulm, 12.

Assi-Ameur, — ch.-l. de la comm. ; village à 19 kil. E. d'Oran ; — mairie, école pour les garçons et les filles, salle d'asile ; — terres bien cultivées, plantations publiques bien entretenues ; — 240 hab.

COMMUNE DE FLEURUS (arrondissement d'Oran).
Europ. et Israél. natural. franç., 404 ; — Musulm., 14.

Fleurus, — ch.-l. de la comm. ; village à 22 kil. E. d'Oran ; — mairie, église, presbytère, écoles pour les deux sexes et salle d'asile ; puits, abreuvoir et lavoir publics ; point d'eau courante ; — terrains propres à la culture des céréales, blé, orge, seigle et avoine, plantes sarclées et légumineuses ; fourrages ; puits particuliers ; plantations publiques bien entretenues ; — carrières à plâtre, moulin à vent, tuilerie et briqueterie ; — 418 hab.

COMMUNE DE SAINT-LOUIS (arrondissement d'Oran).
Europ. et Israél. natural. franç., 750 ; — Musulm., 20.

Saint-Louis, — ch.-l. de la comm. ; village à 27 kil. S.-E. d'Oran ; — mairie, brigade de gendarmerie, église, presbytère, école mixte et salle d'asile ; — puits public, avec noria, sur le sommet du village ; — 534 hab.

Assi-ben-Ferréah, — village à 2 kil. N. de St Louis ; — 227 hab.

COMMUNE DE MOCTA-DOUZ (arrondissement d'Oran).
Europ. et Israél. natural. franç., 891 ; — Musulm., 365.

Mocta-Douz, — ch.-l. de la comm. ; village à 70 kil. S.-E. d'Oran, sur la rive gauche de l'Habra, au N.-O. du bois domanial dit «*des Tamarins*» ; — église, école mixte ; — pays riche, bien cultivé ; fermes nombreuses, desservies par la station de l'*Habra* ; arrêt simple sur la ligne ferrée, entre St-Denis-du-Sig et Perrégaux ; — 891 hab.

AU SUD-EST D'ORAN.

COMMUNE DE SIDI-CHAMI (arrondissement d'Oran).
Europ. et Israél. natural. franç., 821 ; — Musulm., 287.

SIDI-CHAMI, — ch.-l. de la comm., village à 14 kil. S.-E. d'Oran ; — mairie, église, école, salle d'asile ; — puits et abreuvoir publics ; — céréales, coton, garance, vignes et mûriers, plantations d'essences diverses ; — point d'eau courante, mais un grand nombre de puits servant aux irrigations ; — bétail nombreux ; — 306 hab.

Arcole, — village à 8 kil. N. de Sidi-Chami, et à 5 kil. E. d'Oran ; — 120 hab.

COMMUNE DE MANGIN (arrondissement d'Oran).
Europ. et Israél. natural. franç., 158 ; — Musulm., 44.

MANGIN, — ch.-l. de la comm., village à 15 kil. S.-E. d'Oran ; — mairie, chapelle et école primaire ; fontaine, abreuvoir et lavoir publics ; point d'eau courante, puits particuliers ; — céréales et vignes, oliviers, mûriers et arbres à fruits ; — 202 hab.

COMMUNE DU TLÉLAT (arrondissement d'Oran).
Commune : Europ. et Israél. natural. franç., 353 ; — Musulm., 40.
Circonscription cantonale : Europ., 112 ; — Musulm., 19.800.

SAINTE-BARBE-DU-TLÉLAT, — ch.-l. de la comm. et de circonscrip. cantonale ; village à 31 kil. S.-E. d'Oran, sur la route de Saint-Denis-du-Sig, à l'extrémité de la plaine du Tlélat ; — mairie, église, presbytère et école ; gendarmerie, halle, fontaines, abreuvoir et lavoir alimentés par l'oued Tlélat qui coule près du village et dont les eaux sont aménagées par des canaux et des tuyaux de fonte ; — céréales, prairies naturelles, tabac et vignes, mûriers, oliviers, arbres à fruits d'une belle venue; — stat. de chem. de fer. — Marché tous les lundis ; — 353 hab.

COMMUNE DE SAINT-DENIS-DU-SIG (arrondissement d'Oran).

Europ. et Israél. natural., franç., 5.048; — Musulm., 1.431.

SAINT-DENIS-DU-SIG, — ch.-l. de la comm., et de circonscrip. canton.; ville, à 51 kil. d'Oran, sur la voie ferrée d'Alger à Oran et sur la rive droite du Sig ;— mairie, justice de paix, gendarmerie ; église, presbytère, école de garçons, école de filles, pensionnat ; hôpital civil ; — eaux abondantes : réunies d'abord dans deux réservoirs d'attente et versées ensuite dans un bassin de filtrage, elles s'écoulent dans plusieurs fontaines et dans deux abreuvoirs publics ; — rues larges et droites bordées d'arbres, jolies places plantées d'arbres ; — télégraphe et bureau de poste ; marché très important tous les dimanches ;— sol d'une fertilité exceptionnelle : céréales, colza, coton, vignes, plantations vigoureuses et bien entretenues ; —ville, 4.224 hab.; banlieue, 1.154.

Un barrage, établi à 3 kil. sud de la ville, au point où le lit du Sig, avant de déboucher dans la plaine, se trouve resserrée entre deux masses de rochers, oppose aux flots grossis par l'hiver une large muraille en pierres de taille de 9 mètres 20 cent. de hauteur sur 42 m. 76 cent. de largeur.

La distribution des eaux est réglée par un syndicat. — Aux environs de la ville, grandes et riches fermes. — Quatre moulins à farine et une usine importante pour l'égrainage du coton ; ces cinq établissements sont mûs par les eaux du barrage.

A trois kilomètres, sur la rive droite du Sig, est un vaste établissement, connu sous le nom de la *Ferme de l'Union*, qui a été longtemps dirigé par des officiers du Génie.

Des idées phalanstériennes avaient présidé à sa formation : mais la bonne harmonie que semblait appeler son titre, n'a jamais pu s'établir d'une manière assez complète entre les membres dirigeants de l'association, pour assurer la prospérité de l'entreprise. Aujourd'hui cet établissement appartient à une compagnie qui exploite et fait valoir les terres. Cette compagnie a son siége à Paris.

Village arabe, — à 2 kil. de St-Denis ; — 226 hab.
— *nègre*, — à 4 kil. de St-Denis ; — 104 hab.

COMMUNE DE PERRÉGAUX (arrondissement d'Oran).

Europ. et Israél. natural. franç., 963 ; — Musulm., 491.

PERRÉGAUX, — ch.-l. de la comm., village à 75 kil. E. d'Oran (voie ferrée), sur la rive droite de l'Habra, à 28 kil. N. de Mascara, et à 28 kil. E. du Sig ; — mairie, gendarm., église, école mixte, — fermes nombreuses, céréales, bétail ; — stat. de chem. de fer ; marché arabe tous les jeudis ; — 666 hab.

A 12 kil. environ au Sud, en remontant la rivière de l'Habra, dans le vallon où serpente la route de Mostaganem à Mascara, on a établi sur l'Oued-el-Hammam un barrage, dit *barrage de l'Habra*, dont la construction a coûté près de quatre millions. — Ce barrage-réservoir peut arrêter une provision de 14 millions de mètres cubes d'eau destinée à l'arrosage des terrains de Perrégaux et de la plaine de l'Habra.

COMMUNE DE MASCARA (arrondissement d'Oran).

Europ. et Israél. natural. franç., 5.569 ; — Musulm., 4.228.

MASCARA, — ch.-l. de comm. et de subdivis. milit., à 100 kil. S.-E. d'Oran. — La ville, que protége un rempart crénelé, est assise sur la rive gauche de l'Oued-Toudman, qu'on traverse sur trois ponts en maçonnerie. — Mairie, justice de paix, gendarm., bureau arabe, église et presbytère, écoles et salle d'asile ; casernes d'infanterie et de cavalerie, magasins, hôpital militaire; télégraphe et postes ; — rues droites, bien aérées, fontaines nombreuses. — Fabrique de burnous, justement estimés. Il s'y tient, trois fois par semaine, un grand marché où les Arabes viennent de trente lieues à la ronde vendre leurs différents produits : haïcks, tapis, laines et bestiaux. — Territoire fertile : céréales et vignes qui donnent d'excellents vins. — Ville et banlieue, 5.513 hab.

Mascara a été bâtie par les Turcs, sur l'emplacement d'une colonie romaine ; elle devint, aux premiers temps de l'occupation française, la résidence favorite d'Abd-el-Kader, qui naquit dans une tribu voisine. Après la rupture du traité Desmichels, le maréchal Clauzel reprit la campagne, et marcha sur Mascara à la tête d'une colonne dont la première division était commandée par le duc d'Orléans. Après un combat opiniâtre, les Arabes furent dispersés, et l'armée française entra dans Mascara (6 décembre 1835). On avait cru, dans le principe, que cette ville offrirait d'immenses ressources : au dire des enthousiastes, la capitale de l'Emir « était la plus riche cité de la Régence, » et les imaginations d'aller leur train. Il fallut promptement renoncer à ces espérances : — trois jours après son entrée dans la ville, Clauzel ordonnait la retraite et revenait à Oran. — Six ans plus tard (1841), le général Bugeaud s'en rendit maître.

Baba-Ali, — village arabe à 4 kil. N. de Mascara ; tribus éparses; — 2.888 hab.

Saint-Hippolyte, — ham. à 3 kil. N. de Mascara ; — 148 hab.

Oued-Malah, — ham. à 30 kil. N. de Mascara ; fermes isolées.

Oued-el-Hammam, — village à 24 kil. N.-O. de Mascara ; — 353 hab. ; — groupe de fermes, à 4 kil. N.-O. du village.

Palikao, — ham. à 20 kil. E. de Mascara ; — 37 hab.

Saint-André, — village à 3 kil. S.-O. de Mascara ; — 535 hab.

Aïn-Fekan, — ham. à 25 kil. S.-O. de Mascara ; — 112 hab.

Cacherou, — ham. à 23 kil. S.-E. de Mascara ; — 18 hab.

Oued-Traria, — ham. à 35 kil. S. de Mascara ; — 20 hab.

Aïn-Nazreg, — ham. à 69 kil. S. de Mascara ; — 65 hab.

SAÏDA, — poste militaire et village, à 74 kil. S. de Mascara, près de l'oued Saïda. — Caserne, hôpital, magasins, bureau de poste ; terres fertiles, abondamment irriguées ; la vigne y prospère ; — marché arabe tous les lundis : on y vend particulièrement de la laine, des chevaux et des moutons ; — 1.078 hab.

COMMUNE DE TIARET (arrondissement d'Oran).

Europ. et Israél. natural. franç., 1.267 ; — Musulm., 739.

TIARET, — ch.-l. de la comm. et poste militaire, à 243

kil. S.-E. d'Oran, et 140 kil. E. de Mascara. — Mairie ; justice de paix, gendarmerie, bureau arabe, église et presbytère, école mixte ; casernes d'infanterie et de cavalerie, magasins, hôpital ; fontaines et lavoirs publics. — Riches plantations d'arbres, terres généralement fertiles ; on y cultive avec succès les pommes de terre et le tabac. Le bois et l'eau y sont en abondance. — Marché arabe tous les lundis : les laines, les céréales, les troupeaux de moutons y donnent lieu à des transactions fort importantes, ainsi que les tapis, les haïcks, les œufs et plumes d'autruche et les objets de sellerie. — 901 hab. ; banlieue, 355.

Tiaret, construit sur les limites du Tell et des Hauts-Plateaux, est la clef du pays des chotts : il est situé sur un point culminant d'où l'on embrasse un horizon très étendu, au milieu duquel on distingue le Djebel-Goudjilla, le Djebel-Amour et le Nador, qui sont les derniers contreforts de l'Atlas — Tout ce pays, habité par des peuplades sahariennes, les Harars et les Ouled Naïls, offre d'immenses pâturages à d'innombrables troupeaux de moutons dont la chair est très estimée, et aux admirables chevaux, qu'on appelle chevaux du Désert. — C'est un point des plus importants du Sahara algérien ; les caravanes du Sud y viennent, chaque année, échanger leurs produits contre ceux du Tell.

Sidi-Khaled, — village et douars aux environs de Tiaret ; — popul. europ., 251 hab.; indig., 750.

Village nègre, — groupe de tentes ; — 180 hab.

Frenda, — village à 47 kil. S.-S.O de Tiaret ; — 147 hab.

Géryville, — village et poste militaire, à 323 kil. S.-E. d'Oran, et à 206 kil. S. de Tiaret (*voy. p.* 63).

Le fort est un carré long, d'environ deux cents mètres sur cent ; il comprend les casernes, le pavillon des officiers, les magasins, l'hôpital. — Un peu plus loin est le village, composé de trente maisons au plus, habitées par des Français, des Juifs et des Mzabites ; quelques-uns se livrent à la culture, les autres vivent de leur trafic avec la garnison ; — 108 hab.

Terres peu riches : légumes, figuiers, mûriers et vignes ; jardins arrosés par deux sources puissantes, qui sourdent à quelques pas du fort ; — chênes verts, genévriers et thuyas sur le sommet et sur les pentes du *Kessel,* la plus élevée des chaînes qui enceignent l'espace dont Géryville occupe l'angle Nord-Est ; — Pierres qui se rapprochent du marbre, et qu'on trouve en abondance le long du djebel Delaâ. On les taille en serre-papier, en pyramides et en porte-montres ; elles fournissent de très-jolis socles aux petits bronzes. — Température moyenne, 18 degrés ; le thermomètre descend quelquefois au-dessous de zéro.

AU NORD-OUEST D'ORAN.

COMMUNE DE MERS-EL-KEBIR (arrondissement d'Oran).

Europ. et Israél. natural. franç., 1.556 ; — Musulm., 14.

MERS-EL-KEBIR. — ch.-l. de la comm. ; port maritime, à 8 kil. N.-O. d'Oran (voy. p. 6) ; — maison commune, gendarmerie, église, écoles, entrepôt réel, service de santé, bureau de Douanes ; — caserne dans le fort. — Bornes-fontaines, abreuvoirs et lavoirs alimentés par les eaux de la source de Ras-el-Aïn, qu'une conduite amène d'Oran ; — bureau de poste ; — 192 hab.

Entre Mers-el-Kebir et Oran, il a été installé trois hameaux :
Saint-André, — 1.068 hab.
Sainte-Clotilde, — 120 hab.
Saint-Gérôme, — 47 hab.
Fermes nombreuses autour des hameaux ; — 143 hab.

COMMUNE D'AÏN-EL-TURCK (arrondissement d'Oran).

Europ. et Israél. natural. franç., 379 ; — Musulm., 28.

AÏN-EL-TURCK, — ch.-l. de la comm., village à 18 kil. N.-O. d'Oran, sur le bord de la mer ; — mairie, église, école ; — céréales, vignes. — Point d'eau courante ; un puits public alimente une fontaine avec abreuvoir et lavoir. — Les habitants font, au moyen de l'extraction ou de la coupe de l'alfa, un commerce assez important de sparterie pour cordages, paniers ou corbeilles ; — 407 hab.

A L'OUEST D'ORAN

COMMUNE DE BOU-SFER (arrondissement d'Oran).
Europ. et Israél. natural. franç., 1.025; — Musulm., 2.202.

Bou-Sfer, — ch.-l. de la comm., village à 20 kil. O. d'Oran ; — mairie, école mixte ; — céréales, légumes et arbres fruitiers. — Les eaux de la montagne sont reçues dans un bassin ; — réservoir, fontaine, abreuvoir et lavoir publics. — Industrie spéciale : coupe de l'alfa ; — 789 hab.

Orphelinat de M'sila, — 125 hab.

Les Andalouses, — village à 7 kil. O. de Bou-Sfer ; — 259 hab.

AU SUD-OUEST D'ORAN.

COMMUNE DE MISSERGHIN (arrondissement d'Oran).
Europ. et Israél. natural. franç., 1.316; — Musulm., 881.

Misserghin, — ch.-l. de la comm., à 15 kil. S.-O. d'Oran, sur la route de Tlemcen ; — mairie, justice de paix, gendarm., église, presbytère, école et salle d'asile. — Orphelinat pour les garçons et pépinière y attenant ; orphelinat pour les filles. — Fontaines, abreuvoirs et lavoirs alimentés par quatre sources échelonnées dans le grand ravin qui descend des montagnes voisines ; ces sources, qui fournissent ensemble environ 2,000 mètres cubes d'eau par jour, sont réunies dans des conduits en terre et en poterie, font tourner cinq moulins, alimentent les fontaines et servent à l'irrigation des jardins de la localité ; — 1.316 hab.

Misserghin est un des plus jolis villages du département ; les rues y sont larges, droites, bien aérées; les maisons propres et bien bâties; plusieurs habitations de plaisance. — Le territoire est fertile : céréales, tabac, arbres fruitiers et vignes. — Bétail nombreux; élève de l'espèce bovine et de l'espèce ovine, race mérinos. — Plantations particulières vigoureuses et très-productives. — A quelques kilomètres du village se trouve le lac Salé (*Sebkra d'Oran*).

COMMUNE DE BOU-TLÉLIS (arrondissement d'Oran).

Europ. et Israél. natural. franc., 574 ; — Musulm., 513.

Bou-Tlélis, — ch.-l. de la comm., village à 31 kil. S.-O. d'Oran ; — mairie, chapelle, écoles de garçons et de filles ; — lavoir et abreuvoir publics ; — céréales, tabacs; mûriers, oliviers et arbres à fruits ; — 449 hab.

Brédéah, — groupe de fermes autour de Bou-Tlélis ; — 83 hab.

COMMUNE DE LOURMEL (arrondissement d'Oran).

Europ. et Israél. natural. franç., 517 ; — Musulm., 59.

Lourmel, — ch.-l. de la comm., sur la route d'Oran à Tlemcen, à 42 kil. S.-O. d'Oran ; — mairie, gendarmerie, église ; fontaines, lavoir et abreuvoir. — Sol fertile ; eaux abondantes ; — céréales et cultures diverses ; — 464 hab.

Sidi-Bokhti, — ham. à 10 kil. N. de Lourmel ; créé en 1872 ; en voie de peuplement.

Er-Rahel, — village à 10 kil. S. de Lourmel ; — 112 hab.

COMMUNE D'AÏN-EL-ARBA (arrondissement d'Oran.)

Europ. et Israél. natural. franç., 436 ; — Musulm., 307.

Aïn-el-Arba, — ch.-l. de la comm., village à 70 kil. S.-O. d'Oran, dans la plaine de Meleta ; — mairie, chapelle, école ; — céréales ; — 436 hab.

COMMUNE D'AÏN-TEMOUCHENT (arrondissement d'Oran).

Commune : Europ. et Israél. natural. franç., 1.668 ; — Musulm., 170.
Circonscription cantonale : Europ., 78 ; — Musulm., 20.405.

Aïn-Temouchent, — ch.-l. de la comm. et de circonscription ; village à 72 kil. S.-O. d'Oran, sur la route de Tlemcen ; — mairie, gendarmerie, église, école, bureau de poste, caserne ; place et jardins publics plantés de beaux arbres, fontaines publiques dont les eaux sont excellentes; marché arabe tous les jeudis : les habitants s'y approvisionnent d'animaux et de denrées. — Moulins à eau ; moulin à vent ; poterie, tuilerie et briqueterie ; — 1.470 hab.

Le village a, comme ressource pour les cultures et le fonctionnement des moulins, deux petits cours d'eau : l'*oued Temouchent* et l'*oued Senam*, d'un débit moyen de trente litres à la minute, et dont la jonction est au pied même du village.

Aïn-Temouchent a été bâtie, en 1851, sur les ruines d'une ville romaine appelée par Pline *Oppidum Timici*. Les pierres de taille qui couvraient le sol servirent aux travaux militaires ou particuliers ; mais le service du Génie se réserva tout ce qui, provenant des fouilles, pouvait intéresser l'art. C'est ainsi qu'on a pu mettre de côté un certain nombre d'inscriptions lapidaires et quelques autres objets non moins précieux pour la science archéologique.

Rio Salado, — village à 12 kil. d'Aïn-Temouchent ; — 150 hab.

Aïn-Khial ; ham. à 15 kil. S.-O. de Temouchent ; — 152 hab.

COMMUNE DE NEMOURS (arrondissement d'Oran).

Europ. et Israél. natural. franç., 1.160 ; — Musulm., 478.

Nemours, — ch.-l. de la comm., ville et rade foraine, à 240 kil. S.-O. d'Oran, à 104 kil. N.-O. de Tlemcen, et à 34 kil. des frontières du Maroc ; — mairie, justice de paix, gendarm, bureau arabe, église et presbytère, école et salle d'asile ; casernes, hôpital militaire ; bureau de postes. — Fontaine monumentale, lavoir et abreuvoir, puits à pompe ; — terres de bonne qualité ; — céréales, cultures maraîchères, jolis jardins, belles et nombreuses plantations d'arbres. Moulin à vent, moulins à eau et à manéges. — Marché quotidien où les gens du Maroc apportent leurs produits. — Commerce considérable d'alfa ; — 825 hab.

COMMUNE DE TLEMCEN (arrondissement d'Oran).

Europ. et Israél. natural. franç., 8.098 ; — Musulm., 12.792.

Tlemcen, — ch.-l, de la comm. et de subdiv. militaire ; — mairie, tribunal de 1re instance, justice de paix, gendarmerie, bureau arabe ; église et chapelle catholiques, temple protestant, mosquées, synagogues, collége communal, écoles primaires pour garçons et filles, école arabe, école israélite ; — bureau de bienfaisance ; — cercle civil et riche bibliothèque ; — casernes d'infanterie et de cavalerie, magasins de subsistances et autres, pavillon et cercle pour les officiers ; — télégraphe et poste ; — ville, 14.554 hab. ; banlieue, 2.168.

Le Méchouar, situé au S. de la ville, a été transformé en citadelle ; la sous-intendance, le génie, l'artillerie, l'hôpital et la prison se trouvent à l'intérieur. Les abords de la ville sont entourés de jardins et d'oliviers d'une haute venue ; les rues sont propres et bordées de rigoles pavées, où coule incessamment une eau vive ; fontaine monumentale, ombragée de beaux arbres ; dix-neuf fontaines publiques, quatre abreuvoirs, deux lavoirs, bassin de réserve, alimenté par les eaux de l'oued Kissa et de l'oued Kalla. — Jolies promenades.

Le territoire, partout arrosable et complètement défriché, est couvert d'arbres fruitiers de toute espèce, notamment d'oliviers, dont les fruits fournissent une huile excellente ; cultures maraîchères, tabac et céréales, belles et nombreuses plantations.

Outre les marchés spéciaux, il se tient à Tlemcen un marché particulier où abondent le bétail, la laine, les céréales, les huiles, pailles et fourrages qu'apportent les habitants des villages voisins et les caravanes du Maroc. — Minoteries, fabrication des huiles, tanneries.

Tlemcen fut fondée par les Vénètes ; elle devint plus tard la capitale d'un royaume qui se composait des villes de Nedroma, Oran, Arzew, Mazagran et Mostaganem ; la ville maritime de Djidjelli en était une annexe. — Ce royaume subit des vicissitudes diverses : Tlemcen, attaquée, prise et reprise tantôt par les Turcs, tantôt par les Marocains et les Espagnols, n'était plus, au dernier siècle, qu'un foyer d'insurrection. — L'empereur du Maroc s'en empara en 1830, mais il dut bientôt renoncer à ses prétentions. Les Koulouglis, commandés par Ismaël, et qui défendaient le Méchouar, passèrent au service de la France. Clauzel en prit possession (12 janvier 1836) et y laissa une garnison sous les ordres du capitaine Cavaignac qui fut, en 1848, chef du pouvoir exécutif. — Le général Bugeaud ravitailla la place quelque temps après ; l'anné suivante (1837), aux termes du traité de la Tafna, Tlemcen fut cédée à Abd-el-Kader, qui en fit sa capitale, et s'y maintint jusqu'en 1842, date de notre occupation définitive. (Voy. *Histoire de Tlemcen*, par Bargès.)

Bréa, — village à 4 kil. N. de Tlemcen ; — 834 hab.
Négrier, — village à 7 kil. N. de Tlemcen ; — 850 hab.
Hennaya, — village à 11 kil. N. de Tlemcen ; — 913 hab.
Saf-Saf, — village à 5 kil. N.-E. de Tlemcen ; — 322 hab.
Pont de l'Isser, — ham. à 32 kil N.-E. de Tlemcen ;— 184 hab.
Tekbalet, — hameau à 30 kil. N -E. de Tlemcen ; — 25 hab.
Lamoricière, — hameau à 28 kil. E. de Tlemcen : — 197 hab.
Mansoura, — village à 4 kil. S. de Tlemcen : — 868 hab.
Terni, — ham. à 12 kil. de Tlemcen ;— 11 hab.

Sebdou, — poste militaire à 40 kil. S. de Tlemcen, à 1.200 mètres d'altitude, tout près de la limite des Hauts Plateaux. — Sebdou est un point essentiellement stratégique : — bureau arabe, casernes, pavillon d'officiers, hôpital, ambulance, magasins des subsistances et magasin à poudres ; marché arabe tous les jeudis. — Autour du poste, quelques cultures ; — 61 hab. civils.

Sebdou (village annexe), au N.-E. de la redoute de Sebdou : — village routier créé en 1871 ; — en voie de peuplement.

Lalla Maghrnia, — poste militaire et village, sur la frontière du Maroc, à 8 kil , d'Ouchda, et à 45 kil. de Tlemcen ; bureau arabe, gendarm., casernes, pavillon d'officiers, manutention et magasin de subsistances, hôpital, ambulance, postes. — Jolis jardins sur les bords do l'Oued-Fou. — Tous les dimanches, en dehors de la redoute, marché considérable, approvisionné de blé, d'orge, de laine, de chevaux et de produits de toute nature : très fréquenté par les Indigènes et par les Marocains ; — 411 hab.

Gar-Rouban, — village à 85 kil S.-O. de Tlemcen ; mines de plomb argentifère ; — 147 hab.

Aux environs de ce centre, à *Sidi Aramon,* mine de cuivre non exploitée ; — à *Tlétat,* mine de fer oligiste ; — entre ces deux points, à *Abla,* carrière d'ardoises.

AU SUD D'ORAN.

COMMUNE DE VALMY (arrondissement d'Oran).
Europ. et Israél. natural. franç., 434 ; — Musulm., 270.

VALMY, ch.-l. de la comm., à 13 kil. S. d'Oran, sur la

route de Mascara ; — mairie, église, école et presbytère, école mixte, fontaines et abreuvoir. — Céréales, tabac, vignes, mûriers, oliviers et arbres fruitiers ; — 499 hab.

Aïn-Beda, — hameau et groupe de fermes ; — 205 hab.

COMMUNE DE TAMZOURAH (arrondissement d'Oran).

Europ. et Israél. natural. franç., 297 ; — Musulm., 338.

Tamzourah, — ch.-l. de la comm., village à 38 kil. S. d'Oran, dans la plaine de la Mleta, au pied des coteaux et au bord d'un petit cours d'eau qui fournit à son alimentation. — Terres excellentes ; — 419 hab.

Tafaroui, — hameau à 10 kil. E. de Tamzourah ; — 245 hab.

COMMUNE DE SIDI-BEL-ABBÈS (arrondissement d'Oran).

Europ. et Israél. natural. franç., 8.787 ; — Musulm., 2.308.

Sidi-bel-Abbès, — ch.-l. de la comm. et de circonscript. cantonale ; — ville, à 82 kil. S. d'Oran, sur la route qui relie Tlemcen à Mascara ; — mairie, justice de paix, gendarm., bureau arabe, église, presbytère, écoles de garçons et de filles, salle d'asile ; — casernes d'infant. et de caval., magasins de subsistances et autres, cercle militaire, hôpital ; — télégraphe et postes ; — station d'étalons. — Rues propres, spacieuses, coupées à angles droits, ombragées par des arbres de haute venue : jolies places complantées d'arbres ; fontaines et puits publics, abreuvoir, puits dans presque chaque maison.

Sol fertile : céréales et tabac, belles plantations de mûriers, d'arbres fruitiers et autres ; — partie du territoire est irriguée par les eaux de la Mekerra. — Deux marchés quotidiens ; marché arabe très important le jeudi de chaque semaine. — Ville et banlieue, 6.542 hab.

Sidi bel-Abbès fut fondé en 1849, sur les bords de la Mekera : ce fut un point intermédiaire destiné à assurer la prise de possession définitive du pays, entre Tlemcen et Mascara.

On y remarquait à cette époque un marabout entouré de marécages. Ce marabout a donné son nom à la ville. Un des marais est devenu une promenade publique. Les environs furent assainis avec soin, et l'eau circule de nouveau dans les canaux de construction ancienne, que l'incurie des Arabes avait laissé s'obstruer.

C'est au milieu de cette plaine, naguère déserte et insalubre, que s'élève aujourd'hui une ville élégante, abritée contre les ardeurs du soleil par la végétation la plus vigoureuse ; — Sidi-bel-Abbès est une des plus jolies villes de l'Algérie.

Le Tessala, — village à 16 kil. N.-O. de Bel-Abbès ; — 950 hab.

Zarouala, — village à 6 kil. N.-E. de Bel-Abbès, créé en 1871; en voie de peuplement.

Sidi Brahim, — village à 11 kil. N -E. de Bel-Abbès; — 450 hab.

Les Trembles, — village à 16 kil. N.-E. de Bel-Abbès ; — 768 hab.

Oued Imbert, — ham. à 21 kil. N.-E. de Bel-Abbès ; — 45 hab.

Mekedra, — village arabe, ch.-l. de comm. mixte, à 30 kil. N.- de Bel-Abbès.

Sidi L'hassen, — villg. à 12 kil. S.-O. de Bel-Abbès; — 678 hab.

Sidi Khaled, — village à 12 kil. S.-O. de Bel-Abbès ; — 328 hab.

Bou Khanéfis, — village à 18 kil. S.-O. de Bel Abbès ; — 338 hab.

Bou Khanéfis, — (village annexe) à 2 kil. à l'Ouest du précédent, créé en 1872 ; en voie de peuplement.

Sidi Aly ben Youb, — ham. à 30 kil. S.-O. de Bel-Abbès ; — 235 hab.

Sidi Aly ben Youb, — (ham. annexe), à 4 kil. au N.-O. du précédent, créé en 1871.

Magenta, — ham. à 63 kil. S.-O. de Bel-Abbès ; — 39 hab.

Sidi Amram, — ham. à 3 kil. S. de Bel-Abbès.

Tenira, — ham. à 23 kil. S. de Bel-Abbès ; nouvellement créé.

Le Télagh, — à 56 kil. S. de Bel-Abbès ; nouvellement créé.

DAYA, — poste militaire à 71 kil. S. de Bel-Abbès, à l'entrée des Hauts-Plateaux, entre Sebdou et Saïda. — Caserne, bureau arabe ; — peu de cultures : — 100 hab.

Aux environs, forêts de chênes verts et de pins d'Alep.

COMMUNE DE MOSTAGANEM (arrondissement de Mostaganem).

Commune : Europ. et Israél. natural. franç., 5.182 ; — Musulm., 5.524.
Circonscription cantonale : Europ., 24 ; — Musulm., 10.949.

MOSTAGANEM, — ch.-l. d'arrondissement et de commune ;

— ch.-l. de circonscription cantonale, à 1 kil. de la mer et à 89 kil. N.-E. d'Oran. — Sous-préfecture, mairie, brig. de gendarm., bureau arabe ; — tribunal de 1re instance, justice de paix, église, oratoire protestant, mosquée et synagogue, collége communal, écoles primaires, pensionnats de jeunes filles ; — cercle civil, société de secours mutuels et bureau de bienfaisance ; — casernes d'infanterie et de cavalerie, magasins, vaste hôpital, cercle et bibliothèque militaire; télégraphe et postes. — Rues droites, larges et aérées, jolies places, belles promenades, jardin public, fontaines nombreuses, voitures publiques. — Halle aux grains, halle aux poissons, hôtels confortables, caravansérail pour le marché quotidien, très fréquenté par les indigènes ; ville et faubourg ; — 5.891 hab.

La ville, établie sur un plateau, à 1.100 mètres du rivage, est traversée par le ruisseau d'Aïn-Sefra. Autour d'elle, et dans un rayon restreint, on compte jusqu'à 19 villages en pleine prospérité : la vallée des Jardins, notamment, située à 4 kilomètres Sud, offre un site admirable. — Tout ce pays est particulièrement salubre ; — populat. éparse et douars ; — 4.888 hab.

AU NORD-EST DE MOSTAGANEM.

COMMUNE DE PELISSIER (arrondissement de Mostaganem).
Europ. et Israél. natural. franç., 215 ; — Musulm., 1.348.

PELISSIER, — ch.-l. de la comm., à 80 kil. d'Oran et à 4 kil. N.-E. de Mostaganem ; — mairie, église et école; — puits et abreuvoir publics ; — céréales, tabac, légumes, vignes, belles plantations d'arbres fruitiers ; — 215 hab.

COMMUNE DE TOUNIN (arrondissement de Mostaganem).
Europ. et Israél. natural. franç., 105 ; — Musulm., 1.305.

TOUNIN, — ch.-l. de la comm., village à 4 kil. de Pelissier et à 9 kil. N.-E. de Mostaganem ; — mairie, église, presbytère, école mixte, fontaine, abreuvoir et lavoir publics; — céréales, vignes, jardins potagers ; — 108 hab.

COMMUNE D'AÏN-BOUDINAR (arrondissement de Mostaganem).

Europ. et Israél. natural. franç., 169; — Musulm., 1.049.

Aïn-Boudinar, — ch.-l. de la comm., ham. à 8 kil. de Pelissier et à 12 kil. N.-E. de Mostaganem ; — mairie, église et école mixte, fontaine, abreuvoir et lavoir publics ; — céréales, vignes, jardins bien cultivés ; — 169 hab.

COMMUNE D'AÏN-TÉDELÈS (arrondissement de Mostaganem).

Europ. et Israél. natural. franç., 778; — Musulm., 1.678.

Aïn-Tédelès, — ch.-l. de la comm ; — villag. à 21 kil. N.-E. de Mostaganem, sur un plateau qui descend vers la vallée du Chéliff ; — mairie, gendarm., chapelle, école. — Rues larges et bordées de trottoirs ; campagne fertile et bien cultivée ; céréales, vignes, etc. — Marché arabe tous les lundis. — 439 hab.

Pont du Chéliff, — ham. à 2 kil. N. d'Aïn-Tédelès ; 161 hab.

Souk-el-Mitou, — villag. à 2 kil. S. d'Aïn-Tédelès ; — 984 hab.

AU SUD-EST DE MOSTAGANEM.

COMMUNE D'ABOUKIR (arrondissement de Mostaganem).

Europ. et Israél. natural. franç., 395; — Musulm., 1.462.

Aboukir, — ch.-l. de la comm. ; — villag. à 13 kil. S.-E. de Mostaganem, et à 77 kil. d'Oran, sur la route de Mostaganem à Mascara ; — mairie, église, presbytère, écoles de garçons et de filles. — Terres fertiles, eaux abondantes ; — vignes et mûriers, céréales, tabac et coton ; fourrage. — Commerce de bétail et de légumes. — 233 hab.

Aïn-Sidi-Chérif, — village à 4 kil. O. d'Aboukir ; — 162 hab.

COMMUNE DE BLED-TOUARIA (arrondissement de Mostaganem).

Europ. et Israél. natural. franç, 261; — Musulm., 1.379.

Bled-Touaria, — ch.-l. de la comm. ; — ham. à 18 kil. S.-E. de Mostaganem et à 5 kil. d'Aboukir ; — mairie, église, presbytère, écoles de garçons et de filles; lavoirs et abreuvoirs; — vignes et céréales. — Pas d'eau courante, mais puits publics qui fournissent aux besoins des hommes et des bestiaux. — 286 hab.

Mokanéfis, — ham.; — 17 hab.; — en voie de peuplement.

COMMUNE DE BOUGUIRAT (arrondissement de Mostaganem).
Europ. et Israél. natural. franç., 276; — Musulm., 3.

Bouguirat, — ch.-l. de la comm., village à 27 kil. S.-E. de Mostaganem; — mairie, chapelle, école; — céréales et denrées diverses; — 279 hab.

COMMUNE DE RELIZANE (arrondissement de Mostaganem).
Europ. et Israél. natur. franç., 2,311; — Musulm., 1.231.

Relizane, — ch-l. de la comm. et de circonscript. canton., sur le chemin de fer d'Alger à Oran, à 59 kil. S.-E. de Mostaganem et sur la pente occidentale d'une colline au pied de laquelle s'étend la plaine de la Mina; — mairie, justice de paix, gendarm., église, école primaire, caserne; station de chemin de fer. — Terres fertiles, abondamment irriguées par les eaux de la Mina dont le cours a été intercepté, à 3 kil. environ en amont du village, par un magnifique barrage que le génie militaire a construit. Les colons s'y livrent principalement à la culture des plantes industrielles; le tabac et le coton prospèrent également; — 1.659 hab.

L'Hillil, — village à 20 kil. O. de Relizane, sur les bords de l'*Hillil*, — st. de ch. de fer; — 279 hab.

St-Aimé, — hameau à 33 kil. N.-E. de Relizane : — st. de ch. de fer; — 35 hab.

Inkermann, — village à 42 kil. N.-E. de Relizane, sur les bords de l'*Oued-Riou*; — st. de ch. de fer; — 196 hab.

Ammi-Moussa, — village et poste militaire à 70 kil. N.-E. de Relizane, situé à 33 mètres au-dessus de l'*oued Riou*, et abrité des vents du S. par un fort qui le domine. Il existe dans les environs plusieurs sources thermales ; — pillé et devasté, en 1864, par les Arabes; aujourd'hui reconstruit : — 163 hab.

Mendez, — hameau à 38 kil. S.-E. de Relizane ; — 21 hab.

Zamorah, — village à 21 kil. à l'E. de Relizane ; — pillé et incendié, en 1864, par les Arabes; aujourd'hui reconstruit; — 198 hab.

AU SUD DE MOSTAGANEM.

COMMUNE DE RIVOLI (arrondissement de Mostaganem).
Europ. et Israél. natural. franç., 332 ; — Musulm., 923.

Rivoli, — ch.-l. de la comm., à 8 kil. S. de Mostaganem ; — mairie, église, écoles et salle d'asile ; fontaines et abreuvoir publics. — Bonnes terres, puits, nombreux. — Céréales; belles plantations d'arbres; — 343 hab.

Ouréah, — village arabe à 5 kil. O. de Rivoli.

AU SUD-OUEST DE MOSTAGANEM.

COMMUNE DE MAZAGRAN (arrondissement de Mostaganem).
Europ. et Israél. natural. franç., 1.018 ; — Musulm., 585.

Mazagran, — ch.-l. de la comm., village à 4 kil. S.-O. de Mostaganem ; — mairie, église, presbytère, école mixte; sources nombreuses et abondantes, fontaine, lavoir et abreuvoir, conduites d'eau pour l'irrigation des jardins. — Sol fertile : céréales, vignes, cultures arborescentes et maraîchères ; plantations nombreuses; élève du bétail, plus particulièrement de l'espèce bovine ; — 1.153 hab.

Mazagran fut habitée par les Romains, puis par les Arabes, puis par les Espagnols. En 1833, un poste français y fut placé ; en 1840, la garnison fut attaquée dans les circonstances suivantes que nous aimons à rappeler : 123 hommes du 1er bataillon d'Afrique, aux ordres du capitaine Lelièvre, occupaient le fort : ils avaient pour toutes munitions un baril de poudre, une pièce de canon et 40.000 cartouches. Le 1er février 1840, le bey de Mascara vint avec 15.000

hommes environ prendre position devant le blokaus ; le 2, il canonna les murailles ; dès que la brèche fut ouverte, les Arabes s'élancèrent à l'assaut. Le combat dura dix heures : quand le jour apparut, le sol était jonché de morts, les chevaux piétinaient dans le sang, mais notre drapeau se déployait encore derrière les murailles.

Le lendemain, les Arabes revinrent à la charge, sans plus de succès. Les chasseurs, cependant, étaient épuisés de fatigue et presque à bout de munitions : le découragement gagnait les plus valides. — Dans ce moment suprême, le capitaine Lelièvre montra une incomparable énergie : « Mes amis, dit-il aux assiégés, nous avons encore un baril de poudre et 12.000 cartouches ; nous nous défendrons jusqu'à ce qu'il ne nous en reste plus que douze ou quinze par hommes, puis, nous entrerons dans la poudrière et nous y mettrons le feu. » C'était tout simplement héroïque. Il ne fut pas besoin pourtant de recourir à cette résolution extrême ; après une nouvelle attaque infructueuse, les Arabes s'éloignèrent.

COMMUNE DE LA STIDIA (arrondissement de Mostaganem).

Europ. et Israél. natural. franç., 447 ; — Musulm., 19.

STIDIA (LA), — ch.-l. de la comm., village à 15 kil. S.-O. de Mostaganem, sur la route d'Oran à Mostaganem. — Mairie, église, presbytère et écoles mixte ; — eaux bonnes et abondantes ; — fontaine, lavoir et abreuvoir. — Bonnes terres, céréales, cultures maraîchères dans les jardins, plantations nombreuses ; — 466 hab.

COMMUNE D'AÏN-NOUISSY (arrondissement de Mostaganem).

Europ. et Israél. natural. franç., 315 ; — Musulm., 567.

AÏN-NOUISSI, — ch.-l. de la comm. ; village à 16 kil. S.-O. de Mostaganem, au débouché de la route de Mascara, dans la plaine de l'Habra. — Bonnes terres, nombreuses plantations d'arbres fruitiers ; pépinières ; — 315 hab.

DÉPARTEMENT DE CONSTANTINE.

Le département de Constantine occupe la partie orientale de l'Algérie : il est borné au Nord par la Méditerranée, à l'Est par la Régence de Tunis, à l'Ouest par le département d'Alger et au Sud par le Désert.

La superficie du territoire *colonisable* (Tell et Hauts-Plateaux) est évaluée, approximativement, à 61.060 kil. carrés, — soit 6.106.000 hectares.

Le département est aujourd'hui divisé en cinq arrondissements : ceux de Constantine, de Guelma, de Bône, de Philippeville et de Sétif ; il comprend une division militaire, Constantine, et quatre subdivisions : Constantine, Bône, Batna et Sétif.

Le chiffre actuel de la population dans les deux territoires, troupes non comprises, est de 1.027.775 habitants, savoir :

Français........................	36.659
Israélites naturalisés français....	8.779
Espagnols....................	3.103
Italiens......................	10.445
Anglo-Maltais................	8.305
Allemands....................	1.640
Autres nationalités............	2.409
Musulmans...................	953.263
Population en bloc............	3.172
Total égal......	1.027.775

Des trois départements de l'Algérie, celui de Constantine est donc, et de beaucoup, le plus vaste et le plus peuplé.

Les montagnes les plus remarquables sont les massifs de *Takintousch*, au S.-E. de Bougie, les *Babors* et le pic *Temesguida*, entre Bougie et Djidjelli, le *Djebel Morissan*, au N. de Bou-Arréridj, les hautes chaînes qui enceignent le territoire de Guelma, — puis, au Sud, le *Dejebel Aurès*, pâté montagneux qui a près de 600 kilom. de tour.

Les principales rivières sont : dans le Tell, l'*oued Sahel*. l'*oued el-Kebir*, le *Saf-Saf* et la *Seybouse*, (voyez p. 33) ; — dans le Sahara, l'*oued Biskra*, l'*oued R'rir* et l'*oued Souf*, (voyez p. 73).

Les massifs forestiers couvrent des étendues considérables ; nous citerons comme les plus importants ceux qui avoisinent Bordj-bou-Arréridj, Djidjelli, Collo, Bône, Jemmapes et La Calle.

Le pays a pour principales productions : les céréales ; — le bétail, dont l'exportation est aujourd'hui considérable, les laines et les peaux ; — les huiles, les figues et les caroubes ; — les bois, et plus particulièrement les chênes-liége ; — les minerais et les marbres ; — enfin, l'alfa, répandu à profusion sur l'immense plaine qui s'étend de la Sebkhra du Hodna à la partie de la frontière tunisienne comprise entre Soukahras et Tebessa.

COMMUNE DE CONSTANTINE

Europ. et Israél. natural. franç., 15.492 ; — Musulm., 17.759.

Constantine, — ville et place forte de 1re classe, à 439 kil. S.-E. d'Alger (route nationale), et à 86 kil. S. de Philippeville *(voie ferrée)* ; — chef-lieu du département, ch.-l. de commune et de circonscription cantonale ;

Chef-lieu de division et de subdivision militaire. Intendance divisionnaire, Direction d'artillerie et du génie, Conseil de guerre ;

Siége épiscopal suffragant d'Alger ; — Eglise-cathédrale, églises, couvents, temple protestant, synagogue, mosquées ;

Collége communal mixte *(français-arabe)*, écoles communales, institutions privées ;

Tribunal de première instance, Justice de paix, Tribunal de commerce ;

Trésorerie, Poste, Télégraphe, succursale de la Banque de l'Algérie ;

Hôpital militaire, casernes d'infanterie et d'artillerie *(dans l'ancienne casbah)* ; casernes de cavalerie et du train des équipages *(extra-muros)*, manutention et magasins militaires ;

Hôpital civil; — prison civile, prison militaire ;

Cercle, théâtre, cafés-concerts, jardin public.

Population *(ville et banlieue)*: *Français*, 8.746 ; — *Israélites naturalisés français*, 4.503 ; — *Espagnols*, 556 ; — *Italiens* 687 ; — *Anglo-Maltais*, 657 ; — *Allemands*, 151 ; — *autres nationalités*, 392 ; — *Musulmans*, 17.759, — soit 33.251 habitants.

Constantine, capitale de la province de l'Est, est assise sur un plateau entouré de trois côtés par un ravin profond, creusé entre deux murailles de roc vif qui forme une escarpe et une contre-escarpe entièrement à pic. Le *Rummel* s'engouffre dans ce ravin et le parcourt ; sur les côtés nord-est et sud-est, cette table de rochers calcaires s'incline diagonalement par une pente très prononcée vers l'est et communique, par un pont de pierres, de construction française, avec le plateau de Mansourah qui domine la ville ; au sud-ouest, elle joint le plateau de Coudiat-Aty.

Les établissements les plus remarquables sont : l'ancien palais du dernier Bey, devenu le quartier général du commandant de la division, et qui renferme en outre la Direction des fortifications ; la cathédrale, qui a été établie dans une ancienne mosquée; le palais de justice, la medersa (école de droit musulman), la Banque, le conseil de guerre, la grande mosquée, celle de Sidi el Ketani, dite de Salah Bey, et de Sidi Lakdar. La synagogue, le collége communal, enfin, la casbah, constituée en réduit et qui renferme les casernes d'infanterie, l'hôpital, l'arsenal, la manutention, les magasins de subsistances et la prison militaire. Au dehors de la porte d'El-Kantara se trouvent la gare du chemin de fer de Philippeville à Constantine, le collége arabe, et, sur le plateau du Mansourah, le quartier de cavalerie ; au dehors de la porte Valée se trouvent la prison civile et une vaste halle aux grains. Sur plusieurs autres points intérieurs ou extérieurs se tiennent les marchés des autres denrées.

Minoteries nombreuses sur le Bou-Merzoug et le Hamma : les

produits donnent lieu à un commerce d'exportation considérable. — Les farines de blé dur de Constantine sont renommées ; les semoules sont expédiées à Marseille et à Lyon où on les transforme en pâtes alimentaires qui rivalisent avec celles d'Italie ; — savonnerie et fabrique de bougie.

Constantine fut fondée par les Grecs sous le nom de *Cyrtha*, devint, plus tard, la capitale de la Numidie, tomba au pouvoir des Romains, fut détruite par les lieutenants de Maxence (304 après J.-C.), puis réédifiée par Constantin, qui lui donna son nom. — Sous la domination arabe, elle releva tantôt des rois de Tunis, tantôt des gouverneurs de Bougie. — Prise par Kaïr-ed-Din, frère et successeur d'Aroudj (1520), elle fit, depuis cette époque, partie intégrante de la Régence d'Alger. — Vainement attaquée avec des forces insuffisantes, (1836), par le maréchal Clauzel, elle fut prise d'assaut l'année suivante après un nouveau siège courageusement soutenu.

Ces deux épisodes de notre histoire d'Afrique méritent d'être racontés.

Le maréchal Clauzel, homme d'un rare mérite, avait eu le tort grave de trop compter sur lui-même et de ne point tenir assez compte des difficultés qu'il avait à surmonter. Il s'était engagé d'ailleurs presque malgré le gouvernement.

Partie de Bône (13 novembre 1836), l'armée arriva le 21 sous les murs de Constantine, sans avoir presque tiré un coup de fusil, mais déjà à moitié ruinée par les privations et la fatigue.

Le maréchal n'en fut point troublé : on lui avait affirmé que les habitants se rendraient sans combat, et il attendait patiemment la députation qui devait lui apporter les clefs de la ville, lorsque le feu d'une batterie, soudainement démasquée, vint détruire ses illusions.

La 1re et la 2e brigade, sous le commandement du général de Rigny, reçurent l'ordre de se porter sur le Coudiat-Aty, d'occuper les enclos et de s'emparer des approches : inquiétée dans sa marche par les tirailleurs arabes, la tête de la colonne fut un instant repoussée ; mais bientôt, soutenue par le 17e léger, elle culbuta l'ennemi, qui s'enfuit en désordre. Le reste de l'armée s'établit à Mansourah.

Le 23, aux approches de la nuit, les troupes furent massées en silence, prêtes à donner l'assaut. Malheureusement, la lune brillait d'un vif éclat, et l'ennemi, mis en défiance par les tentatives de la veille, faisait bonne garde. Les sapeurs du génie se coulèrent sur le pont à travers une grêle de balles. Beaucoup furent atteints, et les attirails qu'ils portaient roulèrent avec eux dans le Rummel ; le peu qui s'échappa parvint à se loger et se mit au travail. Le général Trézel, croyant la porte enfoncée, accourut aussitôt à la tête du 59º et du 63º de ligne ; mais la porte résistait toujours, et la colonne, entassée sur le pont, fut littéralement hachée par la mitraille : — la position n'était pas tenable, et c'eût été folie de s'engager plus avant. Le maréchal fit sonner la retraite. Au même moment, la colonne Duvivier partait de Coudiat-Aty et cherchait à pénétrer dans la place par la porte d'El-Djabia ; mais, faute de moyens mécaniques indispensables pour briser les portes, l'attaque échoua complètement. Clauzel s'avoua impuissant à atteindre son but et l'armée dut battre en retraite. Elle était à peine en marche, que les assiégés, sortis en foule en poussant des cris sauvages, se jetèrent sur les flancs de la colonne. Nos tirailleurs les tinrent en respect ; mais la défense était molle, et d'une minute à l'autre, nous pouvions être enveloppés.

C'est alors que le commandant Changarnier, ne prenant conseil que de lui-même, exécuta ce mouvement audacieux qui a commencé sa fortune militaire. Son bataillon (2e léger), ainsi que nous l'avons dit, formait l'arrière garde : Changarnier ralentit sa marche et laisse augmenter la distance qui le séparait du convoi. Bientôt il s'arrête, forme sa troupe en carré, l'enlève au cri de *Vive le Roi*! puis commande le feu. — Les Arabes étaient à vingt pas : à la première décharge, les trois faces du carré furent entourées d'un glacis d'hommes et de chevaux ; ce qui ne tomba pas s'enfuit à toute bride, et le bataillon rejoignit la colonne.

L'armée poursuivit sa marche, réglant son allure sur le pas des plus faibles ; peu de jours après, elle arrivait à Bône (1er décembre 1836). Il était temps : officiers et soldats étaient à bout de forces!...

Le maréchal confessa franchement son imprévoyance et s'accusa d'avoir cru trop aux promesses dont on l'avait bercé. Mais s'il se montra sévère pour lui-même, il fut juste pour ses compagnons d'armes. Au moment de partir pour Alger, il se fit un devoir de complimenter les troupes du courage et de la résignation qu'elles avaient montrés, et se plut à constater que tous avaient supporté avec une admirable constance les souffrances les plus cruelles de la guerre : et c'était vrai.

Peu de jours après, le corps expéditionnaire fut dissous et le comte Clauzel se rendit à Paris. On le destitua.

Cependant, la France ne pouvait rester sous le coup d'un pareil échec, et le général Damrémont, nouvellement nommé Gouverneur, reçut l'ordre de s'emparer de Constantine.

Le corps expéditionnaire montait à dix mille hommes, divisés en quatre brigades, commandées : la première, par le duc de Nemours, la seconde par le général Trézel, la troisième par le général Rulhières, la quatrième par le colonel Combes. — L'artillerie avait à sa tête le général Valée ; le génie, le général Rohault de Fleury.

L'armée se mit en marche le 1er octobre 1837; cinq jours après, elle était devant Constantine.

Après avoir disposé l'attaque et formé les colonnes, le général en chef envoya faire aux assiégés les sommations d'usage. Ce fut un soldat du bataillon turc qui porta la dépêche. Il se hissa à une corde jetée du rempart, et fut introduit dans la place. Le lendemain il revint avec cette réponse verbale :

« Il y a dans Constantine beaucoup de munitions de guerre et de bouche. Si les Français en manquent, nous leur en enverrons. Nous ne savons pas ce que c'est qu'une brèche ou une capitulation. Nous défendrons à outrance notre ville et nos maisons. On ne sera maître de Constantine qu'après avoir égorgé jusqu'au dernier de ses défenseurs. »

— « Ce sont des gens de cœur, dit M. Damrémont. Eh! l'affaire n'en sera que plus glorieuse pour nous. »

Et il se rendit avec sa suite sur le plateau de Coudiat-Aty pour examiner la brèche. Là, il mit pied à terre, fit quelques pas en avant et s'arrêta sur un point découvert ; — un boulet, parti de la place, le renversa sans vie... .

Le lieutenant général Valée prit le commandement des troupes. Il fit canonner la ville et ordonna l'assaut pour le lendemain.

Les troupes furent réparties en trois colonnes : la première sous les ordres du lieutenant-colonel Lamoricière, la seconde et la troisième sous ceux des colonels Combes et Corbin.

A sept heures précises, par un soleil radieux, le duc de Nemours donne le signal : — la première colonne s'ébranle, gagne la brèche au pas de course, au milieu d'une ardente fusillade, et le capitaine Gardarens plante sur les remparts le drapeau tricolore. Mais à mesure que la colonne descend dans la ville, elle se heurte contre de nouveaux obstacles : chaque maison a été transformée en forteresse, il faut briser les portes ; on se bat corps à corps, et les assaillants sont décimés par un feu de mousqueterie tiré de mille embrasures — Mais nos soldats ont juré de vaincre ; ils s'excitent les uns les autres, chargent avec furie, et font un épouvantable massacre.....

Pendant l'assaut, une partie des habitants tenta de fuir par un des côtés du ravin, à l'aide de cordages qui descendaient le long des rochers ; mais les cordes, incessamment tendues, se brisèrent sous le poids des fugitifs : une grappe d'hommes, de femmes, d'enfants et de vieillards roula dans l'abîme et périt dans une affreuse et lamentable agonie.

La ville prise, le général Rulhières en fut nommé commandant supérieur : comme il arrivait, il reçut une lettre dans laquelle les autorités et les personnages influents de Constantine faisaient leur soumission et imploraient la clémence des vainqueurs. — Le général fit cesser le feu et se dirigea vers la Casbah, dont les derniers défenseurs furent promptement expulsés. Deux heures après, le drapeau de la France flottait sur tous les édifices, et le duc de Nemours prenait possession de la maison du bey (13 octobre 1837).

AU NORD-EST DE CONSTANTINE.

COMMUNE DE HAMMA (arrondissement de Constantine).
Europ. et Israél. natural. franç., 871 ; — Musulm., 7.338.?

LE HAMMA, — ch.-l. de la comm., village à 8 kil. N. de Constantine, sur la route de Philippeville ; — mairie, église, école mixte, école arabe-française ; — terres fertiles : céréales, vignes, arbres fruitiers, nombreux jardins ; — moulins et usines ; — sources d'eaux chaudes et froides ; — stat. de chem. de fer ; — 196 hab.

Rouffach, — village à 12 kil. O. du Hamma ; — 595 hab.

Aïn-Kerma, — village et douar à 10 kil. N.-O. du Hamma et à 20 kil. N.-O. de Constantine ; — 76 Europ., 5.465 indig.

Milah, — ville arabe à 48 kil. N. O. de Constantine et à 28 kil.

d'Aïn-Kerma, sur la route de Constantine à Djidjelli, non loin du Rummel (rive gauche) ; — fontaine de construction romaine, belle mosquée ; — nombreux jardins complantés d'orangers, de citronniers et de vignes.

COMMUNE DE BIZOT (arrondissement de Constantine).
Europ. et Israél. natural. franç., 319 ; — Musulm., 2.971.

Bizot, — ch.-l. de la comm., village à 15 kil. N. de Constantine, sur la route de Philippeville ; — mairie, église, école mixte ; — terres excellentes ; céréales, vignes et fruits ; — stat. de chem. fer ; — 159 hab.

Aux environs du village, fermes nombreuses et soigneusement exploitées.

COMMUNE DE CONDÉ-SMENDOU (arrondissement de Constantine).
Europ. et Israél. natural. franç., 398 ; — Musulm., 4.649.

Condé-Smendou, — ch.-l. de la comm., village à 28 kil. N.-O. de Constantine, sur la route de Philippeville ; — mairie, brig. de gendarm. ; église, école de garçons et de filles ; — vignes et céréales ; — stat. de chem. de fer ; — marché important tous les lundis ; — 398 hab.

A L'EST DE CONSTANTINE

COMMUNE DE L'OUED-ZENATI (arrondissement de Constantine).
Europ. et Israél. natur. franç., 173 ; — Musulm., 7.929.

Oued-Zénati, — ch.-l. de la comm., et de circonscript. canton., village à 70 kil. E. de Constantine, sur la route de Constantine à Guelma ; — mairie, chapelle, école mixte ; — céréales, bétail et gras pâturages ; — marchés très fréquentés les lundi et jeudi de chaque semaine ; — 201 hab.

Aux environs du village, fermes et douars.

AU SUD-EST DE CONSTANTINE.

COMMUNE DU KROUBS (arrondissement de Constantine).

Europ. et Israél. natural. franç., 481; — Musulm., 4.053.

Le Kroubs, — ch.-l. de la comm., village à 16 kil S.-E. de Constantine, sur la route de Batna, à l'entrée de la vallée de Bou Merzoug; — mairie, église et presbytère; écoles de garçons et de filles; — céréales, vignes, arbres fruitiers; — europ. 431 hab.

Aïn el Bey, — pénitentier militaire indigène, à 2 kil. S.-O. du Kroubs.

Lamblèche, — ham. et douar à 10 kil. N.-E. de Kroubs; — europ. 30; indig. 230 hab.

Madjiba, — groupe de fermes et douar, à 4 kil. du Kroubs; — europ. 50 hab.; indig. 115 hab.

Aïn-Guerfa, — ham. à 10 kil. S.-O. du Kroubs; — europ. 20; indig. 199 hab.

El Aria, — village arabe à 12 kil. N.-E. du Kroubs; — 123 hab.

Guettar el Aïch, — à 15 kil. S.-O. du Kroubs; — 96 hab.

COMMUNE D'OULED-RAHMOUN (arrondissement de Constantine).

Europ. et Israél. natural. franç., 122; — Musulm., 1.161.

Ouled-Rahmoun, — ch.-l. de la comm., village situé à 26 kil. S.-S.-E. de Constantine, sur la route de Constantine à Batna, dans la vallée du Bou Merzoug; — mairie, brig. de gendarm.; église, école mixte; — 75 hab.

Aux environs, fermes, moulins et usines.

Aïn Guerfa, — ham. à 7 kil. N.-E d'Ouled Rahmoun, près de la route de Constantine à Batna; en voie de peuplement.

COMMUNE D'AÏN-BEIDA (arrondissement de Constantine).

Europ. et Israél. natural. franç, 813; — Musulm., 1.230.

Aïn Beïda Kebira, — ch.-l. de la comm., village à 140 kil. S.-E. de Constantine, sur la route de Tébessa, au milieu de la tribu des Haractas, et à 1.200 mètres d'altitude ; — mairie, justice de paix, bureau arabe, gendarmerie, église catholique et synagogue, écoles de garçons et de filles, poste et télégraphe ; — marché arabe les lundi et jeudi de chaque semaine ; — europ., 793 hab.

La pierre à chaux et à bâtir se trouve sur les lieux ; une source, dont l'eau est d'excellente quatité, débite 400 litres à la minute. — Céréales de première qualité ; bétail nombreux : les laines des Haractas sont renommées ; — massifs forestiers peuplés de chênes verts, de pins d'Alep, de pistachiers, de térébynthes et de thuyas ; — mines : plomb argentifère, antimoine, fer, etc. ; — salines naturelles au Sud du territoire.

La Meskiana, — groupe de fermes formant hameau, à 32 kil. S.-E. d'Aïn Beïda, sur les rives de la rivière qui lui a donné son nom ; — très belle usine à minoterie ; — belles plantations en arbres fruitiers et vignes ; alfa ; — en voie de peuplement.

Aïn Krenchela, — village en voie d'agrandissement, à 244 kil. S.-E. de Constantine, à 104 kil. S. environ d'Aïn Beïda, à 95 kil. E. de Batna, et à 1,500 mètres d'altitude ; — bureau arabe ; — climat tempéré, particulièrement salubre ; — eaux abondantes et d'excellente qualité ; — massifs de cèdres de haute venue ; — fer et plomb, cuivre aurifère ; — 283 hab.

AU SUD-OUEST DE CONSTANTINE.

COMMUNE D'AÏN-SMARA (arrondissement de Constantine).

Europ. et Israél. natural. franç., 210 ; - Musulm., 2.317.

AÏN-SMARA, — ch.-l. de la comm., ham. à 19 kil. de Constantine, sur la route de Sétif. — Peu cultivé ; bien que les terres soient fertiles, le territoire est d'un aspect pauvre et aride. — Brig. de gend., église ; — 107 Europ.

Oued Seguin, — à 16 kil. S. d'Aïn Smara, dont il est l'annexe. — Mairie, église, école ; — 93 hab.

COMMUNE DE L'OUED ATHMÉNIA (arrondissement de Constantine).

Europ. et Israél. natural. franç., 620; — Musulm., 4.276.

OUED-ATHMÉNIA, — ch.-l. de la comm., village à 40 kil. S.-O. de Constantine, sur la route de Sétif et sur la rive gauche du Rummel. — Mairie, gendarmerie ; - Eglise, école mixte. — Céréales ; source thermale et carrière, aux environs du village ; — 220 europ.

Bled Youssef, — ham. à 9 kil. N. d'Athménia ; — 113 europ.
Sidi Khalifat, — ham. à 14 kil N. d'Athménia ; — 99 europ.
Aïn Tine, — hameau à 20 kil. N. d'Oued-Athménia ;
Bou Maleck, — hameau à 4 kil. N.-O. d'Oued-Athménia ;
Aïn Melouk, — hameau à 10 kil. N.-O. d'Oued-Athménia ;
Seigt, — hameau à 15 kil. S.-O. d'Oued-Athménia ;
Saint-Donat, — hameau à 30 kil. S.-O. d'Oued-Athménia ;
Ces cinq derniers villages ont été créés en 1872 et sont en voie de peuplement.

Oued Dekri, hameau à 10 kil. O. d'Athménia ; — 52 europ.

COMMUNE DE BATNA (arrondissement de Constantine).

Europ. et Israél. natural. franç., 2.040 ; — Musulm.; 1.725.

BATNA, — ch.-l. de la comm. et de subdivision militaire ; — ville, à 119 kil. S.-O. de Constantine. — Ville toute française, avec rues spacieuses et tirées au cordeau ; fondée en 1844. — Elle est située sur l'Oued-Batna, au milieu d'une vaste plaine qu'environne, au nord, sur un périmètre de trente mille hectares, de magnifiques forêts de cèdres et chênes-verts. — Mairie, justice de paix, bureau arabe, gendarmerie ; — église, écoles, casernes, hôpital, cercle militaire ; jolies promenades.— Climat salubre et tempéré ; sol fertile, eaux abondantes. On y remarque de belles usines, notamment des moulins à blé. — 2.383 hab.

En 1871, les Arabes incendièrent les fermes environnantes et tentèrent, mais inutilement, de pénétrer dans la place.

Fesdhis, — groupe de fermes et douar, à 9 kil. N.-E. de Batna; — europ., 46 ; indig., 105.

Kessaïa, — ham., à 12 kil. N.-E. de Batna ; — 32 hab.

El-Madher, — village et douar, à 20 kil. N.-E. de Batna ; — europ., 83 ; indig., 304 hab.

Aïn Yagout, — Caravansérail à 36 kil. N.-E. de Batna, sur la route de Constantine ; — centre projeté de colonisation.

Aïn Touta, — ham. à 38 kil. S.-O. de Batna ; — nouvellement créé.

Barika, — poste militaire et bureau arabe, à 82 kil. O.-S.-O. de Batna.

COMMUNE DE LAMBESSA (arrondissement de Constantine).

Europ. et Israél. natural. franç., 343 ; — Musulm., 330.

LAMBESSA, — ch.-l. de la comm. ; la ville est assise dans une plaine fertile, au pied des monts Aurès, et à 11 kil. S.-E. de Batna ; — mairie, église, écoles. — Lambessa fut affectée, en 1848, aux transportés politiques. C'est aujourd'hui une maison centrale : vastes bâtiments, jardin complanté d'arbres fruitiers et de vignes ; — poste et télégraphe ; — popul. municipale, 673 hab. ; — détenus 702.

Sous la domination romaine, Lambessa était une ville de la plus haute importance ; adossée à l'Aurès, elle gardait de ce côté, l'entrée de la Numidie méridionale. C'est là que résidait la fameuse *Légion d'Auguste*, qui construisit la voie romaine de Carthage à Tipaza. — Notre compatriote Peyssonnel la visita au xviiie siècle. M. Delamarre, membre de la commission scientifique de l'Algérie, l'explora en 1844, et en dessina les principaux monuments. Parmi les ruines immenses qui couvrent encore le sol, et qui n'ont pas moins de 12 kilomètres de circonférence, on remarque principalement : 1° un temple encore debout, mais ruiné, qu'on suppose avoir été consacré à la Victoire, parce que, sur les bas-reliefs qui le décorent, on reconnaît encore une femme tenant de la main droite une couronne et de la gauche une palme ; 2° un temple dédié à Esculape ; 3° un théâtre immense et qui, à lui seul, prouverait que Lambessa devait être habitée par une population considérable ; 4° des monuments divers dont il est difficile d'apprécier la destination, et un grand nombre d'inscriptions dont l'une, très belle et très bien conservée, est dédiée à Jupiter Tutélaire.

COMMUNE MIXTE DE BISKRA.

Europ. et Israél. natural. franç., 283 ; — Musulm., 7.084.

BISKRA, — ch.-l. de la comm., ville et ch.-l. de cercle, capitale des oasis du Zab, est située sur le versant méridional de l'Aurès et à l'entrée du Désert, à 130 kil. S.-E. de Batna et à 234 kil. S.-E. de Constantine (voyez p. 74) ; mairie, justice de paix, brigade de gendarm.; église, école ; bureau arabe ; — europ. 283 hab.

Le fort Saint-Germain domine la ville ; il contient les citernes et tous les établissements militaires : casernes, hôpital, magasins des subsistances, cercle pour les officiers. — Biskara est appelée à devenir un centre important : on y fabrique des burnous, des haïks, des tapis renommés, des poteries et de la chaux. — Le marché, qui se tient tous les jours en hiver, est très fréquenté, les principaux objets d'échange sont le blé, la laine et les bestiaux. Les gens du Souf et de Touggourt y apportent leurs produits.

Un *jardin d'essai* a été établi à un kilomètre du fort, dans l'oasis des Beni-Morra ; de jeunes arabes, pris dans les tribus avoisinantes, y sont admis comme élèves jardiniers : on leur apprend les soins à donner aux arbres de toute sorte et notamment, aux oliviers, qui abondent dans le pays ; on les initie, en outre, aux détails de la culture du tabac, de l'indigo, du riz, de la patate, des plantes textiles et oléagineuses, du pavot à opium et du coton.

La température est excessivement élevée ; le thermomètre marque souvent, du 15 juin au 15 octobre, jusqu'à 45 degrés.

Biskra fut prise et occupée (4 mars 1844) par une colonne française aux ordres du duc d'Aumale.

El Outaya, — caravansérail, à 26 kil. N.-O. de Biskra, sur la route de Batna ; — centre projeté.

El Kantara, — ksar et oasis, à la porte du Sahara, à 52 kil. N. de Biskra et à 67 kil. S.-O. de Batna, sur la route qui relie ces deux villes ; — 1.827 hab.

Fabriques renommées de burnous et de haïcks ; — apiculture et bétail nombreux ; — magnifique forêt de dattiers ; beaux jardins complantés de légumes et d'abres à fruits. — En quittant l'oasis pour se rendre à Batna, on traverse un pont romain, encore bien conservé, et une gorge des plus pittoresques, puis on entre immédiatement dans la zone tellienne.

AU NORD-EST DE CONSTANTINE.

COMMUNE DE GUELMA (arrondissement de Guelma).

Europ. et Israél. natural. franç., 2.511 ; — Musulm., 2.647.

Guelma, — ch.-l. de l'arrondissement et de la comm., ville à 149 kil. N.-E. de Constantine, sur la rive droite de la Seybouse, dont elle est distante de 2 kil. ; — sous-préfecture ; justice de paix ; jolie église et presbytère ; mairie, écoles, asile, oratoire protestant ; casernes d'infanterie et de cavalerie ; hôpital ; bureau de poste, pépinière ; rues tirées au cordeau, parfaitement aérées, places et promenades publiques ; eaux abondantes, belles plantations d'arbres. Climat salubre. — Deux marchés très fréquentés, l'un quotidien, affecté à la vente des bestiaux et de tous les produits indigènes ; — ville et banlieue 3.835 hab.

Guelma fut fondée par les Romains sous le nom de *Calama*.

Oued Touta, — ham. à 8 kil. de Guelma ; — 93 hab.
Oued-Cherf, — ham. à 55 kil. O.-S.-O. de Guelma.
Aïn-Rhoul, — ham. à 24 kil. S.-O. de Guelma.
Aïn-Amara, — ham. à 28 kil. S.-O. de Guelma.
Hammam-Meskoutine, — établissement thermal ; (voyez p. 40).

COMMUNE D'HÉLIOPOLIS (arrondissement de Guelma).

Europ. et Israél. natural., franç., 597 ; — Musulm., 661.

Héliopolis, — ch.-l. de la comm., village à 5 kil. N.-E. de Guelma, sur la route qui conduit à Bône ; — mairie, bibliothèque, écoles, fontaine, abreuvoir et lavoir publics. — Terres fertiles, abondamment irriguées ; céréales, tabac, vignes, belles et nombreuses plantations d'arbres fruitiers ; plusieurs moulins. — Héliopolis est, sans contredit, le plus beau centre de l'arrondissement ; — 361 hab.

Guelaat bou Sba, — ham. à 10 kil. d'Héliopolis ; — 175 hab.

COMMUNE DE MILLÉSIMO (arrondissement de Guelma).

Europ. et Israél. natural. franç., 398; — Musulm., 1.183.

MILLÉSIMO, — ch.-l. de la comm., village à 4 kil. E. de Guelma, route de Souk-Ahras, sur la rive droite de la Seybouse ; — mairie ; église et presbytère ; école et salle d'asile; ambulance civile ; — fontaines, lavoir et abreuvoir alimentés par une conduite d'eau ; — terres excellentes ; céréales, fourrages, tabac, plantations très bien entretenues ; — 668 hab.

Petit, — village à 3 kil. E. de Millésimo ; — 805 hab.

COMMUNE D'ENCHIR-SAÏD (arrondissement de Guelma).

Europ. et Israél. natural. franç., 87; — Musulm., 381.

ENCHIR SAÏD, — ch.-l. de la comm., village à 24 kil. N.-O. de Guelma, — mairie, église et presbytère; école mixte ; — céréales, fourrages, coton, vignes et arbres fruitiers ; — 74 hab.

COMMUNE DE BONE (arrondissement de Bône).

Europ. et Israél. natural. franç., 13.185 ; — Musulm., 5,081.
Circonscription cantonale: Europ., 21 ; — Musulm., 4,388.

BÔNE, — ville et port militaire, à 159 kil. N.-E. de Constantine et à 84 kil. E. de Philippeville ; — Sous-préfecture, ch.-l. de comm., de circonscript. canton. et de subdivision militaire ; — mairie, hôtel de la subdivision, tribunal de 1re instance, justice de paix, gendarmerie, bureau arabe ; deux églises, temple protestant, synagogue, mosquées, dont l'une fort élégante ; collége communal, école de frères pour les garçons, école française israélite, école protestante mixte, école maure-française ; deux salles d'asile, école et ouvroir pour les filles ; trésor et postes, télégraphe; redoutes, casernes, fort de la Kasbah ; hôpital civil, hôpital militaire ; chambre de commerce ; bureau de bienfaisance et caisse d'épargne ; marché aux grains et aux légumes, poissonnerie et marché arabe ;— place et promenades complantées d'arbres ; joli théâtre ; — ville, 14.846 hab.; banlieue, 1.350.

Comme ville maritime, Bône n'a qu'une importance secondaire. Le golfe, compris entre le cap de Garde et le cap Rosa, a 21 milles d'ouverture sur 7 milles de profondeur, et fait face au Nord 5° Est. Il est bordé à l'Ouest par une haute falaise qui se rattache par des pentes abruptes à la montagne de l'Edough ; au Sud, par des plages et des dunes à travers lesquelles débouchent la Seybouse et la Mafrag ; à l'Est, par une côte basse et rocailleuse. La rive ouest court du cap de Garde à la ville : ses découpures profondes présentent successivement les anses du fort Génois, des Caroubiers et du Cassarin.

Bône a été bâtie près des ruines de l'ancienne Hippône, et reçut le nom d'*Annâba* (ville des jujubiers). Les rois de Tunis s'en emparèrent et y firent construire la kasba (1300). Les Génois, qui faisaient la pêche du corail et que les corsaires inquiétaient fort, obtinrent à force d'argent l'autorisation de bâtir, près du cap de Garde, le fort qui porte leur nom. Les Catalans leur succédèrent (1439), puis les Barcelonais (1446). Plus tard, les Turcs dépossédèrent les Tunisiens. — Après la prise d'Alger, le général Damrémont débarqua à Bône (2 août 1830) ; mais après avoir livré quelques combats aux tribus qui refusaient de reconnaître l'autorité de la France, il dut, par ordre du maréchal de Bourmont, évacuer la ville. L'année suivante (13 septembre 1831), le commandant Houder et 125 zouaves prirent possession de la Casbah, sur la demande même des habitants ; les Turcs obtinrent tout aussitôt leur expulsion et M. Houder fut lâchement assassiné. A quelque temps de là (5 mars 1832), Ben Aïssa, lieutenant d'Ahmed, bey de Constantine, pénétra dans la ville et la ruina de fond en comble. Les habitants invoquèrent de nouveau la protection de la France. Les capitaines Jusuf et d'Armandy, que suivaient 120 marins de la *Béarnaise*, escaladèrent, durant la nuit, les hautes murailles de la forteresse et s'en emparèrent presque sans coup férir (26 mars 1832). Le maréchal Soult, citant ce trait inouï d'audace, disait à la Chambre des Députés : « C'est le plus beau fait d'armes de notre siècle. »

La banlieue de Bône, dont le territoire est des plus fertile, comprend :

Sainte-Anne, — joli village qui s'étend entre Bône et le pied de l'Edough ; — église, école ; — entrepôt de tabacs, moulins à huile, brasserie ; — nombreuses villas ; — promenade dite de l'*Aqueduc*, bordée de peupliers et de trembles et d'une longueur de 4 kilomètres.

Hippône, — hameau à 22 kil. S. de Bône, entre la Seybouse et le Boudjima. — C'est à Hippône que saint Augustin a été enterré ; le tombeau du saint évêque a été pieusement restauré.

L'*Alélik*, — ham. à 4 kil. S. de Bône, dans la plaine de l'Alélik.

AU NORD-EST DE BONE.

COMMUNE DE LA CALLE (arrondissement de Bône).

Commune : Europ. et Israél. natural. franç., 3.037 ; — Musulm., 1.368.
Circonscription cantonale : Europ., 47 ; — Musulm., 19.313.

LA CALLE, — ville et port maritime, à 72 kil. N.-E. de Bône, et à 15 kil. environ de la frontière de Tunis, ch.-l. de la comm. et de circonscript. cantonale ; — mairie, justice de paix, bureau arabe et brig. de gendarm. ; église, école, caserne, pavillon d'officiers, hôpital, télégraphe et bureau de postes.

A la différence des autres mouillages de l'Algérie, qui n'offrent que des anses plus ou moins grandes, et qui regardent l'E.-S.-E , le port de La Calle consiste dans un petit bassin oblong, dont l'entrée regarde l'O.-N.-O. — Mouillage d'été impossible pour les grands navires. — Quai abrité et très belle plage de halage. — Lieu de refuge des corailleurs qui halent leurs bateaux à terre lors des gros temps du N.-O. — Excellente station pour des croiseurs, à proximité de la frontière, au débouché du canal de Malte. — Port de cabotage et de pêche, succursale de celui de Bône (voyez p. 17).

La principale industrie des habitants est la pêche du corail. Les abords de la ville sont cultivés en jardins maraîchers et plantés d'arbres fruitiers et de vignes en plein rapport. Les cultures industrielles, tabac, garance et coton, ont été essayées sur une petite échelle, et avec succès. Aux environs, mines de fer de l'Oued-el-Arough, mines de plomb de Kef-oum-Teboul ; forêt de chênes liége ; — ville et banlieue 3.008 hab.

La Calle est célèbre dans l'histoire du commerce français. Pendant deux siècles et demi, ce coin de terre fut l'objet de la politique constante de la France et le siége d'un grand mouvement commercial. Des négociants français s'y établirent sur la côte, à 48 kil. de Bône, et fondèrent un établissement connu sous le nom de Bastion de France ; plus tard (1626), Samson Napollon fut envoyé à La Calle et y établit un comptoir qui subit des fortunes diverses : prospère, lorsque nous étions en paix avec les deys ou les pachas de Constantine ; complètement ruiné, le jour où il plaisait aux Arabes de rompre avec les chrétiens. Le dernier pillage date de 1827. — La Calle fut occupée par l'armée française en 1836.

Kef-oum-Theboul; — village à 12 kil. E. de La Calle ; — 263 hab.

Le village doit son nom à la mine de plomb argentifère située sur son territoire (voyez p. 43).

AU SUD-EST DE BONE.

COMMUNE DE RANDON (arrondissement de Bône).

Europ. et Israél. natural. franç., 261 ; — Musulm., 3.030.

Randon, — ch.-l. de la comm., hameau à 22 kil. S.-E. de Bône ; — mairie, église, école ; — territoire fertile : céréales, lin, tabac, vignes ; — bétail et gras pâturages ; — belles et nombreuses fermes ; — 404 hab.

Oued-Besbès, — groupe de fermes, à l'E. de Randon.

COMMUNE DE SOUK-AHRAS (arrondissement de Bône).

Europ. et Israél. natural. franç., 1,949; — Mulsum., 481.

Souk-Ahras, — ville et ch.-l. de la comm., à 99 kil. S.-E. de Bône, à la jonction des routes de Tunis à Constantine, et de Tébessa à Bône ; — mairie, justice de paix, bureau arabe et brig. de gendarm.; église et presbytère, école mixte, salle d'asile ; — casernes d'infanterie et de cavalerie ; magasins de subsistances et autres, hôpital-ambulance ; —

fontaines et abreuvoirs ; bureau de poste ; marché arabe très important ; — terres fertiles, vastes forêts ; — 2,430 hab.

Le 22 janvier 1871, les spahis cantonnés à *Aïn-Guettar* se mutinèrent, parce qu'on exigeait leur départ pour France ; deux jours après, les Arabes du territoire se mettaient en pleine révolte, incendiaient les fermes, assassinaient les isolés et cernaient Souk-Ahras, que défendaient 532 hommes seulement. Les femmes, les enfants et les invalides se réfugièrent dans le bordj, qui commande la basse ville ; la milice, une compagnie de mobiles du 43e régiment et une centaine de cavaliers du goum restés fidèles prirent position, après avoir barricadé les rues. Le 26, à quatre heures du soir, les insurgés s'élancèrent à l'attaque de la ville, mais accueillis par une vive fusillade, ils se retirèrent après deux heures de combat. Souk-Ahras fut débloqué le 30 janvier par les troupes venues de Bône, sous le commandement du général Pouget.

Aïn Guettar, — smala à 20 kil. S.-E. de Souk-Ahras.

COMMUNE MIXTE DE TEBESSA.

Europ. et Israél. natural. franç., 358 ; — Musulm., 2.321.

Tebessa, — ch.-l. de la comm. et d'un cercle milit., dans une riche vallée et au pied des Nemenchas, à 210 kil. S.-E. de Constantine, et à 127 kil. de Souk-Ahras ; la ville est assise, à 800 mètres d'altitude, au pied du Djebel-Dir ; — mairie, brigade de gendarm., bureau arabe ; église, écoles ; poste et télégraphe ; musée, casernes, hôpital militaire. Il s'y tient, deux fois par semaine, le dimanche et le mardi, des marchés où il se fait un commerce considérable de bétail, de laines et de tissus indigènes ; — européens, 358 ; indig. 1.856.

Terres excellentes, abondamment couvertes de plantes fourragères et d'alfa ; — sources nombreuses, qui descendent du Dir et fertilisent le territoire ; blés et orges de qualité supérieure ; magnifiques troupeaux de moutons.

Les forêts sont surtout peuplées de pins d'Alep, chênes-vert, thuyas, genévriers communs, genévriers de Phénicie, ormeaux, trembles, myrtes, etc.

La faune y est représentée par tous les spécimens de l'Afrique du nord : lions, panthères, lynx, chacals, renards, sangliers, cerfs, antilopes, gazelles, mouflons, lièvres et outardes.

Les richesses minérales sont : le plomb argentifère, l'antimoine, le fer, le cuivre.

Les sources sulfureuses de *Oukous* offrent les ruines d'établissements balnéaires considérables au temps des Romains.

Les indigènes de la ville de Tebessa sont un mélange des différentes tribus qui l'entourent et de descendants des Turcs.

La tribu des Nemenchas, campée au sud de Tebessa, est remarquable par la beauté de ses types ; le général Faidherbe, guidé par le langage berbère des habitants et la particularité de quelques noms propres qu'on ne rencontre que dans cette tribu, lui assigne une origine pélasgique. Les individus à peau très blanche, à la barbe claire et aux yeux bleus n'y sont point rares. En somme, c'est une belle race d'hommes, bien supérieure au commun des arabes de l'Algérie.

Tebessa (la *Theveste* des Romains), était autrefois une ville de premier ordre. On trouve, parmi ses ruines, des restes considérables de temples et de monuments publics ; un arc de triomphe, sur lequel on lit que l'ancienne Theveste, détruite par les barbares, a été relevée par Salomon, vainqueur des Vandales ; un cirque qui pourrait contenir six mille spectateurs ; une forteresse encore debout avec son mur d'enceinte, flanqué de quatorze tours ; un temple de Minerve et une basilique.

En 1871, les indigènes du territoire se soulevèrent en masse ; après avoir pillé, puis incendié les fermes européennes, ils menacèrent Tebessa : les habitants firent bonne résistance, et la ville fut débloquée par les troupes du général Pouget.

Rafana, — à 3 kil S.-O. de Tebessa ; groupe de fermes sur l'oued-Rafana, incendiées par les Arabes en 1871, et aujourd'hui reconstruites ; — céréales ; bétail ; sources abondantes ; buis et alfa. — Ce dernier produit abonde.

AU NORD-OUEST DE BONE.

COMMUNE DE BUGEAUD (arrondissement de Bône).

Europ. et Israél. natural. franç., 350 ; — Musulm., 207.

BUGEAUD, — ch.-l. de la comm., village situé sur la

montagne de l'Edough, au lieu dit Aïn-Barouaya, à 11 kil. N.-O de Bône; — mairie, église, chapelle, écoles; abreuvoir et lavoir couvert; — cultures fort limitées : celle de la pomme de terre prédomine. La fabrication du charbon est la principale ressource des habitants; — 557 hab.

Ste-Croix-de-l'Edough, — ham. à 2 kil. O. de Bugeaud;— 32 hab.

COMMUNE D'HERBILLON (arrondissement de Bône).

Europ. et Israél. natural. franç., 77; — Musulm., 95.

HERBILLON, — ch.-l. de la comm., village maritime et forestier, à 67 kil. N.-O. de Bône et à 5 kil. E. environ du cap de Fer; — mairie, église, école, poste de douaniers; terres fertiles; massif forestier autour du village; charbonnières, carrières; — 91 hab.

A L'OUEST DE BONE.

COMMUNE D'AÏN-MOKRA (arrondissement de Bône).

Europ. et Israél. natural. franç. 276; — Musulm., 472.

AÏN-MOKRA, — ch.-l. de la comm. et de la circonscript. canton., village à 31 kil. S.-O. de Bône; — mairie, brig. de gendarm.; école mixte; — 238 hab.

Auprès du village, riche mine de fer qu'on exploite à ciel ouvert; un chemin de fer, construit par la compagnie concessionnaire, relie les chantiers au port de Bône; — céréales, chênes-liége; — marché important tous les dimanches.

Oued-el-Aneb, — ham. à 25 kil de Bône; — 90 hab.

AU SUD-OUEST DE BONE.

COMMUNE DE PENTHIÈVRE (arrondissement de Bône).

Europ. et Israél. natural. franç., 305; — Musulm., 1.143.

PENTHIÈVRE, — ch.-l. de la comm., village à 33 kil. S.-O. de Bône, sur la route de Bône à Guelma; — mairie, brig. de gendarm.; église, oratoire protestant, salle d'asile ; — fontaine, lavoir et abreuvoir publics ; — céréales; élève du bétail et surtout de la race ovine ; — 260 hab.

COMMUNE DE NECHMÉYA (arrondissement de Bône).

Europ. et Israél. natural. franç., 202; — Musulm., 289.

NECHMEYA, — ch.-l. de la comm., village à 43 kil. S.-O. de Bône ; — mairie, chapelle, école, salle d'asile ; — fontaine, lavoir et abreuvoir ; terres d'une fertilité extrême : céréales de qualité supérieure, tabac; — apiculture; — belles plantations ; — 195 hab.

AU SUD DE BONE.

COMMUNE DE DUZERVILLE (arrondissement de Bône).

Europ. et Israél. natural. franç., 350; — Musulm., 2.280.

DUZERVILLE, — ch.-l. de la comm., village à 11 kil. S. de Bône, sur la route de Guelma ; — mairie, église, écoles de garçons et de filles, salle d'asile, postes ; céréales, vignes, fermes environnantes bien entretenues ; — 200 hab.

El Hadjar, — ham., groupe de fermes et de gourbis, à 1 kil. de Duzerville ; — 126 hab.

COMMUNE DE MONDOVI (arrondissement de Bône).

Commune : Europ. et Israél. natural. franç., 688; — Musulm., 280.
Circonscription cantonale : Europ., » ; — Musulm., 6.047.

MONDOVI, — ch.-l. de la comm. et de circonscript. cantonale, village à 25 kil. S. de Bône, près de la rive gauche de la Seybouse ; — mairie, justice de paix, brig. de gend.; dépôt de remonte ; église, école et salle d'asile, infirmerie. — Sol fertile : céréales, légumes, oliviers, vignes et tabacs; — fontaines, puits publics et particuliers ; — élève et engraissement de bétail. — Aux environs, plusieurs fermes importantes ; — 608 hab.

COMMUNE DE BARRAL (arrondissement de Bône).
Europ. et Israél. natural. franç., 362 ; — Musulm., 73.

BARRAL, — ch.-l. de la comm., village sur la rive gauche de la Seybouse, à 6 kil. de Mondovi et à 31 kil. S. de Bône ; — mairie, église, écoles de garçons et de filles, salle d'asile. — Sol fertile et bien cultivé : céréales, tabac. — Elève et engraissement du bétail ; — 435 hab.

COMMUNE DE DUVIVIER (arrondissement de Bône).
Europ. et Israél. natural. franç., 344 ; — Musulm., 342.

DUVIVIER, — ch.-l. de la comm., village à 59 kil. S. de Bône et à 34 kil. de Souk-Ahras, sur la route de Bône à cette dernière ville ; — mairie, église et presbytère, école. — Céréales, tabac, vignes ; — 157 hab.

Medjez-Sfa, — groupe de fermes et de gourbis, à 12 kil. de Duvivier, et à 31 kil. N.-O. de Souk-Ahras ; — pop. éparse, 236 hab.

Aïn-Tahamimim, — ham. à 13 kil. S. de Medjez-Sfa.

COMMUNE DE PHILIPPEVILLE (arrondissement de Philippeville).
Commune : Europ. et Israél. natural. franç., 10.327 ; — Musulm., 1.947.
Circonscription cantonale : Europ., » ; — Musulm., 4.673.

PHILIPPEVILLE, — ch.-l. de l'arrondiss., ch.-l. de la comm. et de circonscript. canton., ville et port maritime, à 86 kil. N. de Constantine (voie ferrée) ; — mairie, tribunal de 1re instance, justice de paix, brig. de gendarm.; — église catholique, oratoire protestant, mosquée, école communale pour les garçons, école des frères, école de filles et pensionnat. — Casernes d'infant. et de caval. ; cercle et bibliothèque militaires ; magasins de subsistances et autres, vaste hôpital ; — télégraphe et bureau de postes ; — musée, théâtre, fontaines alimentées par les eaux qui sourdent de la montagne et se déversent dans de magnifiques citernes. — Rues droites et larges, jolies places, dont l'une est complantée d'arbres — Hôtels nombreux. — Tête de la ligne du chemin de fer de Philippeville à Constantine; gare pour les marchandises, dépôt de machines et de matériel d'exploitation. — Philippeville est le lieu de transit et d'entrepôt d'une grande partie du commerce avec l'Est de l'Algérie, principalement avec Constantine ; — 10.267 hab.

Aux portes de la ville, sur la route qui conduit à Jemmapes : belle pépinière où les colons s'approvisionnent d'arbres fruitiers, et particulièrement riche en plantes indigènes destinées à l'exportation ; — deux fabriques de bouchons, semelles et autres produits en liége : l'une, à 800 mètres de Philippeville; on y travaille annuellement 15,000 quintaux de liége préalablement trié ; l'autre, d'une importance moindre, sur un chemin parallèle à la route de Jemmapes ; — tannerie, où l'on fabrique des cuirs pour semelles et où on prépare la plus grande partie de ceux débités dans la province. Cette tannerie exporte chaque année un nombre considérable de peaux de chèvres tannées en croûte, très-recherchées par les peaussiers de Lyon et de Paris. — Enfin, à 2 kil. de Philippeville, sur la route de Constantine, vaste distillerie de grains produisant, année moyenne, 2,000 hectolitres de 3/6 fabriqués avec des orges indigènes, du maïs et du sorgho, et qui sont estimés à l'égal des 3/6 de Rouen. Un moteur à vapeur fait fonctionner les pompes de l'appareil Saval, ainsi que cinq paires de meules qu'on utilise, en outre, pour faire de la mouture à façon.

Philippeville a été construit (1838) par le maréchal Valée, sur les ruines de l'ancienne *Russicada*.

Valée, — village à 6 kil. S. E. de Philippeville ; — 268 europ.

Damrémont, — village à 5 kil. S. de Philippeville : — 332 hab.

Saint-Antoine, — village à 6 kil. S.-S.-O. de Philippeville ; — 367 hab.

COMMUNE DE STORA (arrondissement de Philippeville).

Europ. et Israél. natural. franç., 1.030 ; — Musulm., 16.

STORA, — ch.-l. de la comm., village maritime à 4 kil. N.-O. de Philippeville ; — mairie, église, écoles de garçons et de filles; bureau de douanes, télégraphe et postes. — Point d'agriculture ; quelques jardins sur la montagne au pied de laquelle le village est assis. Les habitants se livrent au cabotage et à la pêche ; — 1.013 hab.

Stora est, en réalité, le port de Philippeville (voyez p. 16) ; il est presque exclusivement habité par des gens de mer et des fabricants de salaisons ; c'est la plus importante station de pêche de la côte de l'Est.

AU NORD-OUEST DE PHILIPPEVILLE.

COMMUNE DE COLLO (arrondissement de Philippeville).
Commune: Europ. et Israél. natural. franç., 205 ; — Musulm., 876.
Circonscription cantonale: Europ. 56 ; — Musulm , 19.163.

COLLO, — ch.-l. de la comm. et de circonscription cant., ville et port maritime (voyez p. 13), à 60 kil. N.-O. de Philippeville ; — mairie, église, écoles de garçons et de filles, salle d'asile, poste de douane, télégraphe et postes. — Le village kabyle est situé tout à côté de la ville française ; — europ. 205 ; — indig. 876.

Au temps des Romains, Collo (*Minervia Chulla*) était renommée comme ville manufacturière. Les Latins en tiraient une grande partie des cuirs nécessaires à leurs besoins, et les environs de la ville, peuplés de chênes verts, fournissaient d'excellents bois de construction. Cet état de prospérité dura longtemps ; au Moyen-âge, les habitants trafiquaient avec les chrétiens et faisaient d'assez grandes affaires avec les Pisans et les Génois. De 1604 à 1685, la Compagnie d'Afrique eut un comptoir à Collo pour le commerce intérieur et la pêche du corail : il tirait annuellement de la contrée quatre cents quintaux métriques de cire, de céréales, du miel, de l'huile, du corail, du suif, un peu de coton et environ cent cinquante mille cuirs non tannés.

Les relations des habitants avec les commerçants français cessèrent après la prise d'Alger, et la ville resta au pouvoir des Kabyles jusqu'au jour où elle fut prise par le général Baraguay-d'Hilliers (4 avril 1843).

Détruite en partie par un tremblement de terre (22 août 1856), Collo fut promptement rebâtie ; — en 1871, les immenses forêts qui l'entourent, à l'Ouest, à l'Est et au Sud, furent incendiées par les Kabyles.

El-Miliah, — ch.-l. de circonscript. canton. ; poste militaire et bureau arabe, à 87 kil. S.-O. de Collo, à 48 kil. N. de Milah et à 76 kil. N.-O de Constantine. Le bordj est situé sur un piton, à l'extrémité d'un des contreforts du djebel Darsaouch ; — vastes forêts aux environs. — Dans le bordj, proprement dit, 15 europ. ; dans la circonscript. canton., 25.945 indig.

COMMUNE DE JEMMAPES (arrondissement de Philippeville).

Commune : Europ. et Israél. natural. franç., 1.137 ; — Musulm., 534.
Circonscription cantonale : Europ., « ; — Musulm., 12.778.

JEMMAPES, — ch.-l. de la comm. et de circonscrip. cantonale ; ville située dans la vallée du Fendek, à 40 kil. S.-E. de Philippeville et à 91 kil N.-E. de Constantine ; — mairie, justice de paix, brigade de gendarm. ; église et presbytère ; écoles de garçons et de filles ; fontaines alimentées, au moyen d'une conduite, par les eaux d'une source (Sayafa). — Rues larges, bien aérées ; moulins à manége, moulins à vent ; marché couvert ; marché arabe tous les lundis. — Terres excellentes : blé, orge, maïs et fèves, vignes ; aux environs, vastes forêts de chênes-liége ; — 1.183 hab.

Sidi-Nassar, — ham. à 4 kil. E. de Jemmapes ; — europ 66 hab.
Ahmed-ben-Ali, — ham. à 4 kil. S. de Jemmapes ; — europ, 102 hab.
Souk el-Sebt, — ham. à 8 kil. S. de Jemmapes ; — europ., 177 hab.

COMMUNE DE GASTU (arrondissement de Philippeville).

Europ. et Israél. natural. franç., 102 ; — Musulm., 447.

GASTU, — ch.-l. de la comm., village à 49 kil. S.-E. de Philippeville, sur la route de Jemmapes à Guelma, et à 36 kil. de cette dernière ville ; — mairie, brig. de gendarm. ; église et presbytère, école mixte ; bureau de poste ; — terres excellentes, céréales, fourrages, bétail ; aux environs, fermes nombreuses et douars; vastes forêts ; — europ. 109.

AU SUD DE PHILIPPEVILLE.

COMMUNE DE SAINT-CHARLES (arrondissement de Philippeville).

Europ. et Israél. natural. franç., 339 ; — Musulm., 988.

SAINT-CHARLES, — ch.-l. de la comm., village à 18 kil. S. de Philippeville, dans la vallée du Saf-Saf, à l'embranchement des routes de Philippeville à Constantine, et de Philippeville à Jemmapes ; — mairie, brig. de gendarm ; église et presbytère, école mixte, postes. — Bonnes terres ; cultures principales : orge, blé, tabac, coton et vignes ; beaux pâturages ; — 112 hab.

COMMUNE DE GASTONVILLE (arrondissement de Philippeville).

Europ. et Israél. natural. franç., 291 ; — Musulm , 193.

GASTONVILLE, — ch.-l. de la comm., village à 25 kil. S. de Philippeville et à 59 kil. N. de Constantine, sur la route qui relie ces deux villes ; — mairie, église et presbytère, écoles et salle d'asile; eaux abondantes, bonnes terres ; céréales, maïs, tabac et coton ; bétail nombreux ; beurre estimé ; belles plantations d'arbres fruitiers ; — 252 hab.

COMMUNE DE ROBERTVILLE (arrondissement de Philippeville).

Europ. et Israél. natural. franç., 400; — Musulm., 468.

ROBERTVILLE, — ch.-l. de la comm., village à 32 kil. S.-O. de Philippeville, et à 65 kil. N. de Constantine ; — mairie, église, presbytère, écoles pour les enfants des deux sexes et salle d'asile. — Fontaine et abreuvoir, puits particuliers ; — stat. du chemin de fer ; — céréales et tabac ; plantations bien entretenues : vignes, oliviers et arbres fruitiers. — Élève du bétail : troupeaux remarquables par le nombre et la beauté des animaux. — Plusieurs briqueteries ; — 400 hab.

COMMUNE D'EL-ARROUCH (arrondissement de Philippeville).

Europ. et Israél. natural. franç., 543 ; — Musulm., 1.584.

EL-ARROUCH, — ch.-l. de la comm. et de circonscript.

canton., village à 32 kil. S. de Philippeville, sur la route de cette ville à Constantine ; — mairie, justice de paix, brig. de gendarm., église, écoles et salle d'asile, hôpital civil, hospice pour les incurables et les vieillards; caserne, postes et télégraphe. — Eaux abondantes, fontaine, lavoir et abreuvoir publics. — Terres bonnes : culture des céréales, fourrages, belles plantations, beaucoup d'oliviers. — Élève du gros bétail et des races ovines et porcines. — Marché arabe tous les vendredis ; — 690 hab.

COMMUNE D'EL-KANTOURS (arrondissement de Philippeville).

Europ. et Israél. natural. franç., 226 ; — Musulm., 1.168.

EL-KANTOURS, — ch.-l. de la comm., village à 48 kil. S. de Philippeville, sur la route de cette ville à Constantine ; — mairie et église ; peu de culture ; — 113 hab.

Sainte-Wilhelmine, — ham. à 10 kil. d'El-Kantours;— 80 hab.

Armée française, — ham. à 12 kil. d'El-Kantours; — 58 hab.

Col des Oliviers, — station de chem. de fer, à 50 kil. de Philippeville; — 5 hab.

A L'OUEST DE PHILIPPEVILLE.

COMMUNE DE DJIDJELLI (arrondissement de Philippeville).

Europ. et Israél. natur. franç., 609 ; — Musulm., 1.380.

DJIDJELLI, — ch.-l. de la comm. et de circonscript. cantonale ; ville et port maritime (voy. p. 13) à 128 kil. N.-O. de Constantine ; — mairie, justice de paix, bureau arabe et brigade de gendarmerie ; — église, mosquée, écoles de garçons et de filles, salle d'asile ; — caserne et hôpital militaires ; — douanes, poste et télégraphe. — Rues larges, bien aérées ; belles plantations ; — 1.989 hab.

Djidjelli fut fondée par les Carthaginois, sous le nom d'*Igigellis* ; plus tard, elle fut élevée au rang de colonie romaine, et devint une ville épiscopale aux époques chrétiennes de l'Algérie. Au XVIe siècle, elle avait des relations commerciales très suivies avec Marseille, Gênes, Livourne et Venise ; en 1514, elle se donna à Barberousse, qui fit de son port le repaire de ses pirates et le dépôt de leurs déprédations En 1664, sur l'ordre de Louis XIV, qui voulait fonder un établissement militaire sur les côtes de Barbarie, le duc de Beaufort fut chargé de s'en emparer L'armée de terre, placée sous les ordres du comte de Gadagne, était forte de 5.200 hommes de troupes régulières, y compris un bataillon de Malte, avec 120 chevaliers. Il y avait, en outre, 200 volontaires, et, au moment du débarquement, l'armée fut renforcée de 20 compagnies des vaisseaux, formant un total de 800 hommes. La flotte se composait de 15 vaisseaux ou frégates, 19 galères et vingt autres petits bâtiments. — L'armée débarqua (22 juillet 1664), occupa la ville et construisit un fort, — le fort Duquesne, — pour se défendre contre les attaques incessantes des montagnards kabyles : bientôt après, les Turcs arrivèrent d'Alger, avec une puissante artillerie. Le duc de Beaufort, en mésintelligence complète avec M. de Gadagne, partit pour Tunis, et la position de l'armée française devint très critique Les Turcs ouvrirent le feu sur les postes extérieurs, démontèrent les batteries, ruinèrent les redoutes et tournèrent enfin leurs forces contre le camp lui-même. La position n'était plus tenable : M de Gadagne, voyant ses troupes démoralisées, ordonna d'embarquer. — Cette désastreuse affaire nous coûta 1.400 hommes, 30 pièces de canon de fonte, 15 de fer et plus de 50 mortiers.

Djidjelli fut occupée par l'armée française, le 13 mai 1839 ; elle était en pleine voie de prospérité, lorsqu'elle fut renversée de fond en comble par un tremblement de terre (22 août 1856). Elle fut promptement réédifiée — En 1871, les Kabyles l'investirent après avoir pillé et incendié les fermes disséminées dans la banlieue. Les 7, 9 et 11 juin, ils tentèrent de s'en emparer, mais, chaque fois, ils furent repoussés avec des pertes sensibles : rebutés par ces insuccès, les chefs se retirèrent ; le 26 juillet, la garnison fit une sortie et chassa les rebelles de leurs campements.

Duquesne, — ham. à 8 kil. S.-E. de Djidjelli ; — 35 hab.

Cap Cavallo, — groupe de maisons près du cap Cavallo, à 18 kil. O. environ de Djidjelli, et chantiers établis pour l'exploitation d'une mine de fer hidroxydé ; tout près de ce gisement se trouvent des affleurements de cuivre gris et de cuivre carbonaté vert et bleu.

A l'Est de Djidjelli, en remontant l'oued el-Kébir, et à 2 kil. de la mer, très beau gisement de plomb argentifère, dont l'exploitation a été récemment commencée, et qui promet une exploitation sérieuse et de longue durée.

Strasbourg, — village projeté, à 12 kil. environ de Djidjelli.

COMMUNE DE SÉTIF (arrondissement de Sétif).

Europ. et Israél. natural. franç., 3.683; — Musulm., 6.137.

SÉTIF, — ch.-l. de la comm. et de subdivision militaire ; ville à 126 kil. O. de Constantine ; — mairie, tribunal de 1re instance, justice de paix, brigade de gendarm., bureau arabe ; église, mosquée, synagogue, collége communal, école pour les garçons et pour les filles, salle d'asile ; casernes d'infant. et de caval. ; pavillon d'officiers, cercle et bibliothèque militaires ; magasins de subsistances et autres; hôpital ; télégraphe et bureau de poste. Rues larges et bien percées, fontaines nombreuses, jolies places. Marché arabe tous les dimanches ; — ville, 4.074 hab. ; banlieue, 793.

Sétif *(Sitifis Colonia)* était, au temps des Romains, la capitale de la Mauritanie sitifienne ; elle fut détruite par les Vandales. — Le général Galbois la visita en juin 1835, puis l'occupa définitivement l'année suivante. — En 1871, toute la petite banlieue fut incendiée par les Kabyles.

Aïn-Sfia, — village à 3 kil. S.-E. de Sétif ; — 392 hab.
Aïn-Trick, — village à 6 kil. S.-E. de Sétif ; — 102 hab.
El-Malah, — village à 8 kil. S. de Sétif ; — 427 hab.
El-Hassi, — village à 5 kil. de Sétif ; — 461 hab.
Fermatou, — village à 4 kil. N. de Sétif ; — 624 hab
Lanasser, — village à 8 kil. N.-O. de Sétif ; — 385 hab.
Khalfoun, — village à 8 Kil. O. de Sétif ; — 368 hab.
Temellouka, — village à 10 kil. de Sétif ; — 272 hab.
Mesloug, — village à 11 kil. de Sétif ; — 465 hab.

Ces villages sont presque exclusivement peuplés d'indigènes.

A L'EST DE SÉTIF.

COMMUNE DE SAINT-ARNAUD (arrondissement de Sétif).
Europ. et Israél. natural. franç., 181; — Musulm., 357.

SAINT-ARNAUD, — ch.-l. de la comm.; village à 26 kil. E. de Sétif ; — mairie, brigade de gendarm.; église et presbytère, école mixte ; postes. Terres excellentes : céréales, fourrages, sorgho, légumes, bétail nombreux; aux environs, moulins et usines diverses ; — 322 hab.

Oued-Deheb, — village à 22 kil. E. de Sétif ; — 246 hab. dont 197 indigènes.

AU NORD DE SÉTIF.

COMMUNE D'EL-OURICIA (arrondissement de Sétif).
Europ. et Israél. natural. franç., 235 ; — Musulm., 1.197.

EL-OURICIA, — ch.-l. de la comm., village à 12 kil. N. de Sétif ; — mairie, église et temple protestant, écoles de garçons et de filles, salle d'asile ; — fontaine, lavoir et abreuvoir. — Marché tous les mardis ; — 505 hab.

Mahouan, — village à 6 kil. O. d'El Ouricia ; - europ. 127 hab.

Aïn Abessa, — village créé en 1872, à 24 kil. N.-O. de Sétif, sur la route de Bougie ; — en voie de peuplement.

Aïn Rouah, — village créé en 1872, à 29 kil. N.-O. de Sétif, sur la route de Bougie ; — en voie de peuplement.

TAKITOUNT, — ch.-l. de la circonscript. cant. ; village et poste militaire, à 34 kil. N. de Sétif ; — europ. 30 hab. ; — la circonscription comprend 21.657 indigènes. — Fut, en 1871, l'un des foyers les plus actifs de l'insurrection. Tous les établissements européens, usines, fermes et moulins groupés autour du poste, et qui étaient alors en pleine exploitation, furent pillés et incendiés par les kabyles.

AU NORD-OUEST DE SÉTIF.

COMMUNE DE BOUHIRA (arrondissement de Sétif).

Europ. et Israél. natural. franc., 165 ; — Musulm., 1.138.

Bouhira, — ch.-l. de la comm., village à 14 kil. O.-N.-O. de Sétif ; — mairie, temple protestant, écoles ; — fontaine, lavoir couvert et abreuvoir. — Jardins bien entretenus et prairies d'un bon rapport ; — europ. 98 hab.

Aïn Arnat, — village à 9 kil. S. de Bouhira ; — 53 europ. ; — 203 indigènes.

Messaoud, — village à 11 kil. S. de Bouhira ; — 39 europ. ; — 271 indigènes.

COMMUNE DE BOUGIE (arrondissement de Sétif).

Europ. et Israél. natural. franc., 2.152 ; — Musulm., 1.548.

Bougie, — ch.-l. de la comm. et de circonscript. cant., ville et port maritime, à 267 kil. N.-O. de Constantine, et à 120 kil. de Sétif ; — mairie, justice de paix, bureau arabe et brig. de gendarm. ; église, écoles de garçons et de filles; casernes et magasins, cercle militaire, hôpital. — La ville est bâtie en amphithéâtre, sur le revers méridional du Gouraya, qui se dresse à 671 m. au-dessus du niveau de la mer ; elle est protégée des attaques de l'intérieur par plusieurs forts. — La colonisation est resserrée autour de la ville, qui n'a point encore d'annexe ; les céréales, les prairies naturelles, le tabac et les arbres fruitiers donnent de bons résultats ; quelques essais de vignes ont parfaitement réussi ; — ville et banlieue, 3.273 hab.

Située à l'entrée de la vallée de la Soummam qui relie les vastes plaines de l'intérieur à la côte, à travers le massif montagneux de la grande Kabylie, Bougie a, ou pour dire mieux, doit avoir un jour une importance considérable. L'emplacement qu'elle occupe lui assure des avantages particuliers ; et, en effet, sous le rapport nautique, cet emplacement offre un grand port de refuge naturel, admirablement disposé pour être amélioré par l'art ; il surveille les passages entre les Baléares, la Sardaigne, la Sicile et l'Afrique; il se trouve plus rapproché qu'Alger et Mers-el-Kebir de Toulon et de la Corse. Sous le rapport commercial, il est placé au cœur de la grande Kabylie, au débouché à la mer des vastes et riches bassins d'Aumale et de Sétif, sur la grande voie naturelle entre l'Europe et l'intérieur de l'Afrique. Sous le rapport militaire, il offre tous les éléments naturels d'une place imprenable et d'un port de guerre de premier ordre.

Bougie a été, à toutes les époques, l'une des principales cités maritimes de l'Algérie. Les Romains y fondèrent une grande ville, *Saldœ*; les Berbères y fixèrent le siége de leur empire; les Espagnols s'y établirent beaucoup plus fortement qu'à Alger, et s'ils furent chassés après 45 ans d'occupation, c'est que, privés de secours, ils ne purent résister aux attaques incessantes de Salah-Raïs et de ses 40.000 Turcs. — Bougie fut attaquée et prise (29 septembre 1833), par le général Trézel.

En 1871, les Kabyles essayèrent plusieurs fois de s'en emparer : le 8, le 13 et le 17 mai, puis, le 5 juin, ils se ruèrent, au nombre de 15,000, contre la place et tentèrent l'escalade avec une rage que le fanatisme seul peut inspirer. Ils furent constamment repoussés avec des pertes énormes; — le siége dura plus de deux mois.

La Réunion, — village à 14 kil. S.-O. de Bougie.

Bitche, — village à 24 kil. S.-O. de Bougie.

Ouled-Amizour, — village à 28 kil. S.-E. de Bougie.

Saverne, — village à 48 kil. S. de Bougie.

Schelestdat, — village à 55 kil. S. de Bougie.

Ribeauvillé, — village à 78 kil. S. de Bougie.

Akhbou, — ch.-l. de circonscript. canton.; *Akhbou* est le nom du bordj d'Ali Chérif, Bach-agha des Chellata : le village projeté aux environs du bordj, au S.-O. et à 76 kil. environ de Bougie, prendra le nom de *Metz*; — 23 europ.; la circonscription comprend 46.770 indigènes.

COMMUNE DE BORDJ-BOU-ARRERIDJ (arrondissement de Sétif).

Europ. et Israél. natural. (franç., 528; — Musulm., 461.

Bordj-bou-Arreridj, — ch.-l. de la comm.; à 63 kil. O.

de Sétif, dans la plaine de la Medjana, sur la route nationale de Constantine à Alger, et à 240 kil. S.-E. de cette dernière ville ; village et poste militaire ; — mairie, bureau arabe, brigade de gendarm.; église et presbytère, écoles de garçons et de filles ; bureau de postes et télégraphe ; — Jolis jardins bien cultivés, légumes, pommes de terre et tabac ; marché arabe tous les jeudis, et particulièment fréquenté par les Kabyles qui y apportent leurs produits et s'y approvisionnent en blé et en orge ; — 532 hab.

En 1871, Mokrani procéda à l'insurrection, dont il était l'âme et le chef, par l'attaque de Bou-Arréridj. Après avoir fait piller et incendier toutes les fermes de la plaine, il se présenta devant le village à la tête de ses contingents et, dans la matinée du 16 mars, commença l'attaque. Les habitants, qui s'étaient retranchés derrière les barricades, se défendirent jusqu'au soir ; mais, accablés par le nombre, ils dûrent se retirer dans le fort. Les Kabyles envahirent aussitôt le village et le livrèrent à l'incendie et au pillage : tout fut détruit. — Le lendemain et les jours suivants, les insurgés assiégèrent la forteresse ; ne pouvant s'en emparer, ils pratiquèrent des galeries de mines et poussèrent leurs travaux jusqu'au pied des remparts : tous ces efforts échouèrent devant l'héroïque résistance des assiégés ; après douze jours d'une lutte acharnée, les troupes de Mokrani s'enfuirent précipitamment à l'approche de la colonne que commandait le colonel Bonvalet.

Bordj-bou-Arréridj fut réédifiée l'année suivante.

Portes-de-Fer (Bibans). — Passages autrefois difficiles, traversés aujourd'hui par la route de Constantine à Alger, à l'Est et à 8 kil. environ de la limite qui sépare les deux provinces, et à 55 kil. N.-O. de Bou-Arréridj : l'un d'eux est désigné sous le nom de *Petite Porte*, l'autre sous le nom de *Grande Porte*. La chaîne à travers laquelle ils sont pratiqués est formée par un immense soulèvement qui a relevé les couches de rochers primitivement horizontales. Les deux issues ont été ouvertes par l'oued Biban et l'oued Bouketon, à travers d'énormes remparts formés d'un calcaire noir. — Entre la Petite et la Grande Porte se trouve un source d'eau sulfureuse.

Les Romains n'osèrent jamais s'aventurer dans ces passages : — Une division française, partie de Sétif, franchit les Grandes Portes

(29 octobre 1839), sous les ordres du duc d'Orléans. Cette paisible expédition fut considérée par Abd-el-Kader comme une violation du traité de la Tafna, et les hostilités recommencèrent.

Msila, — poste militaire, à 49 kil. S.-O. de Bou-Arréridj.

COMMUNE MIXTE DE BOUSAADA.

Europ. et Israél. natural. franç., 454; — Musulm., 3.187.

BOUSAADA, — ch.-l. de la comm., ville et poste militaire à 299 kil. S.-O. de Constantine et à 173 kil. S.-O. de Sétif, sur un plateau central, dans le bassin du Hodna, entre Biskara et Laghouat. — Bousaâda est une oasis habitée par 3.817 indigènes musulmans, répandus dans 769 maisons qui sont bâties en amphithéatre sur les pentes de l'Argoub ; tous vivent du produit de leurs jardins, situés au pied du village arabe et traversés par l'oued Bou-Saâda. Ces jardins sont complantés d'abricotiers, de pommiers, de pêchers et de vignes ; ils renferment, en outre, 8.000 palmiers dont les produits ne sont pas très estimés. — Pépinière à l'extrémité nord de l'oasis.

Un fort, qui commande la ville, est occupé par une garnison française ; entre le fort et la ville arabe, sont venus se grouper un certain nombre d'Européens (hommes, femmes et enfants) qui habitent soit des maisons qu'ils ont bâties, soit des maisons arabes. Ce sont des débitants et des ouvriers venus à la suite de nos colonnes, et qui vivent de la présence de nos troupes. — Il se tient, chaque jour, aux abords de la ville, un marché assez considérable ; les transactions portent principalement sur les bestiaux, les grains, les huiles, les dates, le beurre, les étoffes de laine fabriquées dans le pays, les plumes et œufs d'autruche ; — 4.271 hab.

APPENDICE

Note A.

LIMITES

Le traité de 1845, qui fixe la limite Ouest de nos possessions d'Afrique, a été conclu au lendemain presque de la bataille d'Isly, — c'est-à-dire à une époque où le gouvernement français n'avait encore que des notions très incomplètes sur la configuration du territoire. Le plénipotentiaire marocain put donc affirmer, sans être contredit, que l'*Adjeroud* formait au Nord-Ouest notre frontière naturelle et que le pays situé au Sud des K'sours étant inhabitable, la délimitation en serait superflue (voyez p. 2).

Depuis, la carte du Maroc, que M. Renou avait dressée en 1845, a été successivement complétée par le Dépôt de la guerre (1845-1856), puis par MM. Baudouin, de Colomb, Dastugue et Kessler; les lacunes ont été comblées; et, chaque nouvelle exploration amenant une découverte nouvelle, on a fini par s'apercevoir que notre frontière aurait dû être fixée, non comme elle l'a été en 1845, et telle qu'elle l'est encore aujourd'hui, mais bien par le cours de la *Moulouya* et par celui de l'*oued Guir*.

Ces deux grandes rivières descendent du plateau le plus élevé de la chaîne qui traverse, de l'Ouest à l'Est, l'empire du Maroc, et servent, en quelque sorte, de barrière naturelle entre les deux pays.

La Moulouya coule du Sud au Nord et se jette dans la Méditerranée, à 45 kil. O. de Nemours, à l'Est et à 7 kil. environ de Bordj-Bechir, situé lui-même en face des îles Zaffarines; — l'oued Guir coule du Nord au Sud: resserré d'abord entre des masses rocheuses, il s'élargit peu à peu, offre ensuite, dans certaines parties de son cours, l'aspect d'un véritable fleuve et, prétendent les indigènes, roule jusqu'au Touat ses eaux courantes. Par sa proximité de nos possessions, il constitue donc notre frontière naturelle du Sud-Ouest. La vallée qu'il arrose, et que le général de Wimpffen a parcourue en 1870 (voyez p. 60), borde notre territoire; elle est peuplée de nombreux K'sours et, quoique terre de Sahara, elle produit en quantités presque toujours suffisantes, du blé, des légumes et de l'orge. — La France aurait, peut-être, le droit d'en revendiquer la propriété.

Cette revendication, croyons-nous, serait d'autant mieux justifiée aux yeux même des cabinets étrangers, que les tribus campées dans la vallée et sur les rives de l'oued Guir, entretiennent des relations fréquentes avec le Gourara et avec le Touat, — ces deux grands objectifs du commerce européen.

Note B.

POPULATIONS

I. Européens. — Les premiers Européens qui débarquèrent en Algérie, à la suite de l'armée française, furent plutôt des chercheurs d'aventure ou des cantiniers que des colons proprement dits. Aussi bien, et en tous pays, l'état politique n'était point alors tellement assis que les agriculteurs et les industriels fussent tentés d'émigrer ; on attendait.

On attendait d'autant plus volontiers qu'on ignorait encore si le Gouvernement de Juillet conserverait ou abandonnerait la conquête que lui avait léguée la Branche aînée. Puis l'Angleterre, voyant d'un œil jaloux notre domination s'affermir, se montrait menaçante ; la Belgique se constituait ; l'Autriche et la Prusse subissaient le contre-coup de la Révolution de 1830, et l'Espagne fermentait. Enfin, partout l'on s'attendait à une guerre générale.

L'Algérie restait donc à l'écart : nul ne se souciait d'y venir risquer sa fortune.

Aussi ne voyons-nous dans les premiers temps de l'occupation qu'un très petit nombre d'Européens.

Dès l'année 1832, cependant, un premier essai de village fut tenté. Des familles alsaciennes venues au Hâvre dans l'intention de s'embarquer pour l'Amérique, se trouvèrent contraintes, par des circonstances particulières, de renoncer à leur projet. Ne sachant qu'èn faire, le gouvernement les transporta gratuitement dans la banlieue d'Alger, à Dely-Ibrahim et à Kouba, où elles furent installées par les soins du duc de Rovigo, alors général en chef de l'armée d'Afrique.

A cette époque, et d'après les documents statistiques publiés par l'Administration, le nombre des Européens civils établis dans la colonie était de 4858 habitants.

Mais, peu à peu, la conquête s'affermit et se développe ; la politique de la France se dessine et prend forme, et, dans son discours aux Chambres (1842), le roi déclare que, « L'ALGÉRIE EST A JAMAIS UNE TERRE FRANÇAISE. » Le mot se répète et fait naître la confiance. Elle s'acroît encore sous l'influence de l'énergique et persistante activité du maréchal Bugeaud, qui commandait alors. Mais les insurrections se répétant entraînèrent de cruels mécomptes qui ralentirent l'émigration. Plus tard, la Révolution de Février, la fièvre qui s'empara de tous les esprits aventureux, lors de la découverte des mines de la Californie, puis, enfin, les événements dont l'Europe fut le théâtre à dater de 1850, reléguèrent encore une fois l'Algérie au dernier plan.

Le peuplement s'est donc fait lentement et par à coups, si nous pouvons ainsi parler ; il n'est pas sans intérêt d'en suivre la marche et nous en signalerons les étapes principales :

Les recensements successifs qui, depuis 1831, ont été faits sous le contrôle de l'administration, établissent, ainsi qu'il suit, le chiffre de la population *européenne civile* fixe.

Année 1831	3.228	habitants.
1832	4.858	—
1833	7.812	—
1836	14.561	—
1841	35.727	—
1845	99.801	—
1851	131.283	—
1856	159.282	—
1861	192.801	—
1866	217.990	—
1872	245.117	—

Ce dernier chiffre ne comprend point celui de la population israélite, aujourd'hui déclarée française.

Les Français ont apporté l'esprit d'initiative qui les distingue : à peine débarqués, et pleins de confiance en eux-mêmes, ils se sont mis à l'œuvre. Les uns ont défriché le sol, les autres ont édifié des villes ; d'autres, enfin, insouciants du danger, amoureux de l'inconnu, ont suivi nos bataillons jusqu'aux portes du Sahara.

Mais la population française se divise elle-même en classes distinctes, que nous désignerons comme suit :

L'armée ; — les fonctionnaires civils ; — les commerçants ; — les colons proprement dits.

L'armée est et sera longtemps encore l'âme de la colonie : elle consolide la conquête, réprime les insurrections que, de temps à autre, fomentent les fanatiques et les intrigants, et, comme les légions romaines si vantées, elle concourt, dans une large mesure, à l'œuvre de régénération : — Routes, barrages, puits artésiens, défrichements, constructions, défenses des côtes, elle a tout entrepris ; il n'est pas de ville ou de village dont les monuments publics, les promenades et les travaux d'art ne soient en tout ou en partie, son œuvre propre ; — son rôle est immense et incessant.

Les fonctionnaires civils sont en Algérie ce qu'ils sont partout : beaucoup ont fait souche, surtout parmi les administrations essentiellement algériennes, et dès lors ils comptent, à titres divers, parmi les producteurs. — Ceux qui, par la nature de leurs fonctions, relèvent des services de la métropole, ne considèrent l'Algérie que comme un lieu de passage où ils sont appelés à faire un séjour plus ou moins long, et ne comptent que comme appoint dans la production générale ; ce sont essentiellement des consommateurs.

Les commerçants forment une classe à part, dont les éléments multiples sont, plus qu'ailleurs, disparates : les gens de bourse et de négoce qui constituent « *le haut commerce* » — et leur nombre est restreint, — apportent dans leurs transactions une droiture incontestée. Quant au *petit commerce*, il semble viser davantage à s'enrichir vite qu'à se créer une clientèle.

Le colon véritablement digne de ce titre, est le producteur par excellence : maladies, déceptions, misère, rien ne l'arrête ; il s'empare vaillamment du sol, et, sans marchander sa peine, l'ameublit et le féconde.

Les étrangers qui immigrent en Algérie finissent généralement par s'y fixer, sans cependant demander, dans une proportion notable, la naturalisation française.

Les Espagnols sont cultivateurs ou chevriers.

Les Mahonais, sobres, laborieux, acclimatés d'avance et initiés aux cultures locales, qui ne diffèrent point des leurs, se fixent, de préférence, aux environs d'Alger dont ils alimentent les marchés de légumes et de fruits.

Les Italiens exercent sur le littoral, et plus particulièrement dans la province de Constantine, le métier de pêcheur et celui de batelier.

Les Maltais font le commerce de détail : presque tous sont bouchers, épiciers ou débitants de boissons et de comestibles.

Enfin, les Allemands et les Suisses, disséminés par groupes plus ou moins compacts, apportent dans leur travail de chaque jour la persévérance qui les distingue.

II. Juifs. — Avant l'occupation française, les Juifs qui habitaient la Régence étaient profondément misérables. Le gouvernement turc leur avait conservé le libre exercice de leur religion, mais il n'y avait pas d'avanies auxquelles ils ne fussent exposés, pas de travaux pénibles et humiliants auxquels ils ne fussent arbitrairement condamnés.

« Autre temps, autres mœurs » ; — le souffle de la liberté vivifie tout ce qu'il touche, et les israélites algériens n'ont plus, du moins, à redouter les effets de la haine invétérée des musulmans : la République leur a fait cet immense honneur de les déclarer citoyens français et nos lois les couvrent de leur égide. Mais si la France a pu les relever de l'état d'abaissement dans lequel ils vivaient depuis des siècles, elle n'a pu encore transformer leur caractère, et ils ont encore conservé intacts ces instincts commerciaux traditionnels qui semblent constituer le génie propre de ce peuple étrange.

Beaucoup déjà sont riches ; quelques-uns, même, sont justement considérés et la génération qui s'élève, entrée de plain-pied dans la civilisation, se façonnera sans doute à nos mœurs, — dans les villes au moins.

INDIGÈNES MUSULMANS. — Les Indigènes se divisent en deux classes distinctes : la race *Arabe* et la race *Kabyle*. L'une et l'autre suivent le culte de Mahomet, mais elles diffèrent essentiellement entre elles par leur origine, leur langue, leurs mœurs et leur constitution sociale.

III. Arabes. — Ceux des Arabes qui habitent les villes, — et le nombre en diminue tous les jours — sont appelés *Maures* par les Européens, et *Hadars* par les Indigènes ; ce sont les hommes de la maison. Ils sont, généralement pauvres, car les sources de commerce ou d'industrie qu'ils peuvent exploiter sont peu nombreuses.

Ceux qui vivent sous la tente ou le gourbi, et que l'on désigne sous le nom générique de *Hal-el-Bled*, — sont groupés en tribus dont tous les membres sont rattachés entre eux par des liens plus ou moins étroits de parenté, et qui prennent le nom du fondateur de la souche commune. Ainsi, la tribu des *Beni-Sliman*, par exemple, est formée de tous les descendants d'un personnage nommé *Sliman* (Salomon) : ainsi des autres.

La tribu, ainsi constituée, forme ordinairement l'unité politique et administrative. Mais quand elle est trop considérable, elle se fractionne naturellement en *Ferkas* ; ces fractions de tribus se subdivisent elles-mêmes en *Douars*. — Tout chef de famille, cultivateur ou pasteur, qui réunit autour de sa tente celles de ses enfants, de ses proches, de ses alliés, de ses fermiers ou bergers, forme ainsi un *Douar* (cercle de tentes) dont il est le chef naturel et qui porte son nom. C'est ainsi que depuis l'invasion, et par son épanouissement progressif, la race arabe a fini par couvrir la plus grande partie du pays.

Les chefs des douars se réunissent en assemblée (*Djemáa*) pour discuter entre eux les intérêts communs à la tribu ; ainsi, dans le Tell, on règle ou l'on modifie dans ces assemblées la répartition des terres de labour ; dans le Sahara, on combine les migrations qui doivent assurer de nouveaux pâturages aux troupeaux, ou préserver des razzias de voisins pillards

Une semblable constitution devait avoir, ce semble, la démocratie pour base ; il existe, cependant, chez les Arabes, une aristocratie qui domine le peuple et qui comprend, dans son ensemble, la noblesse d'origine, la noblesse militaire et la noblesse religieuse.

Est noble d'origine, *Chérif* (au pluriel *Cheurfa*), tout musulman qui peut prouver qu'il descend de *Fathma-Zohra*, fille du Prophète, et de *Sidi-Thaleb*, oncle de ce dernier. Leur nombre est très considérable.

Le titre de chérif peut s'acquérir par des services signalés rendus à l'Islamisme, ou par des faits particuliers.

La noblesse militaire est formée par les *Djouâd*, qui descendent de familles anciennes et illustres, et par les *Douaouda*, rejeton de la tribu des *Koraïche*, dont Mahomet et sa famille faisaient partie.

La noblesse religieuse, héréditaire comme les précédentes, mais qui peut s'acquérir aussi par des faits exceptionnellement méritoires, est celle des *Marabouts*. — Le marabout, spécialement voué à l'observation du Coran, en impose à la foule qui voit en lui le représentant du Prophète. Riche ou pauvre, ignorant ou érudit, il exerce sur l'esprit des musulmans une influence proportionnée à son savoir-faire. — Les mêmes hommes peuvent appartenir, à la fois, à la noblesse militaire et à la noblesse religieuse : tel était Abd-el-Kader.

Sous le rapport du caractère et des habitudes, on rencontre souvent entre les Arabes du Tell et ceux du Sahara, des différences nettement tranchées.

Le Tellien est intelligent, sobre, facilement gouvernable : habitué depuis longtemps à la servitude, il respecte tout ce qui est fort. Mais il est ignorant, crédule à l'excès, amoureux du repos et presque complètement dépourvu de sens moral. Vantard et humble, envieux, cupide et pillard, il n'a pris encore à notre civilisation que ce qui flatte ses goûts ou satisfait ses penchants ; d'ailleurs, susceptible d'attachement pour qui l'oblige, batailleur, brave et aimant, à l'occasion, à faire parler la poudre.

Le Saharien a des mœurs plus douces ; ses instincts sont en harmonie avec l'existence que lui impose la contrée qu'il habite et les besoins de ses troupeaux, qu'il conduit incessamment d'un pâturage à l'autre, vivant lui-même essentiellement de la vie contemplative, reportant à toute heure de chaque jour sa pensée vers l'infini : quand il sort de ses extases, c'est pour se livrer aux exercices violents de la chasse, ou s'engager dans quelque aventure de guerre. Mais c'est l'exception, et nous devons nous efforcer de la faire disparaître peu à peu.

Gens du Tell et gens du Sahara ont cependant un point de ressemblance : ils sont également fanatiques et obéissent avec le même aveuglement, aux excitations de leurs marabouts.

IV Kabyles.— L'origine de la nationalité kabyle, ou berbère, a été l'objet des recherches les plus persévérantes et, malgré de savantes controverses, elle n'est pas encore bien fixée. Néanmoins, il est généralement admis que Kabyles ou Berbères ne sont autres que des descendants des Aborigènes qui, grâce au pays tourmenté dans lequel ils se sont réfugiés, ont pu se soustraire au fléau des différentes invasions.

Il existe des tribus kabyles dans toutes les parties de l'Algérie, mais plus particulièrement dans les parties montagneuses. Ainsi, les Traras, dans la province d'Oran ; presque tous les indigènes de l'Ouaransenis et du Djurjura, dans la province d'Alger ; les Ouled-Daoud, les Aourès et les Amamra, dans la province de Constantine ; les Beni-M'zab, sur la limite du Sud, et beaucoup d'autres, appartiennent à la race kabyle.

Le Kabyle parle un dialecte qui lui est propre : son esprit est à ce point réfractaire, qu'il a conservé à travers les âges l'idiôme primitif de sa race. Encore aujourd'hui, et malgré un contact de plusieurs siècles, Arabes et Kabyles ne peuvent se comprendre.

Trop d'écrivains se sont plu à faire une étude physiologique des Berbères d'Afrique pour que nous revenions sur ce sujet. Nous dirons donc en peu de mots, et pour résumer notre pensée : Le Kabyle est travailleur, économe et industriel ; il est fier, hautain, jaloux plus que personne de son indépendance, d'un caractère emporté et d'une bravoure à toute épreuve. — Il est, aussi, vindicatif ; la lutte l'enivre : alors, il devient féroce. — On l'a cité souvent comme un modèle de loyauté : les actes de sauvagerie qui ont été commis pendant la dernière insurrection, et plus particulièrement, le massacre de Palestro, donnent la juste mesure de la confiance que nous devons avoir en lui.

A l'inverse de ce qui se passe en pays purement arabe, le principe démocratique est la base du gouvernement kabyle. Chaque tribu se subdivise en fractions, qui se partagent elles-mêmes en *décheras*. Chaque déchera forme une commune ; chaque commune a autant de *karoubas* qu'il y a de familles distinctes. Les membres d'une même karouba nomment un dahman qui les représentera au conseil (*Djemâa*).

Le président de la djemâa est l'*Amin*. — L'amin est en même temps, dans le village, maire et chef du pouvoir judiciaire et militaire. Il est nommé à l'élection par l'assemblée, réélu tous les ans, lorsqu'il a contenté le plus grand nombre, non réélu s'il n'a pas su commander. Il est, entre la commune et l'autorité française, l'intermédiaire naturel, et, comme tel, responsable de la tranquillité publique. Il prévient les abus, défend le faible contre le fort, et, à l'occasion, veille aux intérêts de l'absent.

Avant la dernière insurrection, les amins de la tribu nommaient à l'élection un *Amin-el-Oumena* (amin des amins), qui était le chef politique de la tribu. Désormais les amins-el-oumena, administrativement appelés *présidents de djemâa*, sont nommés par le Gouverneur général.

L'alliance de plusieurs djemâas constitue le *soff*. C'est le mot générique : mais il y a des soff dans toutes les tribus, dans toutes les communes même.

Soff veut dire en arabe, *rang* ; on est d'un soff, c'est-à-dire on se range d'un parti ; — mais pour mieux faire comprendre l'état social des Kabyles, nous extrairons d'un rapport officiel l'exposé qui va suivre :

« L'esprit du soff est général ; pas un kabyle n'en est exempt. Il y a dans cet état de choses source à bien des désordres. Qu'un kabyle, par exemple, se croie lésé, que la djemâa ne lui ait pas donné droit, ou qu'il se soit cru maltraité par un homme d'un soff étranger, aussitôt il fait appel aux siens ; la partie adverse en fait autant, et voilà deux masses en présence, soit dans la même tribu, soit dans le même village ; si une influence tierce n'intervient à temps, le sang coule ; les soffs existent plus haineux, avec plus de raison d'être encore, et les suites du mal en augmentent les causes. — Au moindre ombrage que prend dans un village le soff prépondérant, des gardes de nuit sont placés dans les tourelles crénelées qui flanquent la crête où chaque village est bâti, et où on ne peut parvenir sans être signalé et reconnu de loin. Si les hommes, pour leurs travaux, descendent de leur forteresse, les femmes veillent, et au moindre groupe qui se forme dans la campagne, elles apportent la poudre et les armes ; les bergers vont en nombre et armés dans les endroits écartés. Tout le monde se garde : c'est la guerre au repos.

» Cet état de choses désastreux, qui faisait de chaque village une place forte, de chaque habitant un partisan au guet, et du voyageur un ennemi traqué de toutes parts, paralysait le commerce et l'industrie. La misère fut quelquefois si grande, qu'on inventa dans les montagnes de la Kabylie la *trêve de Dieu* comme chez nous au moyen âge. Le droit des neutres fut reconnu, et les voyageurs étrangers purent, sauvegardés par un *Anaya*, traverser les camps rivaux des Kabyles. — L'anaya (en français, *protection*), paroles ou signes, est un sauf-conduit ; il indique, sous la responsabilité de celui qui l'a accordé, le caractère neutre et inviolable du voyageur à qui il est donné. C'était en temps de guerre, une sorte de droit consenti. Ce droit fut généralement respecté ; c'eût été une cause de guerre générale contre la tribu qui l'aurait violé, et il s'est attaché un tel prestige à ce mot, qu'aujourd'hui, lorsque deux ou plusieurs hommes sont près d'en venir aux mains, si une femme, un enfant même s'écrie : « *Je jette entre vous l'anaya du village,* » la dispute cesse aussitôt. Une amende très forte punirait ceux qui n'auraient pas obéi.

Les Kabyles du Djurjura, que les Romains ni les Turcs n'avaient pu soumettre, jouissaient encore en 1857 de leur entière indépendance. L'expédition du maréchal Randon les a placés sous la domination de la France qui leur a conservé leurs antiques institutions, en y introduisant, toutefois, les améliorations dont elles sont susceptibles.

DÉNOMBREMENT GÉNÉRAL

La population générale comprend :
1° La population *fixe*.
2° La population *en bloc*.
3° La population *flottante*.

La population *fixe* d'une localité se compose des habitants qui y résident d'une façon permanente, — propriétaires, industriels, fonctionnaires, employés, clercs, ouvriers, apprentis ou serviteurs à gages, etc., etc.

La population *en bloc* comprend le personnel des établissements où sont réunis *temporairement* un certain nombre d'individus n'ayant pas dans la localité leur résidence municipale : — écoles spéciales, séminaires, hospices, chantiers, prisons, etc., etc.

La population *flottante* comprend celle qui n'habite qu'*éventuellement* la localité (voyageurs, touristes, artistes), etc., etc.

On ne tient compte dans le dénombrement officiel que des deux premières catégories d'habitants, qui constituent ce qu'on appelle administrativement la population « *municipale.* »

Le dernier recensement date de 1872 : il a été fait : *nominativement*, pour la population fixe des villes et des centres colonisés, *numériquement*, pour la population « en bloc, » et *sommairement*, — c'est-à-dire par tentes et par douars, — pour les tribus indigènes comprises, tant dans les circonscriptions cantonales que dans la partie du territoire militaire qui conserve encore son ancienne administration.

D'après les états de recensement, le nombre des habitants (*européens et indigènes*) s'élevait à 2,414,218.

L'effectif de l'armée ne figure point dans ce dénombrement ; il était de 69,519 hommes.

Ce nombre de 2.214.218 représente dans son ensemble le chiffre des populations, de toute race et de toute provenance, habitant les trois provinces ; — dans chacune de ces trois provinces, la population générale était répartie comme suit :

NATIONALITÉS	ALGER	ORAN	CONSTANTINE	TOTAUX
Français	55.831	37.111	36.659	129.601
Israélites naturalisés	11.177	14.618	8.779	34.574
Espagnols	30.605	37.658	3.103	71.366
Italiens	5.062	2.844	10.445	18.351
Anglo-Maltais	2.971	236	8.305	11.512
Allemands	1.434	1.859	1.640	4.933
Autres nationalités	2.109	4.836	2.409	9.354
Musulmans	757.908	411.874	953.263	2.123.045
Population en bloc	5.854	2 456	3.172	11.482
Totaux	872.951	513.492	1.027.775	2.414.218

2.414.218

On remarquera que sur les 115.516 étrangers qui se sont fixés en Algérie, 74.366 sont espagnols.

Note C.

INDUSTRIE

Européens. — Les colons se sont montrés, jusqu'à ce jour, plus agriculteurs qu'industriels : à vrai dire, l'agriculture ne demande que du travail, tandis que l'industrie exige des capitaux et, à défaut de bras, l'emploi de machines presque toujours dispendieuses. Or, le capital est ombrageux.

Partout cependant où ils ont trouvé la matière première, les colons se sont ingéniés à fabriquer, soit pour le commerce intérieur, soit pour l'exportation, les produits dont la vente est pour ainsi dire immédiate ; quelques-uns même ont établi des usines qui fonctionnent et prospèrent.

Les minoteries, les tanneries, les briqueteries, les ateliers de charronnage, les fabriques de bouchons et autres produits liégeux, de sparterie, celles où l'on procède à la fabrication des cigares, à l'égrenage du coton ; quelques hauts fourneaux où l'on traite des pyrites de cuivre et le sulfure de mercure; les salines artificielles, etc., occupent un nombreux personnel et sont en plein rapport. Quand le pays sera plus peuplé, la main d'œuvre moins chère et que les communications seront plus faciles, la grande industrie aura sa raison d'être, et l'Algérie n'aura plus à demander à la métropole les produits qu'elle en retire actuellement.

Indigènes. — Les industries indigènes se classent en divers groupes, savoir :

Tapis, poterie, tissus et vêtements, broderie, tannerie et préparations de peaux, cordonnerie, sellerie, teinturerie, vannerie et sparterie, armes, taillanderie et forges, bijouterie et orfèvrerie.

Ces deux dernières industries sont à peu près exclusivement exercées par les Juifs, particulièrement à Alger et à Constantine.

Les tapis se fabriquent sous la tente par le soin des femmes qui se servent pour cette confection du métier arabe, lequel est employé, du reste, pour le tissage de toutes les étoffes de laine : haïck, burnous, fréchia, etc. C'est le métier du tisserand installé verticalement. Le travail des femmes achevé, une ouvrière, appelée *el reguema*, est chargée de distribuer les différentes couleurs de lainés aux tisseuses, de manière à obtenir des différents dessins de tapis.

Les laines, qu'on préparait autrefois sous la tente même, sont aujourd'hui presque toutes préparées par les Juifs du pays.

L'alun est le mordant dont les ouvriers font usage ; les matières tinctoriales sont la cochenille, la garance et l'indigo achetés dans le commerce. Pour obtenir la couleur jaune, ils emploient la racine d'un chardon commun en Algérie, et que les indigènes nomment *redjaknou* et qui est la *centaurea acaulis*. Aïn-Beïda, dans la province de Constantine, Tiaret, dans celle d'Oran, sont les centres principaux de cette production.

Les industries de la tannerie, de la cordonnerie et de la sellerie sont pratiquées dans plusieurs villes de l'Algérie ; mais leur siége principal est à Tlemcen, où elles occupent un assez grand nombre d'ouvriers.

Quant aux armes, elles sont généralement fabriquées par les Kabyles, qui sont relativement très-experts dans beaucoup d'industries pour lesquelles les Arabes sont restés tributaires.

La broderie orientale, ou de luxe, dont on admire au Palais de l'Industrie les magnifiques échantillons, est l'œuvre des jeunes élèves musulmanes des ouvroirs d'Alger et de Constantine.

Quoi qu'il en soit, les industries indigènes ne figurent que comme appoint pour la production générale, car on ne fabrique guère dans les tribus que les objets de première nécessité. Les burnous et les haïcks de prix qu'on vend comme étant de provenance algérienne sont tirés, pour la plupart, des fabriques lyonnaises ; les bracelets de corail et d'ambre viennent d'Italie, et ce sont des ouvriers européens qui préparent les fourrures si justement appréciées que fournissent les cygnes et les grèbes.

Textiles. — Parmi les textiles qui trouvent en Algérie un emploi immédiat et lucratif, l'alfa, le diss et le palmier nain occupent le premier rang. On jugera de leur importance, au point de vue de la production, par les détails qui suivent :

L'alfa est le nom arabe, passé dans le langage commun, de diverses plantes (famille des graminées) répandues à profusion dans toute l'Algérie, dans le Sahara comme dans le Tell, où elles résistent à la sécheresse et aux chaleurs, pendant que la végétation presque entière s'affaisse sous l'ardeur du soleil d'été. Peu de plantes sont aussi précieuses par la multitude de leurs emplois industriels. Les indigènes, et, à leur exemple, les Européens, particulièrement les Espagnols, font avec les feuilles rondes et aiguillées, longues et tenaces de l'alfa, avec ses tiges droites, fortes et nerveuses, toute espèce d'ouvrages de sparterie : paniers, corbeilles, tapis, chaussures, chapeaux, sacs, même des cordes excellentes. L'industrie européenne vient d'accroître la valeur de l'alfa, en constatant l'aptitude de la pâte qui en provient à la fabrication du papier. L'alfa, débarrassé de la matière résineuse qui le pénètre, est réduit à l'état de fils nerveux ; ces fils sont broyés par des cylindres, blanchis par des agents chimiques. On en obtient une pâte à papier des plus fines comme des plus grossières, à volonté. Mêlée à la pâte de chiffons, elle lui donne de la consistance et s'adoucit elle-même par le mélange.

Le diss est employé aux mêmes usages que l'alfa pour la sparterie et la corderie, ainsi que pour la nourriture des bestiaux

Le palmier-nain a fait longtemps, par la profondeur, la ténacité et l'inextricable lacis de ses racines, le désespoir des cultivateurs en Algérie. Les frais de défrichement d'un hectare de terre couvert de palmiers-nains pouvaient s'élever de 300 à 400 francs, très faiblement compensés par le prix des racines comme combustible ou pour la fabrication du charbon. De fortes primes étaient accordées à son extirpation. On voyait cependant les indigènes employer ses feuilles et ses tiges, mêlées au poil de chameau et à la laine, à fabriquer l'étoffe des tentes. Ils en faisaient des paniers, des nattes, des corbeilles, des chapeaux, des éventails, des sacs et généralement tous les ouvrages de sparterie, de corderie, de tapisserie, en commun avec l'alfa et le diss.

Ces applications inspirèrent l'idée de travailler le palmier-nain pour en obtenir un crin végétal, ou *crin d'Afrique*, dont l'exploitation a donné lieu à des établissements importants, munis de brevets. On en a fabriqué également des cordages meilleurs que ceux de l'alfa et du diss, et dont l'usage est répandu dans tous les ports de France, ce qui dispense de recourir à l'Espagne pour les cordages en sparterie. On a essayé, avec un égal succès, d'appliquer le palmier-nain à la fabrication du papier. On a découvert que, dépouillés de la substance glutineuse qui les tient agrégés, les fils de palmier-nain sont susceptibles de la plus grande division, et que, malgré leur peu de longueur, qui n'est que de 25 à 40 centimètres, leur filasse est presque aussi fine que celle du lin, et peut être employée utilement par l'industrie du tissage et la fabrication du flax-coton.

Voilà donc quatre industries considérables, la sparterie, la corderie, la papeterie et le tissage, auxquelles le palmier-nain fournit la matière première. Dans un autre ordre de travaux, le noyau du fruit du palmier-nain, d'une matière très dure, se travaille au tour et sert à faire des chapelets, des bracelets, des colliers qui se font remarquer par de jolies veinures de toutes couleurs. Cette industrie, connue des indigènes, a pris pied en Algérie et déjà même à Paris.

Pour extraire du palmier-nain ces diverses substances, on emploie divers procédés brevetés. Voici, entre autres, ceux qui ont été publiés :

En traitant à l'eau les feuilles et en les faisant passer par des cylindres, on obtient des étoupes pour la fabrication des cordages. Pour amener ces étoupes à l'état de bourre à matelas, on les prépare à la potasse ; enfin, pour en faire du papier ou du carton, on les traite au chlorure de chaux.

Suivant une seconde manière d'opérer, on met les feuilles telles qu'elles viennent d'être cueillies dans une cuve en zinc, en bois ou en tout autre substance convenable, ayant un double fond percé de trous. Une fois la cuve convenablement garnie et close, on y introduit un jet de vapeur qui doit fonctionner environ dix-huit heures sans interruption ; la vapeur condensée s'écoule dans le double fond ; ce fond est muni d'un robinet au moyen duquel on laisse échapper de temps en temps, le produit de la condensation. On peut aussi, et de préférence, employer la vapeur d'eau à une température un peu supérieure à 100 degrés. Après un temps qui varie suivant l'âge des feuilles, on arrête le jet de vapeur et on laisse les feuilles humides se refroidir lentement, soit dans la cuve même, soit dans tout autre vase clos. Vers le cinquième jour, elles sont couvertes de byssus, sorte de poudre blanche, s'étendant d'une feuille à l'autre comme un réseau. Après quelques jours, ces byssus deviennent verdâtres d'abord, puis bruns, puis presque noirs. Le douzième jour, l'épiderme se ramollit, la couche fibreuse centrale se dégage facilement des deux couches externes, et, vers le quinzième ou vingtième jour, le simple frottement d'une brosse suffit pour désagréger les fibres, qui se présentent dans toute leur longueur avec une finesse et une ténacité remarquables. Les fils ainsi obtenus peuvent servir immédiatement à faire de la filasse, de l'étoupe, de la charpie longue et fine ; en les soumettant aux procédés connus de battage, de cylindrage, de pressage et de blanchiment, on les rend propres à tous les usages du lin et du chanvre, et rien n'est plus facile de les transformer en pâte à papier.

La production du palmier-nain en Algérie peut être considérée comme illimitée. Son exploitation par les colons est devenue une industrie régulièrement constituée en plusieurs endroits.

Essences. — Les végétaux plus particulièrement propres à la fabrication des essences sont les orangers : on en extrait le néroli, les huiles de cédrat, de bergamote, de citron, de citronine, et d'eau de fleurs d'oranger. Parmi les autres végétaux cultivés, il faut noter le jasmin, le géranium rosat, la cassie, la verveine et la tubéreuse.

Cigares. — La fabrication des cigares constitue une industrie locale qui, grâce à l'intelligence des fabricants et à l'habileté des ouvrières espagnoles et mahonnaises, auxquelles se mêlent quelques juives indigènes, a atteint, à Alger, à Oran, à Mostaganem, à Philippeville, une rare perfection. Chaque année voit se multiplier le nombre et l'importance des fabriques, qui toutes mélangent les feuilles indigènes aux feuilles exotiques : les premières servent pour l'intérieur (*la tripe*), les secondes pour l'enveloppe (*la cape*). Si les tabacs algériens ne sont pas exclusivement employés, c'est que les tabacs vieux sont préférables aux tabacs nouveaux, et que ces derniers sont les seuls que puissent fournir les colons, pressés de vendre, et les seuls que les fabriquants puissent acheter, à raison de leur base encore étroite d'opérations. Leur fabrication n'a pour objet que les feuilles dont la combustion facile permet de les employer immédiatement dans les tabacs hachés destinés à être fumés dans la pipe. Les Juifs et les Européens accaparent pour cet usage, et dans la limite de leurs ressources pécuniaires, tous les tabacs de qualité inférieure qu'ils peuvent se procurer ; les fabricants maures, au contraire, recherchent avec un égal empressement, et dans la même mesure, les feuilles les plus belles et les plus fines, avec lesquelles ils composent ces tabacs maures que les consommateurs délicats fument en cigarettes et dans les chibouques.

Cuirs et peaux. — Les peaux des bœufs, moutons et chèvres reçoivent de l'industrie locales les préparations qui les transforment, ou sont achetées par le commerce et expédiées, tantôt fraîches, tantôt sèches, en Europe. La peau de chameau, que l'industrie européenne n'achèterait pas, est utilisée par les indigènes, soit à recouvrir les bois de selles, soit en semelles pour chaussures. Les peaux de boucs et de chèvres font des outres, dont l'emploi est très-multiplié dans la vie arabe. Avec la face plantaire des autruches, les Chaamba consolident leurs chaussures ; ils en mettent un morceau sous la pointe, un autre sous le talon, et la chaussure devient ainsi d'un très-bon usage.

La moyenne des peaux tannées est de 60.000 (chèvres, moutons, bœufs), qui représentent une valeur de 360.000 francs.

Cires et miels. — L'éducation des abeilles et l'exploitation de leurs produits sont, principalement, entre les mains des Indigènes qui consomment des grandes quantités de miel et de cire. Cependant, les colons possèdent un certain nombre de ruches dont ils tirent de fort beaux produits.

La cire et le miel d'Algérie ont toujours été renommés pour leur qualité supérieure ; ils n'ont rien perdu de leur antique réputation.

Les prix varient chaque année ; ils sont en moyenne :

Pour la cire, de 3 à 4 francs par kilogramme.

Pour le miel, de 1 fr. 50 à 2 francs.

Il s'exporte annuellement une quantité assez considérable de ces produits, tant en France qu'à l'étranger.

Pêche. — La pêche des poissons de mer qui fréquentent le littoral de l'Algérie constitue une des industries premières dans tous les ports de la côte. Elle est principalement exercée par des étrangers. Entre les poissons de passage, le thon abonde en quantité extraordinaire ; trois madragues ont été autorisées pour les pêcher : l'une à Arzew, l'autre à Sidi-Ferruch, la troisième dans la baie du cap Falcon. Les sardines sont aussi fort abondantes. A Alger et à Philippeville, d'heureux essais ont été tentés pour la salaison des poissons en général, mais les entreprises sont restées à l'état d'essai. (*Tableau des Etablissements Français en Algérie*. volumes 1862 et 1863.)

Laines. — Aux précieuses qualités naturelles qui les font rechercher en France pour la fabrication des étoffes communes, les laines d'Algérie allient de nombreux et graves défauts, qui vont en s'aggravant de l'Est à l'Ouest, moindres à Constantine qu'à Médéa, moindres à Médéa qu'à Tlemcen.

Dans la province de Constantine, deux types prédominent : dans l'un, les laines sont fortes, crineuses et les plus blanches de l'Algérie ; on ne leur reproche qu'un peu de jarre ; elles sont essentiellement propres aux matelats.

Dans le second type, les laines sont moins longues, sans être courtes, fortes, jarreuses, dures ; dans les qualités communes, elles conviennent également pour la carde et pour le peigne.

Les laines de la province d'Alger sont des laines de carde, ayant une analogie marquée avec celles d'Aragon, en Espagne. On leur reproche d'être claires, jarreuses, larges, ouvertes, mais en retour elles sont d'un brin plus fin que toutes autres de l'Algérie. Les parties les plus fines sont employées à la fabrication des draps communs ; le reste contribue à la fabrication des étoffes à bon marché.

Dans la province d'Oran, on retrouve des laines ondulées et courtes ; des laines droites et longues. Un tiers, environ, de la production est employé comme laine à matelats : le reste sert à la fabrication des étoffes communues (y compris les couvertures) que produit le Midi de la France.

Le poids en suint moyen varie, pour les laines de toutes sortes, de 1 kilog. 500 grammes à 2 kilog. On en trouve cependant qui pèsent 2 kilog. 500 grammes. — Au lavage, elles perdent énormément.

En adoptant l'évaluation de 6 à 7 millions de bêtes ovines, dont 5 à 6 millions peuvent être tondues, on peut estimer à 10 millions de kilogrammes la production annuelle des laines. La moitié, environ, de cette production reste dans la consommation locale, où elle reçoit toutes les transformations que peuvent lui donner les industries domestiques, la laine étant la matière première universellement adoptée par les indigènes pour les vêtements, les ameublements, les tentes. L'autre moitié est exportée, soit en Tunisie et au Maroc, en échange des produits manufacturés de l'industrie de ces deux pays, soit en Europe principalement.

Note D.

COMMERCE

En 1826, — quatre années seulement avant la conquête, — le commerce général d'Alger avec les diverses puissances de l'Europe et les Etats Barbaresques se résumait comme suit :

MOUVEMENT DU PORT D'ALGER.

Navires entrés................ 42
Navires sortis................ 47

COMMERCE DU PORT D'ALGER

Importation......... 4.717.000 fr.
Exportation......... 845.000

Ces chiffres, relevés sur les registres pris à la Casbah, après la reddition de la ville, ont été publiés en 1830, par le Ministère de la guerre.

Depuis que toute la contrée conquise entre les frontières de Tunis et celles du Maroc, avec une grande partie du Sahara, a successivement été conquise, les produits européens y ont trouvé de nouveaux débouchés. Les relations, cependant, n'ont point toujours été faciles, et le commerce de l'Algérie a subi des phases diverses ; longtemps entravé par des mesures restrictives, il devint relativement prospère le jour où l'Assemblée nationale décréta que les produits algériens entreraient de droit dans la mère-patrie, sans être grevés d'impôts comme étrangers. Depuis, il a grandi avec une rapidité remarquable.

Ici se présente naturellement une objection à laquelle nous croyons devoir répondre :

Pendant longtemps, on a regardé les produits venant de France en Algérie comme consommés par les soldats et les états-majors de l'armée d'occupation : c'était, disait-on, le rachat en nature des sacrifices d'argent faits par la métropole. Le temps a montré qu'il existait pour ce commerce une autre source plus féconde et plus puissante. Pour en fournir la preuve la plus démonstrative, il nous suffira de citer un exemple :

En 1845, l'armée d'Afrique approche de 100.000 hommes et les produits envoyés *de France* en Algérie valent en tout 73.255.998 francs.

En 1871, l'armée française est réduite à 74.000 hommes, et les produits envoyés *de France* en Algérie, bien loin de diminuer, s'élèvent à 154.307.098. (*Commerce spécial seulement.*)

La comparaison que nous présentons se réduit à deux termes simples, pour 26 ans d'intervalle :

Diminution des troupes, 26.000 hommes.

Accroissement des produits français consommés en Algérie : 81.054.100 fr.

Par conséquent, répéterons-nous après le baron Dupin, tout en convenant que l'armée française contribue, pour sa part, dans l'accroissement des produits demandés à la France, il n'en est pas moins vrai qu'un magnifique progrès commercial continue de s'opérer, quoique cette armée diminue, et qu'elle soit aujourd'hui réduite aux deux tiers environ de son plus grand effectif. La cause vitale de l'augmentation commerciale existe donc en dehors de l'armée, et c'est dans la population coloniale et indigène qu'il faut en chercher la source.

En 1871, le chiffre des *importations* atteignait 195.002.845 fr. et celui des *exportations* 111.700.672, — soit, pour le commerce *général* 306.703.517 fr. : le mouvement de navigation auquel ce commerce a donné lieu est indiqué par le chiffre ci-après :

MOUVEMENT PAR PAVILLONS (1871).

PAVILLONS	NAVIRES	
	Nombre.	Tonnage.
Français.................	1.641	579.127
Espagnols................	1.353	57.963
Italiens..................	596	39.900
Anglais..................	252	98.056
Etats barbaresques........	97	1.698
Autrichiens..............	23	7.970
Norwégiens..............	21	8.191
Suédois..................	8	2.191
Portugais................	16	908
Divers...................	21	3.592
Totaux...........	3.998	799.596

Soit, en chiffres ronds, 4.000 navires jaugeant ensemble 800.000 tonneaux.

Mais ce ne sont là que des données sommaires, et il convient de rechercher dans quelle mesure augmente ou diminue, tant à l'entrée qu'à la sortie, le nombre des objets de consommation. C'est, en effet, le plus sûr moyen de constater, au point de vue du commerce local et de l'industrie, les besoins de l'Algérie et l'importance de ses productions. — Cette constatation, le service des Douanes l'établit chaque année : prenons donc pour terme de comparaison la valeur des principales marchandises importées et exportées pendant une période de cinq ans (1867-1871) :

IMPORTATIONS. — Au nombre des objets de consommation les plus usuels que l'Algérie demande à la métropole ou à l'étranger, nous citerons : les sucres, — les cafés, — les vins et eaux-de-vie, — l'huile d'olive, — les savons, — les tissus, — la mercerie :

SUCRES (BRUTS OU TERRÉS ET RAFFINÉS)
(à 1 fr. 10 c. le kilog.)

Année			
	1867	6.989.602 kilog.	7.823.513 fr.
	1868	7.386.390	8.228.495
	1869	7.409.417	8.352.260
	1870	7.937.343	8.898.393
	1871	7.993.924	8.565.939

CAFÉS
(à 1 fr. 60 c. le kilog.)

Année			
	1867	2.310.359 kilog.	3.696.974 fr.
	1868	2.463.901	3.942.241
	1869	2.595.069	4.152.110
	1870	2.163.560	3.461.696
	1871	2.771.629	4.434.606

VINS DE TOUTES SORTES
(à 23 fr. 80 c. l'hectolitre.)

Année			
	1867	423.714 hect.	10.103.004 fr.
	1868	430.978	9.550.344
	1869	421.584	9.350.020
	1870	414.169	9.997.930
	1871	470.457	11.297.520

Eaux-de-vie et Esprits

(à 47 fr. 20 c. l'hectolitre.)

Année			
1867	22.523 hect.	1.064.761 fr.
1868	27.058	1.236.935
1869	26.794	1.183.949
1870	26.586	1.183.932
1871	29.563	1.348.030

Huile d'olive

(à 0 fr. 70 c. le kilog.)

Année			
1867	314.553 kilog.	251.642 fr.
1868	515.263	412.210
1869	711.510	569.208
1870	510.944	408.755
1871	1.193.389	854.711

Savons ordinaires

(à 0 fr. 50 c. le kilog.)

Année			
1867	3.036.671 kilog.	1.822.003 fr.
1868	3.386.968	2.032.181
1869	4.134.414	2.480.648
1870	3.830.088	2.298.053
1871	4.658.183	2.794.910

A côté de ces objets de consommation figurent ceux d'un usage plus spécial. Les désigner tous nous entraînerait trop loin. Nous ne citerons que les plus demandés :

	TISSUS DE COTON.	TISSUS DE CHANVRE.	TISSUS DE LAINE.	TISSUS DE SOIE.
1867.	38.607.409 fr.	4.437.150 fr.	8.511.069 fr.	3.031.183 fr.
1868.	25.764.055	4.769.046	11.545.378	2.206.975
1869.	32.888.494	5.298.334	12.574.708	4.824.004
1870.	31.907.001	6.034.092	10.965.727	3.524.471
1871.	39.463.144	7.664.664	15.616.798	4.346.307

	MERCERIE	BOIS	FERS ET ACIERS	MACHINES
1867.	1.441.390 fr.	2.223.327 fr.	2.901.558 fr.	1.946.338 fr.
1868.	1.301.864	1.022.494	2.940.784	3.024.064
1869.	1.573.374	1.090.938	4.453.295	4.181.889
1870.	1.643.334	1.669.247	3.793.097	1.834.148
1871.	1.490.534	1.065.317	2.030.319	1.265.682

Nous pourrions poursuivre cette comparaison, mais ce serait entrer dans trop de détails. Nous avons voulu simplement prouver que, eu égard au chiffre de la population, le commerce d'importation était dans une situation satisfaisante ; les chiffres qui précèdent le prouvent. Nous nous en tiendrons là.

EXPORTATIONS. — Les principales marchandises exportées sont : le bétail, les peaux brutes, les laines, le tabac, les joncs et roseaux, le crin végétal, les céréales :

	BÊTES BOVINES.		BÊTES A LAINE.	
1867.	30.309 têtes	5.869.460 fr.	285.164 têtes	4.847.788 fr.
1868.	23.443	4.581.760	354.541	5.976.497
1869	22.094	4.402.475	236.425	4.019.225
1870.	2.476	486.120	242.096	4.115.632
1871.	3.640	580.060	310.914	5.285.538

En 1867, une sécheresse à ce point persistante qu'il fallait, au dire des indigènes, remonter à trois siècles pour en avoir un exemple pareil, avait achevé la ruine des tribus, si cruellement éprouvées déjà par le choléra et par l'invasion des sauterelles ; — plus de récolte, plus de fourrages : ne pouvant les nourrir, on vend presque toutes les bêtes *bovines* Ainsi le chiffre des exportations de ce bétail spécial est-il sensiblement plus élevé en 1867 que dans les années suivantes. En 1870, soit par épuisement des réserves, soit par suite des événements de guerre, il se réduit à presque rien.

Il n'en est pas de même pour les bêtes *à laine*. Les pasteurs du Sahara, plus heureux que ceux du Tell, ont constamment trouvé dans leurs immenses pacages la nourriture nécessaire aux troupeaux.

PEAUX BRUTES.		LAINES. (à 1 fr. 75 c. le kil.)	
1867. 2.782.967 kil.	4.319.285 fr.	6.279.626 kil.	10.990.245 fr.
1868. 5.694.166	9.384.573	5.846.096	10.478.168
1869. 4.476.258	2.539.630	2.602.257	4.553.949
1870. 808.843	1.812.793	2.764.547	4.832.707
1871. 995.854	2.384.425	4.547.118	7.904.956

TABACS EN FEUILLES. (à 1 fr. le kil.)	TABACS FABRIQUÉS. (à 6 fr. 40 c. le kil.)
1867...... 1.555.724 fr.	2.225.741 fr.
1868...... 1.502.814	2.507.110
1869...... 2.811.339	4.430.278
1870...... 1.812.760	3.314.265
1871...... 2.179.282	2.869.958

JONCS ET ALFA (15 fr. le quintal.)	CRIN VÉGÉTAL (1 fr. le kil.)
1867...... 618.063 fr.	2.213.167 fr.
1868...... 572.495	2.233.324
1869...... 795.031	4.835.630
1870...... 6.482.677	3.851.282
1871...... 9.141.420	4.252.789

CÉRÉALES

Il en est de l'exportation des céréales et des farines comme de celle du gros bétail : les mêmes causes ont produit les mêmes effets ; — c'est ainsi qu'il existe un écart considérable entre les valeurs officielles des céréales exportées en 1867 et en 1871.

1867......	1.725.808 fr.	⎫
1868......	15.150.372	⎬ Froment, seigle, orge, avoi-
1869	19.230.829	⎬ ne, farines de toute sorte.
1870......	10.731.876	⎬
1871......	25.873.520	⎭

Nous terminerons cet aperçu par le résumé du mouvement commercial de l'Algérie depuis la conquête. Les chiffres que nous indiquons ne sauraient être considérés, sans doute, malgré leur origine officielle, comme étant d'une exactitude *absolue* ; mais ils sont approximatifs et peuvent être, à ce titre, utilement consultés.

D'après « le *Tableau des établissements français dans l'Algérie 1865-1866* » (*page 111*), le chiffre total du commerce général algérien, de 1830 à 1867, atteignait la somme de 4.044.500.000 de francs. En ajoutant à cette somme celles afférentes à la période quinquennale qui suit, et qui sont établis par la direction des Douanes, on trouve les résultats suivants :

	IMPORTATIONS	EXPORTATIONS	COMMERCE GÉNÉRAL
	fr.	fr.	fr.
De 1830 à 1866	3.188.100.000	856.400.000	4.044.500.000
1867	187.677.007	97.161.983	284.838.990
1868	192.664.360	103.069.304	295.733.664
1869	183.304.804	110.951.323	294.256.127
1870	172.690.713	124.456.249	297.146.962
1871	195.002.845	111.700.672	306.703.517
		Fr.	5.523.179.260

Soit au total, depuis 1830, une somme qui dépasse CINQ MILLIARDS CINQ CENTS MILLIONS

FIN DE L'OUVRAGE.

TABLE ALPHABÉTIQUE

DES LIEUX DÉCRITS OU CITÉS DANS CE VOLUME

A

	Pages
Abboville	140
Aboukir	189
Affreville	165
Agba (l')	130
Ahmed ben Ali	218
Aïn-Abessa	223
Aïn-Amara	206
Aïn-Arnat	224
Aïn-Beda	188
Aïn-Beïda	136
Aïn-Beïda-Kebira	201
Aïn-Boudinar	189
Aïn-Defla	166
Aïn-el-Arba	182
Aïn-el-Bey	201
Aïn-el-Turk	180
Aïn-Fekan	178
Aïn-Guerfa	201
Aïn-Guettar	211
Aïn-Kherma	199
Aïn-Khial	183
Aïn-Krenchela	202
Aïn-Krob	134
Aïn-Madhi	68
Aïn-Melouk	203
Aïn-Merdja	39
Aïn-Mekra	213
Aïn-Nazereg	178
Aïn-Nouissy	192
Aïn-Rhoul	206
Aïn-Rouah	223
Aïn-Sfia	222
Aïn-Sidi-Chérif	189
Aïn-Sidi-M'çid	40
Aïn-Smara	202
Aïn-Sultan	165
Aïn-Tahamimin	215
Aïn-Taya	134
Aïn-Tedelès	189
Aïn-Temouchent	182
Aïn-Tine	203
Aïn-Touta	204
Aïn-Trick	222
Akhbou	225
Alélick (l')	209
Alger	124
Alma (l')	135
Ameur-el-Aïn	156
Ammi-Moussa	190
Aomar	143

	Pages
Arba (l')	144
Arcole	175
Armée française	220
Arzew	172
Assi-Ameur	174
Assi ben Ferrech	174
Assi ben Okba	171
Assi bou Nif	173
Attatba	161
Aumale	144
Azerou	140
Azib-ben-Zamoun	138

B

	Pages
Baba-Ali	178
Baba-Hassen	160
Barika	204
Barral	215
Batna	203
Belle-Fontaine	136
Beni-Amram	137
Beni Isguen	70
Beni Méred	148
Beni Mansour	144
Ben N'choud	140
Bérard	161
Berrouaghaia	150
Bir Rabalou	144
Birtouta	146
Biskra	205
	74
Bitche	225
Bizot	200
Bled Guitoun	136
Bled Touaria	189
Bled Youssef	203
Blidah	147
Boghar	150
Bogharı	151
Bône	207
Bordj Boghni	144
Bordj bou Arréridj	225
Bordj Bouira	138
Bordj Menaïel	138
Boufarick	146
Bouhira	224
Bougie	224
Bouguirat	190
Bouïnan	146
Bou Khanéfis	187

	Pages
Bou Maleck	203
Bou Medfa	164
Bourkika	156
Bou Roumi	156
Bou Saada	227
Bou Sfer	181
Bou Thaima	143
Bou Tlélis	182
Bouzaréah	131
Bréa	185
Brédéah	182
Bugeaud	212

C

	Pages
Cacherou	178
Cap Cavallo	221
Cap Djinet	138
Castiglione	161
Chabet-el-Ameur	138
Chébli	146
Cherchell	161
Chéragas	157
Chiffa (la)	155
Christel	172
Col des Beni-Aïcha	136
Col des Oliviers	220
Collo	217
Condé-Smendou	200
Constantine	199
Crescia	160

D

	Pages
Dalmatie	148
Damesme	173
Damiette	150
Damrémont	216
Dar-Beïda	140
Daya	187
Dellys	139
Demta	74
Djelfa	153
Djidjelli	220
Douaouda	161
Douéra	159
Dra-el-Mizan	143
Draria	159
Duperré	166
Duquesne	221
Duvivier	215

TABLE ALPHABÉTIQUE.

Nom	Pages
Duzerville	214

E

Nom	Pages
El Achour	159
El Affroun	156
El Aria	201
El Atef	70
El Biar	131
El Esnam	144
El Faïd	74
El Fedjana	156
El Hadjar	214
El Hassi	222
El Kantara	205
El Kantour	220
El Madher	204
El Maghoun	144
El Malah	222
El Meurad	156
El Miliah	218
El Ouricia	223
El Outaya	205
Enchir Saïd	207
Er Rahel	182

F

Fermatou	222
Ferme (La)	167
Fesdis	203
Fleurus	174
Fondouck	135
Fort de l'Eau	134
Fort-National	141
Fouka	161
Frendah	179

G

Nom	Pages
Gar Rouban	185
Gastonville	219
Gastu	218
Géryville	63
Id.	179
Gourayas	162
Guelaat bou Sba	206
Guelma	206
Guettar el Aïch	201
Guyotville	157

H

Nom	Pages
Hamma	199
Hammam Mélouan	40
Id.	145
Hammam Meskoutine	40
Id.	206
Hammam R'ira	46
Hammam bou Hadjar	39
Hamédi	135
Héliopolis	206
Henneya	185
Herbillon	213
Hillil (L')	190
Hippône	209
Husseln-Dey	133

I

Nom	Pages
Imbert (Oued)	187
Inkermann	190
Isly (village)	130
Isserbourg	138
Isser-el-Ouïdan	138
Issers	138
Isserville	138

J

Jardin-d'Essai	130
Jemmapes	218
Joinville	148

K

Kabylie	122
Kaddous	159
Karguentah	169
Kef-oum-Theboul	210
Kessaïa	204
Khalfoun	222
Kléber	172
Koléah	160
Kouba	133

L

La Calle	209
La Réunion	225
Laghouat	67
Id.	153
Lalla Marghnia	185
La Maison Blanche	134
La Meskiana	202
Lambessa	204
Lamblèche	201
Lamoricière	185
Lanasser	222
La Pointe Pescade	132
La Rassauta	134
La Senia	171
Lavarande	165
Le Kroubs	201
Le Ruisseau	131
Le Telagh	187
Les Andalouses	181
Lodi	150

Nom	Pages
Lourmel	182
Le Tessalah	187
Les Trembles (Alg.)	144
Les Trembles (Oran)	187

M

Madjiba	201
Magenta	187
Mahelma	160
Mahouna	223
Maison-Carrée	133
Malakoff	167
Mangin	175
Mansourah	185
Marengo	156
Mascara	177
Matifou	134
Mazagran	191
Médéah	148
Medjez-Sfa	215
Mefessour	172
Mekedra	187
Mekla	143
Mendez	191
Mers-el-Kebir	180
Messaoud	224
Mesloug	222
Milah	199
Millésimo	207
Milianah	163
Misserghin	181
Mokta-Douz	174
Mokanifis	190
Mondovi	214
Montebello	156
Montenotte	163
Montpensier	148
Mostaganem	169
Mouzaiaville	155
M'sila	227
Mustapha Inférieur	130
Mustapha Supérieur	131
M'zab (Le)	68

N

Nador	156
Nechmeya	214
Négrier	185
Nemours	183
Novi	162

O

Nom	Pages
Oran	169
Orléansville	166
Oued Athménia	203
— Besbès	210

TABLE ALPHABÉTIQUE.

	Pages
Oued Cherf	206
— Dekri	203
— El-Aleug	155
— El-Aneb	213
— El-Hammam	178
— Fodda	166
— Imbert	187
— Malah	178
— Merdja	167
— Rouïna	166
— Seguin	202
— Touta	206
— Traria	178
— Zenati	200
Ouled Amizour	225
— Fayet	159
— Kaddach	140
— Madjoub	140
— Mendil	160
— Rahmoun	201
Ouréah	191

P

	Pages
Palestro	137
Palikao	178
Pelissier	188
Penthièvre	213
Pérrégaux	177
Petit	207
Philippeville	215
Pont du Chéliff (Alg)	165
Pont du Chéliff (Or)	189
Pont de l'Isser	185
Pontéba	167
Port aux Poules	173
Portes de Fer	226

Q

Quatre-Chemins	146

R

Rouïba	134
Regbaïa (La)	135
Rivet	145
Rovigo	145
Rio Salado	183
Relizane	190
Rivoli	191
Rouffack	199

	Pages
Randon	210
Robertville	219
Ribeauvillé	225
Rébeval	140

S

Saïda	178
Saint-André	178
—	180
— Aimé	190
— Antoine	216
— Arnaud	223
— Charles	219
— Denis du Sig	176
— Donat	203
— Jérôme	180
— Hyppolite	178
— Leu	173
— Louis	174
— Paul	135
— Pierre	135
Sainte Anne	208
Sainte Barbe du Tlélat	175
Sainte Clotilde	180
— Croix de l'Edough	213
Ste-Marie du Corso	136
— Léonie	173
— Wilhelmine	220
Saverne	225
Schelestadt	225
Seigt	203
Sétif	222
Sidi Amran	187
— Bel Abbès	186
— Bokti	182
— Brahim	187
— Chami	175
— Khaled	179
— Khaled	187
— Kalifat	203
— l'Hassen	187
— Nassar	218
Souk-Ahras	210
— el Haad	136
— el Mitou	189
— el Seb	218
Staouéli	158
Stidia (La)	192
Strasbourg	222

	Pages
Stora	216

T

Tablat	145
Tadjerouna	67
Taguin	153
Takdempt	139
Takitount	223
Takzept	141
Tamzourah	186
Taourga	140
Tébessa	211
Tefeschoun	161
Tekbalet	185
Temellouka	222
Ténès	162
Teniet-el-Haad	165
Tenira	187
Terni	185
Tiaret	178
Tipaza	156
Tizi-Ouzou	140
Tlemcen	183
Touaregs (Les)	77
Tounin	180
Trappe (La)	159

V

Valée	216
Vallée des Consuls	132
Valmy	183
Vesoul-Bénian	164

Y

Yakouren	140
Yersen (Bou)	156

Z

Zaatchaas	74
Zaatra	136
Zamorah	191
Zamori	136
Zaouia (La)	140
Zarouéla	187
Zeffoun	140
Zéralda	159
Zibans (les)	73
Zurick	162

OUVRAGES DU MÊME AUTEUR :

Études sur l'Algérie .... 1 vol. in-8º
Des Mines et des minières d'Afrique .... broch. in-8º
L'Amiral Levacher .... 2 vol. in-8º
Histoire de Suède et de Norwège .... 1 vol. in-4º
Histoire de la conquête et de la colonisation
   de l'Algérie (1830-1860) .... 1 v. gd in-8º
L'Espagne et le Maroc .... 1 vol. in-8º
L'Algérie ancienne et nouvelle .... 1 vol. in-12
État actuel de l'Algérie (1862) .... 1 vol. in-8º
Géographie de l'Algérie .... 1 vol. in-8º
Guide du voyageur en Algérie .... 1 vol. in-8º

Alger. — Imprimerie V. Aillaud et Compagnie.

www.ingramcontent.com/pod-product-compliance
Lightning Source LLC
Chambersburg PA
CBHW050342170426
43200CB00009BA/1699